2019年国家社科基金项目
“乡村振兴战略背景下民族地区农村基层党组织建设研究（19XDJ002）

基层党组织在乡村振兴中的功能实现研究

——以西南地区农村为例

◎杨荣华 著

JICENGDANGZUZHI ZAI XIANGCUNZHENXING ZHONGDE GONGNENG SHIXIAN YANJIU

yi Xinandiqu Nongcun weili

中央民族大学出版社
China Minzu University Press

图书在版编目（CIP）数据

基层党组织在乡村振兴中的功能实现研究：以西南地区农村为例 / 杨荣华著. --北京：中央民族大学出版社，2025.5.

ISBN 978-7-5660-2498-5

Ⅰ.D267.2

中国国家版本馆 CIP 数据核字第 20252R5T77 号

基层党组织在乡村振兴中的功能实现研究——以西南地区农村为例

著　　者　杨荣华
策划编辑　舒　松
责任编辑　舒　松
封面设计　布拉格
出版发行　中央民族大学出版社
　　　　　北京市海淀区中关村南大街 27 号　邮编：100081
　　　　　电话：(010) 68472815（发行部）　传真：(010) 68932751（发行部）
　　　　　　　　(010) 68932218（总编室）　　　　(010) 68932447（办公室）
经 销 者　全国各地新华书店
印 刷 厂　北京鑫宇图源印刷科技有限公司
开　　本　787×1092　1/16　印张：19.75
字　　数　320 千字
版　　次　2025 年 5 月第 1 版　2025 年 5 月第 1 次印刷
书　　号　ISBN 978-7-5660-2498-5
定　　价　78.00 元

前言

FOREWORD

党的二十大报告指出，“要落实新时代党的建设总要求，健全全面从严治党体系，全面推进党的自我净化、自我完善、自我革新、自我提高，使我们党坚守初心使命，始终成为中国特色社会主义事业的坚强领导核心”。同时特别强调了基层党组织建设，提出“增强党组织政治功能和组织功能，坚持大抓基层的鲜明导向，把基层党组织建设成为有效实现党的领导的坚强战斗堡垒”。乡村振兴战略是党的十九大做出的重大决策部署。随着 2020 年我国完成脱贫攻坚、全面建成小康社会，农村工作进入了全面推进乡村振兴的新阶段。西南地区农村经济社会发展相对滞后，是发展最不平衡、最不充分的地区之一，也是实现乡村振兴和实现农村农业现代化最艰难的地区之一。全面实现中国式现代化，一个也不能少，一个也不能掉队。只有推进西南地区农村基层党组织建设，加强党对“三农”工作的全面领导，才能有效推进西南地区农村的政治、经济、社会、文化、生态文明五位一体建设，实现西南地区乡村振兴战略目标。本书尝试在梳理和总结西南地区农村基层党组织建设的演进历程和经验的基础上，厘清在乡村振兴战略背景下西南地区农村基层党组织的中心任务与功能定位；并从农村工作实际问题的角度，把握西南地区农村基层党组织围绕乡村振兴中心任务的功能实现状况，深入分析影响西南地区农村基层党组织功能实现的环境因素，在此基础上探索基层党组织建设的重要面向，以期充分发挥基层党组织在乡村振兴中的功能。

目录

CONTENTS

第一章　导　论

一、问题的提出

党的二十大报告指出，“坚定不移全面从严治党，深入推进新时代党的建设新的伟大工程”“要落实新时代党的建设总要求，健全全面从严治党体系，全面推进党的自我净化、自我完善、自我革新、自我提高，使我们党坚守初心使命，始终成为中国特色社会主义事业的坚强领导核心”。同时特别强调了基层党组织建设，提出“增强党组织政治功能和组织功能，坚持大抓基层的鲜明导向，把基层党组织建设成为有效实现党的领导的坚强战斗堡垒”①。这就非常明确地指出了，基层党组织建设的重点在于增强基层党组织的政治功能和组织功能。基层党组织的政治功能建设就是要保持自身性质，巩固党的执政地位和执政基础，坚守党的政治方向、政治立场、政治原则、政治道路而发挥积极效能②。基层党组织的组织功能建设就是要提升对农村社会和农民群众进行领导、引领、组织、号召和整合的能力③。新时代基层党组织建设是贯彻落实党中央决策部署的“最后一公里”，把基层党组织建设成为坚强战斗堡垒，归根结底就是要着力于

① 习近平．高举中国特色社会主义伟大旗帜，全面贯彻新时代中国特色社会主义思想，为全面建设社会主义现代化国家、全面推进中华民族伟大复兴而团结奋斗——在中国共产党第二十次全国代表大会上的报告［R］．新华社，2022 年 10 月 16 日．

② 王同昌．新时代基层党组织政治功能：内涵、挑战及实践路径［J］．科学社会主义，2023 年第 3 期，第 102 页．

③ 王维国、马翌祯、权小虎．新时代农村基层党组织组织力提升路径探究［J］．西北农林科技大学学报（社会科学版），2023 年第 4 期，第 20 页．

增强“四力”，即政治领导力、思想引领力、群众组织力、社会号召力①，从而增强基层党组织的政治功能和组织功能。

党的十九大报告也曾强调加强基层党组织建设的重要性，报告指出，“党的基层组织是确保党的路线方针政策和决策部署贯彻落实的基础。要以提升组织力为重点，突出政治功能，把企业、农村、机关、学校、科研院所、街道社区、社会组织等基层党组织建设成为宣传党的主张、贯彻党的决定、领导基层治理、团结动员群众、推动改革发展的坚强战斗堡垒”②。党的农村基层组织是中国共产党在农村地区的神经末梢，也是党组织的重要组成部分。只有在广大农村地区树立党的权威和领导核心地位，才能使党真正能够打牢执政基础。习近平总书记多次对加强农村基层党组织建设，夯实党在农村的执政根基做出重要指示。习近平总书记指出，全面从严治党，必须增强管党治党意识、落实管党治党责任③；党的工作最坚实的力量支撑在基层，经济社会发展和民生最突出的矛盾和问题也在基层，必须把抓基层打基础作为长远之计和固本之策，丝毫不能放松④。近些年来，尤其是2013年提出对不同贫困区域环境、不同贫困农户状况，开展科学有效地精确识别、精确帮扶、精确管理的“精准扶贫”政策以来，在党的坚强领导下，我国广大农村地区得到了突飞猛进的发展，广大农民群众的收入和生活水平得到空前的提升，农民得到了实实在在的利益和好处，脱贫攻坚战取得了举世瞩目的成就。因此，也使得农村基层党组织在人们心目中的形象得到了巨大的提升，获得广大农民的拥护和支持，党在农村的执政基础得到进一步的巩固。然而，正如习近平总书记所担心的，农村基层党组织建设并非那么完美，还存在一些问题，他强调农村基层党组织建设必须常抓不懈。农村基层党组织深深扎根在农村当中，农村党员

① 蒯正明、马鑫．增强“四力”：基层党组织建成坚强战斗堡垒的实践进路［J］．探索，2023年第3期，第90页．

② 习近平．决胜全面建成小康社会 夺取新时代中国特色社会主义伟大胜利——在中国共产党第十九次全国代表大会上的报告［R］．新华社，2017年10月18日．

③ 习近平．在党的群众路线教育实践活动总结大会上的讲话［N］．人民日报，2014年10月8日．

④ 习近平在贵州调研时强调 看清形势适应趋势发挥优势 善于运用辩证思维谋划发展［N］．人民日报，2015年6月19日．

干部天天和乡亲们打交道，和乡亲们一起生活，一起劳动生产，因此也是与农民群众联系最为紧密的党组织和代表。如果不能处理好农民群众的利益问题，对于农民群众生活中的困难不能及时地提供帮助，对农民之间、农民与政府、农民与干部之间可能存在的矛盾不能及时协调和处理，必将伤害农民群众对党的感情，弱化党同农民群众的关系，影响基层党组织发挥战斗堡垒作用。只有不断加强农村基层党组织建设，才能更好地维护广大农民的实际利益，推动广大农村、农业实现现代化发展，促进广大农民群众全面发展和共享幸福生活。

乡村振兴战略是党的十九大做出的重大决策部署。党的十九大报告指出，“农业农村农民问题是关系国计民生的根本性问题，必须始终把解决好‘三农’问题作为全党工作重中之重。要坚持农业农村优先发展，按照产业兴旺、生态宜居、乡风文明、治理有效、生活富裕的总要求，建立健全城乡融合发展体制机制和政策体系，加快推进农业农村现代化”①。提出了决胜全面建成小康社会、分两个阶段实现第二个百年奋斗目标的战略安排。2017 年中央农村工作会议明确了实施乡村振兴战略的目标和任务。2017 年 6 月，中共中央、国务院发布《中共中央 国务院关于加强和完善城乡社区治理的意见》，要求深入贯彻习近平总书记系列重要讲话精神和治国理政新理念新思想新战略，紧紧围绕统筹推进“五位一体”总体布局和协调推进“四个全面”战略布局，“完善城乡社区治理体制”，形成“基层党组织领导、基层政府主导的多方参与、共同治理的城乡社区治理体系”。坚持党对农村工作的全面领导，是党实施和推进乡村振兴战略的基本要求。推进乡村振兴，解决好“三农”问题，是当前阶段党的农村工作的重心工作。农村基层党组织是落实党的乡村振兴战略、方针、政策的最基层的执行者，处在“三农”工作的最前线，承担着解决“三农”问题和做好“三农”工作的重要角色。习近平总书记曾强调：“乡村振兴不是坐享其成，等不来、也送不来，要靠广大农民奋斗。村党支部要成为帮助

① 习近平．决胜全面建成小康社会 夺取新时代中国特色社会主义伟大胜利——在中国共产党第十九次全国代表大会上的报告［R］．新华社，2017 年 10 月 18 日．

农民致富、维护农村稳定、推进乡村振兴的坚强战斗堡垒”①。随着我国农村全面脱贫，脱贫攻坚的重要工作完美收官，农村工作进入了全面推进乡村振兴的新阶段。乡村正发生着重要的结构性变化，农村社会改革也不断推向深入。习近平总书记指出，“农村改革越深化，党组织的核心地位越要强化；脱贫越深入，农村第一线党组织的力量越要增强。”② 然而，我们也必须清楚地认识到，一些地区尤其是边远地区的农村基层党组织建设还存在一些不足，比如基层党组织未能更好地履行党的职责和使命，在领导力和组织力方面仍然存在乏力的现象，未能有效或高效地带领农村的经济发展和社会发展；一些农村基层党组织表现得软弱涣散，组织生活不严谨、不严肃，组织纪律不严明，公款吃喝、吃拿卡要等农村“微腐败”现象时有发生；一些地方村干部队伍建设不足，党员干部老龄化、低文化、低素质现象明显，年轻党员干部发展储备不足，青黄不接、后继乏人，从而使得一些地方农村基层党组织缺乏领导力、组织力和应有的活力，这必然会影响党的执政基础，影响党的乡村振兴伟大战略目标的实现。

从整体上来说，西南地区农村经济社会发展相对贫穷落后，虽然经过精准扶贫之后实现了全面脱贫，但是相对贫困的状况仍然比较明显。习近平总书记提出的重要论断指出，新时代中国社会的主要矛盾是人民日益增长的美好生活需要和不平衡不充分的发展之间的矛盾。其中“不平衡”就包含东中部地区与西部、边远地区之间的不平衡，也包含城市发展与农村发展之间的不平衡。西南地区大多处于地理环境较为恶劣和资源较为贫乏的地区，地理环境和资源条件等因素决定了其经济基础差，且收入渠道少，发展速度慢。又由于我国长期存在的二元社会结构，西南地区的乡镇财政常年存在收支不平衡的状况。因此，从整体上来看，西南地区农村相对东、中部发达地区，处于社会发展的劣势地位，不充分发展也正是其重

① 中共中央党史和文献研究院．习近平关于“三农”工作论述摘编［M］．北京：中央文献出版社，2019．转自马林冲，苗志娟．习近平关于农村基层党组织建设重要论述的理论脉络、丰富内涵及其重大意义［J］．老区建设，2021年第22期，第4页．

② 习近平．摆脱贫困［M］．福州：福建人民出版，2014．转自马林冲，苗志娟．习近平关于农村基层党组织建设重要论述的理论脉络、丰富内涵及其重大意义［J］．老区建设，2021年第22期，第5页．

要的社会特征。同时，一些研究表明，西南地区农村也是我国马克思主义主流意识形态相对薄弱的地区①。在当前全球化的背景下，人们的价值观取向变得多样化。在相对多元和复杂的西南地区，地方文化和外来文化在全球化、信息化的大环境中发生着激烈的碰撞，马克思主义主流意识形态的社会认同就可能遭到弱化，从而可能会动摇我们长期坚守的共产主义伟大理想信念。同时，西南地区的发展也常常受到复杂的宗教问题、民族问题的影响，外来敌对势力可能利用这些问题蛊惑西南地区人们，严重威胁着我国西南地区的政治稳定和安全。西南地区农村基层党组织是西南地区乡村振兴的重要引领者，实现西南地区乡村振兴，离不开基层党组织的领导。西南地区农村基层党组织不仅需要担负起发展当地经济，使农民群众尽快脱贫致富，而且需要承担起西南地区文化建设、社会建设、环境建设的重要任务。西南地区农村基层党组织需要找准适合本地区的经济发展和文化发展的切入点，有组织、有方向地将地方文化资源优势转变为市场优势，“结合民族优秀文化，促进当地经济发展，一方面提升了农民的精神风貌、文化素质，改善了农村的乡风，扭转了一些落后陋习；另一方面也使西南地区农村文化繁荣的同时还增加了农民的收入，形成文化与经济的相互促进、共同发展”②。更为重要的是，必须准确把握西南地区基层党组织的功能定位，突出其政治功能，实现党的农村政治目标。习近平总书记对农村基层党组织全面发挥政治功能有过精辟的论述，如“对中央的方针政策要自觉执行，不能有任何怀疑和动摇”③，“党员和干部要积极支持村组织的工作，自觉维护组织威信，执行组织决定，带头落实工作”④，强调农村基层党组织的组织生活制度、民主集中决策制度、“三会一课”的学

① 苏丽杰，刘荣主编．思想政治理论课实践教学研究［M］．昆明：云南大学出版社，2019，第 254 页．

② 林继富．中国民俗传承与社会文化发展［M］．北京：中央民族大学出版社，2014，第 2 页．

③ 习近平．知之深 爱之切［M］．石家庄：河北人民出版社，2015．转自马林冲、苗志娟．习近平关于农村基层党组织建设重要论述的理论脉络、丰富内涵及其重大意义［J］．老区建设，2021 年第 22 期，第 6 页．

④ 习近平．干在实处走在前列：推进浙江新发展的思考与实践［M］．北京：中共中央党校出版社，2006．转自马林冲，苗志娟．习近平关于农村基层党组织建设重要论述的理论脉络、丰富内涵及其重大意义［J］．老区建设，2021 年第 22 期，第 6 页．

习制度①等。在乡村振兴战略背景下，加强西南地区农村基层党组织建设，才能有效推进西南地区农村的政治、经济、社会、文化、生态文明五位一体建设，实现西南地区农村的繁荣、发展和稳定。

因此，研究如何加强西南地区农村基层党组织建设，对充分发挥基层党组织在乡村振兴中的功能，具有重要历史现实意义。当前我国农村正处于转型时期的关键阶段，处于乡村振兴的国家战略大背景下，解决广大农村地区的“三农”问题十分迫切，这是当前农村基层党组织建设最大的共性。然而各个地方的经济、社会、地理环境都有其特殊性和独特性，要解决当前面临的突出问题，还需要从它的特性、个性，以及时间、地点、条件等各方面综合考虑，找出具有针对性的途径和方法。西南地区农村基层党组织建设如何创新，需要在科学理论的指导下，以调查研究的基础，通过贯彻群众路线，深入到群众中去调查研究。这与坚持马克思主义认识论，坚持群众路线，具有内在的一致性。乡村振兴战略的总目标是按照产业兴旺、生态宜居、乡风文明、治理有效、生活富裕的总要求，建立健全城乡融合发展体制机制和政策体系，加快推进农业农村现代化。那么西南地区农村基层党组织建设必须紧紧围绕这一中心任务，充分发挥党组织在农村工作中的领导作用和功能，促进乡村振兴目标顺利实现。当前西南地区农村基层党组织建设的状况如何？在农村基层党组织推进乡村振兴的功能实现状况如何？影响西南地区农村基层党组织功能实现的环境因素主要有哪些，其中重要的作用机制又是怎样的？如何针对阻碍当前西南地区农村基层党组织建设功能实现的问题进行党组织建设创新？这一系列的问题是本研究所遵循的基本思路和研究逻辑，也是当前乡村振兴战略背景下农村工作需要解决的现实问题。

二、研究综述

（一）国内对农村基层党组织建设研究现状

农村基层党组织是党组织的最基层、最基本的单元，也是农村工作的

① 马林冲，苗志娟. 习近平关于农村基层党组织建设重要论述的理论脉络、丰富内涵及其重大意义［J］. 老区建设，2021年第22期，第6页.

全面领导核心。改革开放以来，党中央一直非常重视加强农村基层党组织建设。1999年中共中央颁发《中国共产党农村基层组织工作条例》，对农村基层党组织建设提出了规范化、制度化的明确要求。学术界也对农村基层党组织建设产生了浓厚兴趣并展开全面的研究。尤其是党的十八大以来，习近平总书记围绕党的建设发表了一系列重要论述，开创了党的建设新的时代篇章。党中央多次强调党的核心领导地位，明确习近平新时代中国特色社会主义思想是指导我们工作的根本遵循，中国特色社会主义制是当代中国发展进步的根本保证，人民是我们党执政的最大底气，建党管党治党是我们党不断从胜利走向新的胜利的关键所在①。通过认真学习和梳理学术界对于农村基层党组织建设问题的已有研究资料文献，发现国内学者们主要是从农村基层党组织建设的内涵、评价标准、功能、现状与困境、影响因素及提升途径等方面进行了研究。

1. 关于农村基层党组织建设的内涵的研究

内涵即内在的涵养，指一个概念所反映的事物的本质属性的总和，也即概念的内容。内涵是内在的而不是表面的，需要探索、挖掘才可以看到。许多学者就农村基层党组织建设的内涵展开过研究和讨论。党的十七届四中全会提出建设马克思主义学习型政党理论，党的十八大报告提出建设学习型、服务型、创新型马克思主义执政党。张瑞、王赣华以"三型"党组织建设讨论了其党组织建设的内涵问题。他们认为，"三型"党组织建设重大命题，标志着我们党对时代发展脉搏和新形势下党的建设规律的认识、把握达到了新的高度，既坚持了马克思主义执政党的基本定位，又提出了加强和改进党的建设的新目标、新要求，是对建党以来实践经验的科学总结，充分表明了我们党对组织建设规律的把握更自觉、更全面、更深刻。他们随后对如何正确处理学习、服务、创新"三型"建设的关系进行了分析，认为学习是服务和创新的基础，服务是学习和创新的目的，创

① 许邵庭．谌贻琴主持召开贵州省委理论学习中心组党史学习教育学习会 专题学习党的十八大以来的历史［N］．贵州日报，2021年6月29日．转自人民网，http：//dangshi. people. com. cn/n1/2021/0629/c436975-32143826. html.

新是学习和服务的保障①。

全国党的建设研究会主编的《马克思主义学习型政党建设研究》一书，认为学习型党组织建设要科学安排学习内容，通过加强对社会主义核心价值的学习与切实践行，提升广大党员干部在政治上的敏锐性、领悟力和鉴别力。通过加强思想道德建设和党的优良传统教育，弘扬民族精神和时代精神，自觉践行社会主义荣辱观。通过努力学习党的方针政策，不断丰富和发展中国特色社会主义治理理论。在学风方面弘扬理论联系实际的精神，坚持学以致用、用以促学、学用相长的原则，切实做到学习理论与指导实践相结合，提高理论素养与提高实际工作能力相结合，改造主观世界与改造客观世界相结合，提高理论指导实际工作的能力②。周国雄提出以信息化为支撑，拓展学习型党组织建设的内涵。他认为，党委理论学习中心组学习是关键，中心组学习需要加强认识统一，学习制度化、有计划、有内容。并通过多形式、多载体、多渠道组织学习建设的活力和动力，结合当地的社会文化、企业文化，丰富学习型党组织建设的文化内涵③。

周多刚以党的十八大报告中的"加快推进服务型基层党组织建设"的相关论述为依据，对服务型基层党组织建设的内涵进行了界定与探讨。他认为，服务型基层党组织就是要以服务的方式将基层群众有效组织起来、凝聚起来，从而提升党在基层的权威性和信任度，巩固党在基层的领导④。戴焰军认为，服务型党组织的核心工作是开展好各项为民服务的工作，维护人民群众的根本利益，从而达到促进社会全面发展的重要目标。因此在基层党组织建设中，要始终坚持党全心全意为人民服务的宗旨，不断丰富服务内涵，拓展服务外延，创新服务载体，完善服务机

---

① 张瑞，王赣华."三型"高校基层党组织建设的内涵及其基本要求［J］.载自张学洪主编.学海撷英"三型"高校基层党组织建设的研究与实践［M］.北京：光明日报出版社，2016，第13—15页.

② 全国党的建设研究会编.马克思主义学习型政党建设研究［M］.北京：党建读物出版社，2011，第453页.

③ 周国雄.转型发展中的探索与实践［M］.上海：上海人民出版社，2014，第293—294页.

④ 周多刚，徐中.服务型基层党组织建设的内涵、现状与对策［J］.党政论坛，2013年第3期，第28页.

制，使基层党组织成为推动发展、服务群众、凝聚人心的战斗堡垒①。钟龙彪提出，服务型基层党组织的基本内涵有七个方面：从属性方面来看，服务型党组织是一种组织模式，其主要特征是服务；从性质方面来看，服务型党组织所从事的服务不是一般意义上的服务，具有强烈的政治性；从理念方面来看，服务型党组织的服务是主动的、更强调责任的，也是全员参与服务的；从载体方面来看，服务主体主要是密切联系群众的基层组织和党员干部；从任务方面来看，服务型党组织的核心任务是全心全意为群众做好各项服务；从发展方面来看，服务型党组织不是固守不变的，创新和成长是其重要的本质属性；从保障方面来看，服务型党组织的服务是建立在制度化的科学保障体系基础之上的②。付杰认为，服务型基层党组织建设是一种以“服务”为宗旨导向的政党建设模式，基层是基层服务型党组织建设的主要阵地，服务群众是基层服务型党组织建设的核心任务，做好群众工作是基层服务型党组织建设的重要方法，服务型是基层服务型党组织建设的制度要求③。马国钧认为，建设基层服务型党组织是中国共产党加速自身建设现代化的战略选择，它是超越“嵌入型”党组织建设的。其内涵包括以下三个方面：一是以执政为前提，为客体提供服务，这种服务是融入其中的参与性、建设性、支撑性的服务，这种服务更根本、更有效、更长久。二是提供执政党的功能性服务。执政党作为实现人民群众利益的工具，其最大优势是掌握国家权力和公共政策。基层党组织是最直接的群众利益的代表者、整合者，是解决广大人民群众的困难和问题的最终执行者。三是基层治理性服务。基层党组织是基层治理的领导者，担负起新形势下基层社会的公共治理的领导责任，是基层治理中的主心骨。总的来说，服务型基层党组织建设应该是以巩固党的执政地位和发挥执政功能为前提，以依法融入并带动其他各类组织为突破口，以着力解决客体反映的突出问题为重点，以

① 戴焰军．服务型党组织建设要突出“服务”［J］．北京支部生活，2013 年第 2 期，第 35 页．

② 钟龙彪．试述服务型基层党组织的内涵及建设要求［J］．福建党史月刊，2014 年第 8 期，第 42—45 页．

③ 付杰．准确把握基层服务型党组织建设的内涵［J］．中国组织人事报，2013 年第 6 期，第 36 页．

实现广大人民群众利益为目标追求的执政党组织建设。① 沈小璇认为，服务型基层党组织建设是我党适应新局面新变化，以服务的手段巩固党的执政基础的过程。党组织需要在手段上，运用国家权力和行政资源以及对社会关系的整合，实现执政目标。而基层党组织主要依赖社会手段，以服务的理念、方法来推进工作，完成自身的任务和使命。基层党组织需要在植根于群众、服务于群众中，增强自我净化、自我完善、自我革新、自我提高能力。基层党组织建设也需要适应多元化主体、多元化价值取向、多元化利益诉求的社会新形势，在方式上将领导手段、管理手段寓于服务当中，从行政型向服务型、封闭型向开放型、“家长型”向民主型转变②。梁妍慧认为，服务型基层党组织建设是党的自身建设的转变和提升，其原则是“哪里有群众哪里就有党的组织，哪里有党的组织哪里就有党的作用的充分发挥”。服务型基层党组织建设是从军队、机关、企业、农村等各种单位，到“在产业链上、市场上、楼宇中”等社会领域的拓展。这种拓展需要采用构建区域化大党建方式，强化平等、互助、奉献精神。基层党组织建设强调的服务更为具体，要将党的路线、方针和政策，转化为服务群众和动员群众的具体行动，使群众能够看到实实在在的好处。其中直接性的服务，在服务内容方面发生了转变，更加强调和符合群众的需求，对基层社会的发展、民生和群众的权益方面的迫切需求进行及时回应；同时服务主体也从党和政府包办的一元主体，转变为以党的领导为核心、各种组织和团体等社会多方参与的多元主体群；在服务的方式方法方面，也从自上而下的行政命令方式，向网络化、扁平化的各方主体平等协作的方式转变③。

建设创新型的马克思主义执政党是加强党的执政能力建设、先进性和纯洁性建设的时代要求。黄加文认为，马克思主义创新型政党，是指坚持一切从实际出发，不断地对自己的纲领、目标、任务和路线、方针、

① 马国钧. 基层服务型党组织的本质内涵与建设路径［J］. 思想政治教育研究，2013 年第 5 期，第 82—83 页.

② 沈小璇. 加强基层服务型党组织建设的思考［J］. 求实，2013 年第 1 期，第 46—47 页.

③ 梁妍慧. 创建基层服务型党组织关键在于党组织自身转型升级［J］. 中国党政干部论坛，2014 年第 5 期，第 64—67 页.

政策进行调整、更新，以谋求与社会发展和时代潮流共随同进的马克思主义政党。因此，创新型基层党组织建设就是要在理论方面、制度方面、实践方面不断突破原有框架而得到发展。一方面必须在管党治党方式上实现创新，勇于推进自身变革，敢于大力推进理论创新、制度创新和实践创新，以改革创新的精神状态、思想作风和工作方法全面加强和改进党的各方面的建设；另一方面必须在治国理政方式上实现创新，在治国理政的职能和执政方式上实现变革，坚持科学执政、民主执政和依法执政，成为一个善于治国理政的、廉洁的、高效的马克思主义政党。① 陈荣武认为，创新型马克思主义政党是指以马克思主义思想和理论为指导的勇于自我革新的政党，其革新建立在理论联系实际的基础之上，传承优秀文化传统，并根据新形势的发展和需要，对自身理论不断进行发展，对制度体系、目标任务、实践路径不断调整和完善。② 刘兰星等认为，创新型党组织建设是坚持马克思主义总的指导思想、目标、方向和方式方法，同时能在党的理论、制度、方法方面具有较强自主创新能力，能够适应客观形势变化，对党的纲领、目标、任务和路线、方针、政策等做出及时调整③。总体来看，创新型政党实质上是政党对自身的既有理论系统、制度体系和实践模式进行与时俱进的更新和突破，是一种自我超越。创新是党组织的重要属性和核心价值，创新的目标是不断提高执政为民和治国理政的水平，创新的内容包括基本指导思想和理论、社会制度和实践体系，创新的方式是集中智慧和自我革新，依靠人民群众的力量。

王同昌论述了党的十九大报告和党的二十大报告关于基层党组织建设中政治功能的表述差异。他指出，党的十九大报告强调“突出政治功能”，而党的二十大报告强调“增强政治功能”，前者主要针对基层党组织政治功能弱化、虚化和边缘化问题，后者是基于基层党组织政治功能已经取得

① 黄加文，汪荣有主编，中共江西省委教育工委组织编写．旗帜引领方向 江西高校党的基本知识读本［M］．2 版．南昌：江西高校出版社，2015，第 163—164 页．

② 陈荣武．创新型马克思主义执政党建设研究［J］．党政论坛，2014 年第 2 期，第 4—5 页．

③ 刘兰星，仰义方．论创新型马克思主义执政党建设的基本思路［J］．湖南省社会主义学院学报，2013 年第 5 期，第 23 页．

很大成就，从之前的“有没有状态”进展到“强不强的状态”①，这是明确指出基层党组织建设的任务是如何增强政治功能，把握了新时代基层党组织建设的重要内涵。

农村基层党组织建设的内涵研究不仅仅涉及其概念的界定，也延伸到其内容和方法的研究。靳燕凌认为，农村基层党组织建设的内容包括组织制度建设、干部队伍建设、思想政治建设和工作作风建设等四个方面。并强调了基层组织建设的保障问题，即“有人办事”的人员保障，“有钱办事”的经济保障，以及“有章理事”的制度保障②。孔繁金综合研究了历年来的“中央一号文件”，认为农村基层党组织建设从建设内容来看，包括了思想建设、组织建设和作风建设三大方面；从建设方法来看，包括善于学习、注重教育、加强党内外监督、严格考核、爱护党员干部等方面③。以上两位学者的观点均在王菲的《农村基层党组织建设研究综述》一文中有所介绍，王菲认为，关于农村基层党组织建设的研究议题，主要包括建设内容、方法、途径以及功能和执政能力建设等④。曹均学综观党的十八大以来农村基层党组织建设研究文献成果，发现从农村基层党组织建设来看，主要有政治建设、思想建设、作风建设、纪律建设、组织建设和制度建设等六个方面的研究成果⑤。

2. 关于农村基层党组织建设的评价标准的研究

我们党没有自己特殊的利益，是全心全意为人民服务、全心全意为人民谋福利的政党。习近平总书记曾指出，“民心是最大的政治”⑥“人民群

① 王同昌．新时代基层党组织政治功能：内涵、挑战及实践路径［J］．科学社会主义，2023年第3期，第102页．

② 靳燕凌．农村基层党组织建设的主要内容和基本思路［J］．延安大学学报（社会科学版），2008年第5期，第52—54页．

③ 孔繁金．“中央一号文 件”对农村基层党组织建设的创新［J］．学习论坛，2013年第3期，第19—22页．

④ 王菲．农村基层党组织建设研究综述［J］．长沙理工大学学报（社会科学版），2016年第3期，第65页．

⑤ 曹均学，张子超．党的十八大以来农村基层党组织建设研究综述［J］．吉林师范大学学报（人文社会科学版），2019年第5期，第79页．

⑥ 习近平．坚持全面从严治党依规治党 创新体制机制强化党内监督［N］．中共中央纪律检查委员会、中华人民共和国监察部网站，https：//www. ccdi. gov. cn/special/lcqh/topnews_ lcqh/201601/t20160112_ 72686. html，2016年1月12日．

众是党的力量源泉和胜利之本”“时代是出卷人，我们是答卷人，人民是阅卷人”①，我们党始终坚持人民至上的价值追求，坚持把人民拥护不拥护、赞成不赞成、高兴不高兴、答应不答应②作为衡量一切工作得失的根本标准。农村基层党组织建设是党的重要工作之一，在总体上来说人民满意是评价农村基层党组织建设的唯一标准。要满足这一标准，就要多为群众办实事，要着力找准人民群众的操心事、烦心事、揪心事，以坐不住的责任感和等不得的紧迫感一件一件抓整改、抓落实。要用好党和国家的惠民利民政策，让每一项好政策落到实处见到实效。只有把群众满意作为检验成效的标准，把群众反映的“问题清单”变成“履职清单”，把百姓的“烦心事”办成“开心事”，把“等群众上门”变为“送服务上门”，把群众的“表情包”作为检验工作的“晴雨表”，纾解“痛点”、打通“堵点”、补齐“断点”，用心用情用力解决好群众最关心、最直接、最现实的就业、教育、医疗、养老等方面的民生问题，才能不断增强群众获得感、幸福感、安全感③。然而农村基层党组织建设要达成这些目标，还需要从技术层面进行有力的建设，也需要有一系列技术层面的评价标准和评价体系，使农村基层党组织建设更有指向性和可操作性。学术界已有一些学者对农村基层党组织建设的评价标准进行过研究。

有学者提出了“五个好”，即“领导班子好、党员干部队伍好、工作机制好、小康建设业绩好、农民群众反映好”④。严小龙认为农村基层党组织的评价标准可从执政合法、执政能力、执政绩效、党员忠诚、群众认同等五个方面来考察，而且至少有“五个有利于”的评价标准，即有利于巩固党在农村的执政地位、有利于改善党对农村工作的领导、有利于推动农村经济发展和社会进步、有利于增强农村党员对党的忠诚度、有利于提升

---

① 中国共产党第十九届中央委员会第六次全体会议通过．中共中央关于党的百年奋斗重大成就和历史经验的决议［N］．2021年11月11日．新华网，http://www.news.cn/politics/2021-11/16/c_1128069706.htm.

② 胡锦涛．以人民答应不答应为政策落脚点问计于民［EB/OL］．中国新闻网，https：//www.chinanews.com.cn/gn/news/2008/12-18/1492799.shtml.2008年12月18日.

③ 搜狐网友微博．为群众办实事要以群众满不满意为标准［EB/OL］．https：//www.sohu.com/a/470025822_ 100236451.2021年6月2日.

④ 农村基层党组织建设工作实务编写组编．农村基层党组织建设工作实务［M］．北京：红旗出版社，2012，第3页.

农民对党的认同感①。

目前许多地方在实践工作中开展农村基层党组织星级评定工作和星级管理制度，学者们就当前量化评定进行了研究和讨论。何龙群对广西浦北县的农村基层党组织建设中的“星级管理”模式进行了考察研究。浦北县是最早采用这一模式的地方，“星级管理”模式的形成和发展经历了三个阶段。第一个阶段是1991年11月29日中共十三届八中全会以后到1994年9月中共十四届四中全会之前。早在1991年11月29日中共十三届八中全会后，为落实中共十三届八中全会《中共中央关于进一步加强农业和农村工作的决定》，浦北县委结合本县实际，决定在全县农村党支部中开展“创星争旗”活动。其主要内容为：把农村党支部的工作规范为10个方面，即班子健全团结，组织体系完善；人员配备合理，队伍战斗力强；全心全意为民，办事公道正派；各项制度健全，严格执行实施；发展集体经济，引导先富共富；完善双层体制，搞好服务工作；理顺三者关系（注：指国家、集体、个人），完成各项任务；办好一校一地，致力科教兴农；大办公益事业，改善基础设施；依法综合治理，确保群众平安。这10个方面都有具体的标准和规定。县委规定，到年底按照这10个方面对各支部进行考核评比验收，每完成一项工作指标就得一颗星，10项工作指标都完成的评定为“十星级支部”。第二阶段，1994年9月党的十四届四中全会以后至1995年9月。党的十四届四中全会《中共中央关于加强党的建设几个重大问题的决定》，在邓小平新时期党建思想的指导下，总结了我们党多年来行之有效的成功经验，明确了建党的目标，提出了一些党建工作的新思路、新观点、新方法，对新时期的党建工作做了新的整体部署。接着，中央和中组部先后下发了《关于加强农村基层组织建设的通知》和《关于进一步整顿农村软弱涣散瘫痪状态党支部的意见》。浦北县委根据这些精神和部署，充实和完善了星级管理的内容：一是重新按照“五个好”的标准确定农村基层党组织建设的目标，制订具体措施。二是在对不同类型的农村支部进行调查摸底的基础上，决定从1995年起在全县农村党支部中实施“促先扶后”工程，即在抓好十星以上先进支部的巩固和发展、引导先

① 严小龙. 中国共产党农村基层组织建设科学化的评价标准探析［J］. 当代世界与社会主义，2012年第5期，第86页.

进支部上新台阶的同时，重点抓好七星以下后进支部的整顿转化工作，以求农村基层党组织建设的平衡发展，努力提高全县基层党组织的整体素质和工作水平。他们成立了“促先扶后”工程领导小组，组织工作队进驻后进村支部，实行部门、单位包村，签订工作队岗位目标承包责任状，建立“促先扶后基金会”，通过“浦北党建园地”加强宣传力度，总结经验，及时推广。第三阶段，1995 年 9 月以后，进一步扩大了“星级管理”的范围，由村党支部扩大到乡镇党委，在内容上也更充实完善。经过几年对村党支部实行“星级管理”的实践，浦北县委积累了经验，并尝到了科学管理的甜头。为了推动全县党建工作迈上新台阶，1995 年 9 月，县委下发和实施《关于在乡镇中实行星级管理办法的决定》。对于乡镇党委目标管理内容也是分解为 10 个方面，但与对村支部的有所区别，即抓好班子建设，增强班子活力；建立健全制度，实行科学管理；抓好党的建设，提高党的“三力”；加强群团建设，健全群团组织；大力发展经济，带领群众致富；理顺三者关系（注：指国家、集体、个人），完成各项任务；推广科学技术，致力科技兴农；发展文教事业，提高人民素质；开展综合治理，治安形势好转；提倡移风易俗，树立文明风尚。每个方面又分为若干内容或指标，并规定评分标准。根据这些条件和评分标准，实行半年初评，年终总评制度。何龙群总结浦北县发展和推进农村基层党组织建设“星级管理”模式三个阶段，认为第一阶段使得基层党组织工作有指标、有检查、有奖惩，从根本上改变了以往党建工作有任务没责任，凭领导的兴趣行事的松散状况；第二个阶段，使农村基层党组织建设不但有目标有任务，而且有层次、有重点，以点带面，全面推动，特别是整顿后进支部抓住了农村党建的重点和难点。第三个阶段，不仅将乡镇党组织纳入到星级管理范围，更是在管理内容上更加充实更加完善，逐渐形成了比较系统和完善的县委、乡镇党委、村党支部三级党建目标管理体系。其主要特征是：一，目标内容规范、具体，符合本地具体实际，便于实施和考评；二，以“星级管理”为中心，配套有关措施、制度；三，党建工作量化、标准化，使上级组织对下级组织的工作情况一目了然，心中有数，指导工作有的放矢；四，公开、公平、民主。何龙群认为浦北“星级管理”模式对全国农村基层党组织建设具有重要启示，农村基层党组织建设需要一套科学的管理模式和激励机制；同时要在实践中找到党建理论、政策和本地党建实际的结合点；要将基层党组织建设工作与经济建设更好地结合起来①。事实上浦北“星级管理”模式也受到了全国其他各个地方的学习和效仿，农村基层党员干部、农村基层党组织的星级管理和星级评定在全国很多地方流行起来，成为农村基层党组织建设的重要路径选择。

康振海等考察了雄安新区农村基层党组织的星级评定工作。雄县推行农村基层党组织星级管理制度，通过量化评星、随时降星、晋位争星，激发基层党组织的内在动力，推动全面从严治党向农村基层延伸。一是严格标准，量化评星。参照《雄县农村干部管理考核办法（试行）》中村级班子考核指标，将基层组织建设、党风廉政建设、信访综治、计划生育、社会保障、村镇建设、农村环境整治、美丽乡村建设等项工作纳入考评，采用百分制量化打分。按照得分，共评定五个星级，每个星级占比为 20%。二是动态管理，随时降星。在一个评选周期内，乡镇党委根据基层党组织综合表现动态调整星级，出现不符合定星标准的，及时降低星级。县委组织部不定期抽查。同时，将星级管理评定结果作为推荐评选农村红旗、优秀党支部和优秀村党组织书记的重要依据。三是奖惩挂钩，晋位争星。村级党组织的星级状况与村干部补贴奖惩直接挂钩。对连续 3 年评定为一星级的村级党组织，进行组织调整。他们认为，自星级评定开展以来，在全县基层党组织中形成了争先创优、积极向上的良好风尚。其中的雄县黄湾村在星级评定中，走出了一条村级组织建设由乱到治的成功之路②。

各个地方设置的星级指标体系虽然存在一定的差异，但在大体上是相同的。比如某地的星级设置及标准是按五个星级设置，标准依据农村政治建设、经济建设、文化建设、社会建设、文明生态建设以及党的自身建设等几个方面的建设状况进行评定。比如五星级标准，在经济建设方面要求特色主导产业效益显著，农村经济全面发展，农民收入持续较快增长。具体标准是：（1）有完善的村级财富积累机制，当年取得的集体可支配收入（不含上级各种补助、扶持资金）达到 5 万元以上，财务收支情况定期向群众公开；（2）积极发展个体私营企业，千人以上村发展生产加工型企业

① 何龙群. 执政党建设与理论研究［M］. 北京：中共党史出版社，2004，第 226—243 页.

② 康振海主编. 雄安新区经济社会发展研究［M］. 石家庄：河北人民出版社，2018，第 242 页.

3家以上，千人以下村发展2家以上；（3）积极发展一村一品或多村一品、一品一社，在蔬菜、林果、畜牧等方面形成主导产业（设施蔬菜规模达到50亩以上，或林果种植达到200亩以上，或规模畜牧专业养殖户20户以上），有规范的专业合作经济组织，经常开展经营活动；（4）本年度发展庭院经济10户以上；（5）农民人均收入同比增长22%以上。在政治建设方面，要求扎实开展民主政治建设，民主决策、民主管理、民主监督体系健全。具体标准是：（1）“四议两公开”工作机制全面落实，各项决策民主科学，群众拥护；（2）有明确的工作目标和年度工作计划；（3）村务、党务公开，内容全面规范；（4）有综治维稳组织，制度健全，经常活动，发挥作用明显；（5）全年没有村干部工作不力引起的群众上访。在文化建设方面，要求群众的思想、文化、道德水平普遍提高，家庭和睦、崇尚文明、互帮互助的社会氛围浓厚。具体标准是：（1）大力实施公民道德建设“4+l”工程，有载体有活动，工作机制健全，有市级以上（含市级）道德先进典型；（2）有村民文化活动场所，文化设施齐全，有业余文化队伍，经常组织村民开展健康有益的文化娱乐活动；（3）道德评议会、红白理事会等组织健全，能够较好发挥作用，做到移风易俗、倡导文明和谐新风。在社会建设方面，要求群众生产生活条件便利，切身利益得到全面保障。具体标准是：（1）农田水利、公共服务等基础设施齐全；（2）村主要街道硬化率100%，路灯安装使用率100%，群众饮水干净卫生。年底前实现村村互通，与外村连接道路硬化率100%；（3）上级发放的各种补贴、扶贫、救济、五保等专项资金及时足额落实到户，新农合、新农保覆盖率100%；（4）本年度办成饮水、修路、办电等好事、实事3件以上，群众关心的生产生活具体困难和问题能够及时解决；（5）扎实推进新民居建设，新民居小区设施齐全，管理规范；（6）计划生育责任目标完成情况好，有计生工作阵地，连续三年无政策外生育，当年出生人口统计求实率100%，村干部无违反计划生育政策问题；其他工作达到省市标准。在文明生态建设方面，要求精神文明建设成效显著，自然生态环境良好，群众生活质量高，居住环境便利整洁。具体标准是：（1）认真开展文明村、文明户创建和普法宣传教育等活动，村风纯正、积极向上，社会和谐稳定；（2）扎实推进生态环境建设，村容村貌整洁，无“粪土乱推、柴草乱垛、脏水乱泼、畜禽乱跑、垃圾乱倒”现象，垃圾定点倾放、定时清运，有农村垃圾污水处理设施，有专人管理；（3）有高标准村级卫生室，群众看病方便；（4）在发展庭院经济、循环经济等生态高效产业方面成效显著。在党的建设方面，要求基层组织建设目标任务全面落实，领导班子坚强有力。具体标准是：（1）村两委班子健全、支部书记、村委会主任及班子成员政治素质高，分工明确、团结协作，有完善的村级配套组织，发挥作用明显；（2）定期研究布置检查党建工作，工作制度系统规范完整；（3）“三会一课”、村干部坐班等各项制度健全，各种记录齐全，坚持每年培养入党积极分子或发展新党员。认真开展工作目标承诺、无职党员设岗定责活动，党建工作有特色、有成效，群众满意度在95%以上；（4）“两室”标准高，办公设施完善，电视、影碟机等电教设备齐全利用率高，发挥作用显著，各项制度全部上墙；（5）任职期间集体或个人受到省级及以上表彰。① 其他四星级、三星级、二星级、一星级的标准也在这六大方面设置，具体标准要求依次降低。

基层党组织星级化管理模式受到许多学者的关注。秦法跃认为，基层党组织和党员星级化管理模式包含了科学定星、严格评星、动态管理、统筹用星等环节，推进了党组织建设实现“大水漫灌”向“精准滴灌”转变，评定评选实现“组织议定”向“全员监督”转变，党建工作实现“规范化”向“品牌化”转变②。李咏民认为，党建星级化管理，在很大程度上树立了大社区观念，对提升社区治理能力，完善社区治理体系具有重要作用③。贺祖斌等认为，“星级化”管理作为广西基层党组织建设的创新之举，在基层党组织中营造出创先争优的氛围，改善了农村基层党组织的建设，有效治理了一批软弱涣散党组织，解决了农村党建边缘化、虚化的问题。“星级化”管理提高了农村基层党组织创先争优的积极性，通过制度和考核评优的方式，倒逼农村基层党组织发挥脱贫攻坚、实现乡村振兴战略的作用，农村党员不得不发挥党员先锋模范作用，走到困难群众中

---

① 魏广秀．脱贫发展走向振兴宣言书［M］．中共新河县委、新河县人民政府，第155页．

② 秦法跃．新时代高校基层党组织和党员星级化管理模式探析［J］．学校党建与思想教育，2019年第19期，第50页．

③ 李咏民．依托党建星级管理，提升社区治理能力：以库尔勒市梨香街道建设社区为例［J］．中国高新区，2017年第8期，第54页．

了解群众的困难，为群众排忧解难。“星级化”管理方式的积极方面在于充分调动农村基层党组织领导干部的工作积极性。评星定级、动态评价为各层次的基层党组织留出了空间，优秀的农村基层党组织继续保持良好的工作态势，在思想、工作层面不敢放松，后进的农村基层党组织有进步的空间①。

3. 关于农村基层党组织建设的功能的研究

乡村振兴战略背景下，对农村政策的基本导向发生了转变，“解缚”“反哺”“均权”等成为重要政策注解。有学者从农村基层党组织“功能障碍”现象出发，探讨了农村基层党组织的功能。赵大朋认为，在农村社会进一步发展，城乡融合新变化的状况下，农村基层党组织仍然保持行政代理型组织的特征，从而产生“功能障碍”。这种功能障碍很可能使村级党组织在农村社会中的影响力进一步被削弱，从而损害党对农村社会的领导和执政基础，难以保证农村社会的稳定和发展②。农村基层党组织的功能定位转型势在必行。农村基层党组织功能定位转型，必然需要经历自身功能调试阶段，既需要对一些相对僵化的传统功能进行淡化和摒弃，同时又要根据农村社会的实际状况和发展需求进行与时俱进的功能创新。吴梅芳等学者主张，农村基层党组织的功能应当将行政功能剥离，向政党原本的基本功能回归③。赵大朋称之为“政党导向型”村级党组织，并认为基层党组织应从“行政代理型”向“政党导向型”转变，淡化其行政色彩，深度融入农村社会，并依赖服务、协调、引导等非权力性权威影响和领导农村工作④。

中共十八届五中全会提出，“加强党的各级组织建设，强化基层党组织整体功能”。“整体功能”的概念蕴涵着在乡村振兴战略背景下，农村基层党组织是一个由各种具体功能构成的综合体。需要系统地、全面地认识

---

① 贺祖斌，林春逸，肖富群，等. 广西乡村振兴战略与实践：政治卷［M］. 桂林：广西师范大学出版社，2019，第 42 页.

② 赵大朋. 城乡统筹背景下村级党组织功能转型问题研究［M］. 上海：上海人民出版社，2017，第 165 页.

③ 吴梅芳，陈定洋，玄富春. 论农村基层党组织的功能变迁［J］. 理论视野，2008 年第 6 期，第 60—62 页.

④ 赵大朋. 城乡统筹背景下村级党组织功能转型问题研究［M］. 上海：上海人民出版社，2017，第 166 页.

农村基层党组织的各种功能，不可片面关注一个或几种功能，也不能忽视其任何功能。学者们就农村基层党组织的功能性质、层次、分类和具体构成等进行了研究。

从功能性质角度概括，农村基层党组织首先是无产阶级政党的组成部分，具有无产阶级政党的一般属性，因此政治功能是其功能的基本维度。党的十九大报告指出，要突出基层党组织的政治功能，这正是对基层党组织首要属性的正确把握。同时，农村基层党组织也是中国共产党作为执政党的基层组织。因此，农村基层党组织不仅仅是要发挥政党组织的作用，而且负责管理农村社会，协助上级部门完成各种任务，从而呈现“行政性”。因此赵大朋认为，农村基层党组织的功能应当包括两大类，即“政党类功能”和“行政类功能”①。而吴梅芳等学者则认为农村基层党组织具有组织功能和政治功能。他们认为农村基层党组织功能，一方面是将农村居民和社会有效组织起来，推动农村社会有序运行和发展；另一方面是作为政党的政治引导、宣传教育、行为示范和自身建设等方面的政治功能②。周广均③、肖纯柏④、吴海红⑤、胡坚⑥、刘飞雪⑦等人对基层党组织的功能有着不同的表述，有的分为四类、有的分为五类，但总体上都有些类似。

从功能层次的角度，有学者提出农村基层党组织的功能可以分为三个不同层次：一是作为马克思主义政党组织的领导核心功能层次，二是作为

① 赵大朋．城乡统筹背景下村级党组织功能转型问题研究［M］．上海：上海人民出版社，2017，第166—189页．

② 吴梅芳．农村基层党组织功能嬗变的历史考察及启示［J］．探索，2008年第5期，第40—43页．

③ 周广均．农村基层党组织在新农村建设中功能定位探析［J］．毛泽东思想研究，2009年第4期，第45页．

④ 肖纯柏．农村基层党组织功能的政治学思考［J］．中共云南省委党校学报，2009第4期，第83页．

⑤ 吴海红．论社会转型与基层党组织的功能定位［J］．理论与改革，2004年第5期，第56—58页．

⑥ 胡坚．乡镇党的建设［M］．北京：党建读物出版社，2005，第10—11页．

⑦ 刘飞雪．社会管理背景下农村基层党组织功能建设研究［D］．四川农业大学，2014，第1页．

基层组织的服务功能层次，三是作为政党组织的一般功能①。

张党诺从社会变迁的角度，分析了农村基层党组织的功能变迁。他分析到，在新民主主义革命时期，我们党的任务是夺取政权，因此农村基层党组织的军事功能非常突出，同时通过宣传教育、组织民众对敌战斗，思想政治教育、统一战线功能、服务根据地等功能也很明显。在新中国成立初期，农村基层党组织的功能高度行政化，通过领导、组织、动员，在动员群众、发展生产、完成任务、维护农村社会稳定等方面发挥着重要作用。改革开放以后，农村基层党组织的功能从高度行政化转向高度政党化，开始回归政党的基本属性，巩固党在农村的执政功能。转变工作作风、思路、提高能力，通过非强制的方式发挥其功能，主要是加强自身建设和先进性教育，增强服务意识等②。

石国亮也认同功能变迁的观点，认为农村基层党组织的功能需要根据国家发展战略的历史性变化而变化，以便更好地适应新时代发展的要求。在党和国家以经济建设为中心的历史时期，农村基层党组织主要发挥“维稳型”功能，为中国经济发展提供一个稳定的社会环境。当前新中国正经历着第三次历史性变化，也即党的十八大以来特别是党的十九大提出乡村振兴战略之后，城乡融合发展持续加快，城乡经济均衡发展成为中国经济发展的重点中心工作③。2018 年新修订的《中国共产党农村基层组织工作条例》，将农村基层党组织的功能定位修改为“全面领导乡镇、村的各类组织和各项工作”，这就意味着在当前农村工作中，要加强党的全面领导，紧紧围绕实施乡村振兴战略，要将广大农民群众充分组织起来，大力发展农村集体经济，共同建设、共同治理、共同享有社会发展成果，使农村成为和谐、生态、宜居的美好家园。

吕德文认为，乡村振兴战略的本质是一种新型城乡关系的重塑，这就决定了农村基层党组织的功能，就是要为乡村振兴提供政治和组织保障，

---

① 肖纯柏．农村基层党组织功能的政治学思考［J］．中共云南省委党校学报，2009 第 4 期，第 83 页．

② 张党诺．农村基层党组织功能变迁及基本经验［J］．学理论，2020 年第 1 期，第 108—109 页．

③ 石国亮主编．全面提升农村基层党组织的领导力：新时代农村基层党组织工作做什么怎么做［M］．北京：东方出版社，2019，第 34—35 页．

让农村成为现代化的稳定器和蓄水池。他针对当前农村的社会问题，提出农村基层党组织建设的功能。他认为“富人治村”并不成功，极少有村庄因为“富人治村”而实现了共同富裕，反而出现了贿选和派系政治蔓延现象。从而他认为农村基层党组织的基本功能应该是维系村庄的基本秩序。针对农村“空心化”的现实问题，农村基层党组织的功能应当是服务于那些常住村庄的中老年人和留守儿童的生产生活需求，将党和政府的政策和福利有效落实到农户手中，同时组织村民进行自我服务。针对农村人口外流的问题，农村基层党组织的重要功能是在村庄“空心化”的状况下重建共同体，重新编织熟人社会网络，增强村庄凝聚力，让村庄有集体行动能力，要通过培育组织来激活村庄的内生动力。针对村级党组织“眼光向上看”职业化、行政化趋势而产生的脱离群众的问题，他认为要加强村级党组织的基本保障建设，使得村级党组织和村干部不再需要天天跑项目、争项目，而是和农民群众一起在内部产出项目，加强了村级党组织与群众的联系①。

马勇进认为，随着社会转型，农村基层党组织的功能调整是提升其适应性的必然路径。其政治性功能主要在于宣传党的主张、方针政策等提升党在农村基层的领导力的行动；其社会性功能主要在于协调农村社会关系、利益关系，并推动农村地区经济发展与社会发展②。胡琴在分析农村基层党组织建设推进乡村振兴过程中存在的问题时，分别从政治功能、组织功能、发展功能和服务功能四个方面进行分析，可以看出这是他所认同的农村基层党组织功能的四个维度③。王同昌认为农村存在着不同类型的基层党组织，包括行政村党组织、农村合作经济组织中的党组织、农村非公经济中的党组织、社会组织中的党组织，他们分别发挥着不同的功能④。孙林从传统功能弱化的角度，分析了政治功能主导型基层党组织的政治划

---

① 吕德文. 基层中国：国家治理的基石［M］. 北京：东方出版社，2021，第238—239页.

② 马勇进. 农村基层党组织功能及实现路径［J］. 青海社会科学，2017年第5期，第95—96页.

③ 胡琴. 强化农村基层党组织功能 加快推进乡村振兴步伐［J］. 上海农村经济，2019年第12期，第31—32页.

④ 王同昌. 新时代农村基层党组织功能创新及实现路径［J］. 中州学刊，2021年第10期，第11页.

定、组织生产、社会管理、资源汲取、政治宣教等五个方面功能的弱化，并提出了基层党组织功能引领基层“双轨治理”的建议①。李俊斌等以党的十九大报告提出的释放政治功能为依据，认为在乡村振兴战略背景下，农村基层党组织应当强调其政治功能②。常俊从属性维度、思想维度、组织维度、保障维度等四个维度解析了农村基层党组织的功能③。

4. 关于农村基层党组织建设的现状与困境的研究

农村基层党组织建设是一个长期的过程，要根据国家建设和社会发展的需要而不断调试、不断完善。这个调试过程中难免会存在基层党组织建设不能满足新时期发展的要求的状况。习近平总书记在 2018 年全国组织工作会议上指出，“现在，从各方面反映看，一些地方和部门党建工作还存在重形式轻内容、重过程轻结果、重数量轻质量的问题，看起来热热闹闹，实际效果却不佳，甚至与中心工作‘两张皮’、没有什么效果。”④ 学术界和各地方实践部门高度重视农村基层党组织建设研究，通过调查研究的不同视角分析了农村基层党组织建设的问题和困境。

李璐从从严治党的视阈探讨了农村基层党组织建设的政治生态困境。他认为农村基层党组织政治生态建设困境主要表现在：一是村两委关系不协调，责任主体不明。村委会与村党支部关系产生矛盾，冲突明显。在村委会与村党支部双方能力都较强的情况下，两者互相争夺权力。如果村党支部一家权力独大，那么村党支部就直接对村里的一切事物做决策和执行，农村社会自治的权利就难以彰显，违背了社区自治的原则；抑或村党支部不作为，村委会独享权力、擅自作为，势必架空农村党支部，将严重损害党在农村地区的领导和影响力。同时，在部分偏远地区，存在着农村村委会与村党支部都不作为、不承担相应的功能和责任，遇事相互推诿，遇利相互争夺的不良现象。二是农村“空心化”问题。“空心化”是中国

① 孙林. 新时代基层党组织功能建设的路径探析［J］. 理论视野，2021 年第 6 期，第 79—84 页.

② 李俊斌，冉琴. 乡村振兴背景下农村基层党组织政治功能论析［J］. 党政研究，2021 年第 3 期，第 50 页.

③ 常俊. 关于新中国成立以来基层党建的功能作用和现实问题的思考［J］. 毛泽东邓小平理论研究，2019 年第 8 期，第 83—87 页.

④ 石国亮. 全面提升农村基层党组织的领导力：新时代农村基层党组织工作做什么怎么做［M］. 北京：东方出版社，2019，第 5 页.

农村人口社会结构变迁的重要特征。村民是监督村里事务决策与执行的重要力量，但因为村民生存压力大，外出打工，造成民主监督个体数量锐减。同时，大量留守的妇女、儿童、老人等弱小群体监督力有限，导致农村监督体系逐渐瓦解。三是自发民间组织、宗教团体、宗族势力功能“异化”，政治生态建设合力不足。宗族势力抬头，成为干预农村事务的重要力量。各类民间团体和组织的发育，促进了农村社会多元化发展，如果农村基层党组织不加强对这些民间团体和组织的领导，它们就可能唯利是图，破坏正常经济社会秩序。甚至可能为不法组织、宗教团体所利用，宣传封建迷信思想甚至邪教思想，扰乱农村基层社会的民心、治安，破坏社会稳定，干扰农村基层政治。四是农村基层涉农腐败多发，违纪违法现象持续存在。在社会转型时期，农村社会中各种利益关系交织，部分村干部独断专行、私自侵占公共财物等基层“微腐败”问题依然处于高位运行状况。农村基层干部实施腐败往往具有“家族式腐败”和“集体性腐败”的特征①。

刘开寿从经济发展的角度出发，分析了不同类型地区因经济发展水平和经济发展阶段不同而产生农村基层党组织建设的不同问题。他认为不同的农业生产的组织形式，不同的市场经济发育程度，村庄中出现的不同的新型经济组织，构成了农村基层党组织建设的不同重要背景，农村基层党组织所要处理、协调的关系也各不相同②。王炳林等认为，在部分农村，党组织的领导正不断弱化，主要表现为农村基层党组织软弱涣散、权能弱化、职能残缺，同时也缺乏重要的资金和物质方面的保障；党员干部老龄化严重，文化水平偏低，女性占比较低，同时思想政治素质不高，在基层党组织内部存在腐化堕落的不正之风；基层党组织及其党员干部的组织和领导水平较低，存在着一定程度的党群冲突③。

---

① 李璐. 全面从严治党视阈下农村基层党组织政治生态的困境与破解［J］. 载中共吉林省委组织部编.“新时代 e 支部”党建高峰论坛文集［M］. 长春：吉林人民出版社，2018，第 294—296 页.

② 刘开寿主编. 农村基层党组织的建设［M］. 重庆：西南师范大学出版社，1998，第 57—66 页.

③ 王炳林主编. 市场经济条件下党的基层组织建设研究［M］. 北京：人民出版社，2008，第 19—32 页. 转自王同昌. 新时期农村基层党组织建设研究［M］. 合肥：合肥工业大学出版社，2015，第 9 页.

徐勇对农村基层党组织的领导权威弱化问题进行了分析，他认为在村民自治的条件下，农村基层党组织普遍存在的党员老龄化以及受教育水平较低，难以承担新时代赋予村民自治的新职能。农村基层党组织的功能常常是在贯彻上级的指示精神，对地方实际需求的回应相对较少，如果上级党组织的指示精神与地方实际需求存在矛盾或冲突，这种情况一旦出现，农村基层党组织就可能失去部分村民的支持①。

石国亮从《中国共产党农村基层组织工作条例》修订的目标或者意图进行分析，认为《条例》修订的目的就是要解决当前存在的突出问题。主要包括：优秀人才选拔任用的问题；优秀人才外流、无人可用、无人可发展的问题；基层党组织生活有名无实的问题；地方势力操控农村社会生活的问题；地方村干部不在村里居住，“遥控”村内组织的问题；上级选派的“第一书记”和大学生村官成为村里工作主力但是缺乏延续性和持续性的问题，等等②。

夏远永通过考察浙江美丽乡村治理实践情况，认为农村基层党组织建设弱化是实现美丽乡村善治的障碍。农村基层党组织建设弱化具体表现在：一是市场经济冲击农村，基层党组织人才队伍建设工作跟不上美丽经济发展的速度。育才、引才机制建设还不够健全，管护农村实用人才的教育培训力度还有待加强，德才兼备的留乡精英、外出精英、外来精英还有待进一步挖掘和聚集，资金投入和人才服务平台都还有待进一步的提升。二是农村产业水平不高，产业支撑力度不够，青壮年劳动力进城务工，农村子弟大学生毕业后跳出“农门”不再返乡工作，老人、妇女和儿童留守农村，致使农村“空心化”现象相当普遍，直接导致了基层党组织有生力量的匮乏。农村“空心化”减弱了党组织的力量。三是农村基层党组织的权威性受到村民自治的巨大挑战，村民委员会因为是民主选举产生的而具有权威性，农村基层党组织对村民委员会的监督能力有限，农村基层党组织和村民委员会往往不能同向而行，这成了乡村民主的悖论。农村基层党组织内部民主问题没有获得有效的解决，仍然停留在罗尔斯

---

① 徐勇. 中国农村村民自治［M］. 武汉：华中师范大学出版社，1997，第206—209页.

② 石国亮. 全面提升农村基层党组织的领导力：新时代农村基层党组织工作做什么怎么做［M］. 北京：东方出版社，2019，第6页.

意义上的形式民主和程序正义上，就不足以充分调动广大农民的凝聚力、战斗力和创造力。四是农村基层党员干部参与美丽乡村治理工作的权责关系失衡，致使村民无法有效监督农村基层党员干部，对征地补偿、拆迁补偿、土地等资源的分配等显得很无力，美丽乡村的重复建设太多，大致雷同缺乏创意①。

汪圣探讨了村干部实践权力内卷化的问题。他通过调查发现，第一是村干部实践权力出现衰退。在乡村治理中，村干部的权力经常受到农民群众的挑战，农民群众常常不认同村干部的实践权力，同时也不配合村干部的工作，“工作是越干越难了”。第二是村干部实践权力的运作常常需要运用复杂的治理技术。在很多情况下，村干部不得不经常使用包括村户合谋、软磨硬泡和自我牺牲等复杂的治理技术，才可能解决村务治理实践中的各类问题。汪圣采用了布迪厄的社会实践理论对村干部实践权力内卷化的生产机制进行了分析，场域、资本、惯习是分析使用的三个重要概念。他认为，乡村社会场域是村干部实践权力建构、运作的现实场景。在这个现实场景中，场域位置发生了偏离，也即导致的悬浮型政权与乡土社会脱嵌的情境，是导致村干部实践权力难以有效再生产。同时，资本优势的衰落，也即村干部场域地位的下移，导致村干部实践权力难以有效建构。乡村社会的半熟人化，削弱了村干部的社会资本；市场经济发展使村干部渐渐失去经济资本优势；农村居民文化水平提升使得村干部文化资本优势式微。再者，农民群众的惯习不断演进，也即农民群众的惯习从服从管理逐步演变为当家作主。改革开放以来，农民群众生产自主性获得了释放，流动机会增加，村干部选举强化了村干部村庄代理人角色，这些因素导致了农民群众不再对村干部习惯性地服从，形成了当家作主的新惯习。场域位置的偏离、资本优势的衰落、惯习的演进三个方面的因素共同导致了村干部实践权力内卷化②。

孙柏瑛从基层党组织建设的行动路径入手，分析了基层党组织的功能

---

① 夏远永. 加强新时代农村基层党组织建设：实现美丽乡村善的关键［J］. 载董金华主编. 新时代哲学创新与发展［M］. 杭州：浙江工商大学出版社，2019，第303页.

② 汪圣. 乡村振兴战略下村干部实践权力内卷化问题研究：基于鲁中谷镇的田野发现［J］. 领导科学，2020年第21期，第105—107页.

转换、行动方式和手段的转换以适应新的社会场域和社会空间①。邹燕秋也指出，农村基层党组织建立基本理念、目标、组织形式、工作方式等都是建立在一定社会经济发展基础之上的，需要根据农村经济社会发展的需求而不断调整和创新②。石园园通过调查研究发现，在乡村振兴战略背景下，部分农村基层党组织还存在着党组织生活不规范、党员队伍结构不协调、宣传能力和经济发展引领能力不足等困境③。张静等从制度层面、功能层面、凝聚力层面、时代性层面分析了当前农村基层党组织建设存在困难。他认为，在制度层面部分农村基层党组织管理制度缺失，管理方式松散；在功能层面农村基党组织政治功能有待加强，服务引领作用不强；在凝聚力层面，农村基层党组织针对党员的教育力度不够，群众和党员参与农村基层党组织建设的程度不足；在时代性层面，农村基层党组织管理理念有待进步，党组织活动内容与形式单一，对新媒体环境压力的适应能力不足，等等④。也有学者从农村基层党组织公信力分析入手，认为农村基层党组织的公信力较弱，村民对基层党组织的信任度偏低，表明农村基层党组织的公信力、号召力和凝聚力减弱⑤。

霍军亮认为在乡村振兴战略背景下，农村基层党组织主要存在着组织困境、物质困境、文化困境、社会困境等四个方面的问题。组织困境指党组织在农村的合理分布和党组织内部的成员构成。在自然村数量减少和撤村并村的调整之后，农村基层党组织数量减少，许多村落没有党组织覆盖。同时农村基层党组织缺乏优质群体的人员队伍，农村干部存在“难选、难干、难管”的现象。物质困境指农村基层党组织在经费物质方面缺乏充足保障。随着农村集体经济退化，农村基层党组织可支配的经费物质

① 孙柏瑛．十年来基层社会治理中党组织的行动路线：基于多案例的分析［J］．中国行政管理，2014 年第 8 期，第 57 页．

② 邹燕秋．适时推进农村基层服务型党组织建设：河南省社旗县“三加”模式的调查与思考［J］．中州学刊，2014 年第 4 期，第 26—28 页．

③ 石园园．论农村基层党组织建设面临的困境及其路径选择：基于乡村振兴的视角［J］．江西理工大学学报，2021 年第 6 期，第 25 页．

④ 张静，王欢．乡村振兴背景下农村基层党组织建设的困境与化解思路［J］．北京邮电大学学报（社会科学版），2019 年第 3 期，第 91—95 页．

⑤ 农村基层党组织建设工作实务编写组编．农村基层党组织建设工作实务［M］．红旗出版社，2012，第 21 页．

等资源较少，尤其是西部地区农村，党组织的经费仅有极少量的党费返还部分，可用来服务群众的资源十分匮乏。农村基层党组织在缺乏资源和手段的情况下，领导权威、领导力和行动力都受到极大程度的制约。文化困境指农村基层党组织可借鉴和依赖的优秀传统文化资源逐渐减少，党组织自身活力难以显现，缺乏对农民群众的吸引力。随着农村社会的现代化进程，乡土价值体系、社会关系结构、传统伦理道德体系等都发生了变化，传统乡村文化体系逐渐解体，新的文化价值体系无法在短时间内建立并提供人们行动的规范，导致部分农民群众价值观扭曲，信仰、理想、道德伦理缺失。社会困境指农村社会公共性衰落使得农村基层党组织的凝聚力和社会号召力减弱。农村集体经济的退化直接影响社会公共性，农村社会的公共权威退化、公共服务短缺和公共性衰落，平衡的、良性的社会基础受到冲击，农村基层党组织失去了开展活动的公共空间、载体和平台①。

5. 关于影响农村基层党组织建设的因素的研究

李璐从从严治党的视角分析影响农村基层党组织政治生态的因素主要有，村干部文化水平低、法治意识淡薄；监督管理乏力，一些农村制度不完善，管理制度执行不够力度，部分村镇干部有章不循，助长了不正之风；村务公开不透明，政务公开和财务公开都可能存在不及时甚至不公开的现象，村民的知情权、监督权无从谈起，助长了个别村干部违规操作之风；反腐倡廉的主体监督责任落实不到位，有些党员干部只管自己的业务，对“一岗双责”和主体责任落实不力②。

吕家轩认为影响农村基层党组织功能发挥的主要原因有五个方面。一是领导方式和工作方式落后。传统的领导方式和工作方式明显落后于社会发展，村务难以完全公开，决策不能反映民意，工作形式化表面化严重，脱离群众；二是基层治理能力欠缺。有些干部未能正确定位党组织在农村基层治理中的位置，缺乏对乡村振兴战略目标的了解，治理方式单一、不适应。三是宗族或者宗教势力的影响。一些地方宗教势力与宗族观念有明

① 霍军亮，吴春梅. 乡村振兴战略背景下农村基层党组织建设的困境与出路［J］. 华中农业大学学报（社会科学版），2018 年第 3 期，第 1—5 页.

② 李璐. 全面从严治党视阈下农村基层党组织政治生态的困境与破解［J］. 载中共吉林省委组织部编.“新时代 e 支部”党建高峰论坛文集［M］. 长春：吉林人民出版社，2018，第 296—297 页.

显的抬头迹象，形成帮派组织，破坏了农村社会的秩序，一些党员干部在其中可能成为支持者甚至充当“保护伞”。四是推动经济发展的能力不足。推动经济发展是农村乡村振兴的首要目标，一些地方农村基层党组织难以在经济发展中起到领导作用，没有清晰的发展思路，不作为或者乱作为，甚至在牟求个人私利。五是与村委班子关系处理不当的问题。农村社区自治必须在党的领导之下，一些地方农村两委之间权责不清，相互矛盾冲突的现象也时有出现①。当然在《中国共产党农村基层组织工作条例》修订之后，村两委负责人“一肩挑”也起到了解决两委矛盾的作用。

阳芬、刘政权等从社会学的角度进行了分析，认为有以下几方面的原因：社会转型期体制的风险性；利益受侵害产生的利益冲突；高情感预期与低服务能力的落差；价值观冲突；互动的缺失产生心理冲突②。还有观点认为农村基层党组织建设存在与社会主义市场经济不相适应的现象，比如在农村推行村民自治政策对党组织建设提出新的挑战；新形势下农村党建在面临环境变化时出现了新问题，李弘提出农村基层党组织在队伍建设、班子建设、制度建设和发展路子方面存在问题③。曹桂华认为农村党员队伍建设存在“老、少、低”的问题、党员致富本领不过硬、市场经济环境下少数党员党性不强、农村中有大部分的具有一定文化水平的青年人才外流致使党员后备力量缺乏、城镇化进程加快带来农民进城务工现象，农民职业多样化导致农村人口流动性大，均使得农村社会环境日益恶化等④。还有学者认为宗旨观念不强，官本位思想严重；经费保障不足，党组织生活不正常；农村党组织设置滞后，组织资源分散；班组群体素质不高，致富能力不强⑤。

① 吕家轩，贾东荣．农村基层党组织功能发挥现状研究［J］．农村．农业．农民，2019 年第 11 期，第 28—29 页．

② 阳芬，刘政权，何思奇，等．农村基层党组织公信力的社会学思考：以湘粤赣边区农村基层党组织为例［J］．湘南学院学报，2008 年第 6 期，第 109—110 页．

③ 李弘．对加强农村基层党组织建设的思考［J］．求实，2006 年第 S1 期，第 60 页．

④ 曹桂华．创新农村基层党组织建设的途径［J］．中国党政干部论坛，2005 年第 6 期，第 58—59 页．

⑤ 扈兵，刘政权，阳芬，等．对湘粤赣边区农村基层党组织的调查与思考［J］．世纪桥，2008 年第 11 期，第 16 页．

闫红果基于对浙北某地的调查，分析了农村“宗教热”对基层党组织建设的影响。他认为“宗教热”在一定程度上重塑了部分村民的思想观念、价值判断和认知倾向，这些村民更多地相信宗教中宣扬的神、风水、黄道吉日等，对基层党组织开展的社会公益事业、移风易俗等精神文明创建活动产生影响。宗教群体常常会形成一些民间组织，并在一定程度上形成了不受党组织领导甚至游走在法外之地的“乡土势力”，消解了农村基层党组织的凝聚力。一些党员干部对宗教或迷信活动认识不足，直接参与宗教活动，或者对亲朋好友参与此类活动持默许或支持态度，都在很大程度上损害了基层党组织的形象①。

马勇进分析了农村基层党组织在社会治理中的功能和角色定位问题，并指出农村基层党组织难以更好地在促进基层社会秩序均衡方面发挥更好的功能和影响。他认为功能弱化的主要的原因有二，一是农村基层党组织内部系统治理不协调。具体包括村党支部干部缺乏足够的组织能力和协调能力，农村基层党组织工作方法不够精准甚至是含糊不清的，同时来自上级组织的各种任务指标的科层制式压力也制约了农村基层党组织真正服务于基层社会，基层党组织人心涣散，难以充分地整合好社会各方利益。二是农村基层党组织外部环境调适能力不足。政治组织也有必要适应社会变迁，农村基层党组织需要随时关注和感知社会环境的变化，同时主动地采取适应性变革，动员农村群众参与，组织农民群众形成适当的组织形式，多沟通多交流，协同促进乡村治理。目前农村群众对社会治理的参与程度较低、农村基层物质保障不充沛都是需要农村基层党组织适当调适的环境因素②。

马勇进进一步分析了农村基层党组织功能弱化的实质，他认为在宏观层面，第一是政党中心化与社会治理中心之间存在不协调。农村基层党组织作为政党在农村基层社会的延伸，具有政治性和社会性两个方面的价值取向，前者以政党目标和任务为中心，后者以服务基层社会、满足农民群众的需求为导向。在物质资源、人力资源等足够多的条件下，这两个方面

---

① 闫红果．浙北 H 市农村“宗教热”对基层党组织建设的影响研究［J］．广州社会主义学院学报，2020 年第 1 期，第 78—81 页．

② 马勇进．农村基层党组织功能及实现路径［J］．青海社会科学，2017 年第 5 期，第 97—99 页．

价值取向可以协调共存并同时得到满足，但是在资源有限甚至十分匮乏的情况下，农村基层党组织在行动选择的时候就必须在这两种价值取向之间进行艰难抉择，其行动取舍的结果往往会受到传统官本位思想、科层制压力、资源时间精力等成本的因素影响。而在当前政治社会环境下，许多农村基层党组织的行动选择往往偏向政党中心，导致农村基层党组织的整合力和影响力下降。第二是科层化治理思维与网络化治理思维之间的冲突。农村基层党组织是具有明确规范和分工的政治组织，严格按照科层制逻辑运行。而现代社会治理则更强调网络化的开放性治理逻辑，需要充分调动广大农民群众、社会组织、企业、社会人士等多元主体参与社会治理，在相互协调、平等互动、共享利益的原则下达成共识，并共同行动。科层制的集中决策与网络化治理的共同协商决策两种思维在现实条件下就可能会产生冲突。同时在微观层面，有一部分农村基层党组织依然存在严重的管治思维，群众处于被管治的弱势地位，服务意识并未被彰显。谁才是农村社会治理的“中心”，是管治思维与服务思维冲突的表现。当然，社会治理也是农村基层党组织与群众一起模仿与学习、博弈的过程，冲突并不就是表明他们之间的对立关系，而是一种理性妥协并达成共识的过程①。

刘佩锋也借鉴和表达了与马勇进类似的观点，他认为农村基层党组织之所以出现一定程度的功能弱化的现象，是因为在理论层面上，一方面强调必须以党的目标和任务为工作重心，社会治理工作是通过层级关系自上而下地传达和开展。农村基层党组织的工作任务都是上级组织安排下来的，而并非在农村基层社会内部产生的。而另一方面，农村基层党组织的工作表现又需要通过农村群众的满意程度进行评价，农民群众满意不满意、赞同不赞同必然是以农民群众的利益满足为导向的，当上级组织安排的任务不完全符合农村实际需要时，这种冲突就表现得十分突出②。

胡琴基于对上海仍保留“三农”任务的宝山区所进行的调查，从政治功能、组织功能、发展功能、服务功能、治理功能五个方面分析了影响农村基层党组织建设功能发挥的原因。城市的“虹吸效应”和一些宗教组织

① 马勇进. 农村基层党组织功能及实现路径［J］. 青海社会科学，2017 年第 5 期，第 99—100 页.

② 刘佩锋. 农村基层党组织功能缘何弱化［J］. 人民论坛，2019 年第 14 期，第 82—83 页.

与农村基层党组织争夺群众，使农村基层党组织建设缺乏对象和载体；在农村生产家户化、分散化后，部分村干部只注重经济发展，而忽视组织群众，影响了农民群体的组织化；一些乡村习惯采用粗放式管理思维，对农村产业发展状况、发展趋势、配套政策把握不足，难以形成与新时代发展要求相适应的精细化管理，对农村集体经济发展显得力不从心；部分农村基层党组织服务意识不强，不能正确定位村党组织、村委会和村集体经济组织、社会组织之间的关系，不作为、乱作为现象经常发生；农村传统的乡土文化逐渐消失，传承乏力，一些歪风邪气如“黄赌毒黑”等在农村社会流行，农村基层党组织软弱涣散，社会治理效果不佳①。

李俊斌认为政治功能是农村基层党组织的根本属性决定的，政治建设是农村基层党组织建设的根本性建设。他从农村基层党组织在乡村振兴中充分发挥政治功能的角度，分析了制约农村基层党组织政治引领作用的重要原因。一是农村基层党组织存在政治意识淡薄的现象。一些农村基层党组织重视经济发展而忽略了政治领导，重服务、轻党建，重形式、轻实质，都在一定程度上弱化了农村基层党组织重要的政治功能。二是农村基层党组织缺乏充足的政治领导能力，主要体现为缺乏足够的组织领导群众的能力，缺乏推动农村经济社会发展的能力，利益整合能力不足，队伍建设能力不足等方面。三是农村基层党组织中部分党员干部的行为不符合政治要求。一些地方农村基层党组织及其党员干部常常消极执行党的决定，拒绝遵守党的组织程序，蓄意破坏党组织内部政治生态，利用权力搞腐败行为等等。四是农村基层党组织的政治威信弱化。政治宗旨和政治行为的联系不紧密，农村基层党组织的带动力不足；政治组织和政治制度的运行不严肃，损害了农村基层党组织的权威；缺乏足够的政治担当，在政治建设方面缺乏显著成效，导致了农民群众对农村基层党组织的怀疑和不信任。公信力逐渐下降，是影响农村基层党组织的政治支配力不足的重要因素②。

孙林分析了政治功能主导型农村基层党组织的政治划定、直接组织农

---

① 胡琴. 强化农村基层党组织功能 加快推进乡村振兴步伐［J］. 上海农村经济，2019 年第 12 期，第 31—32 页.

② 李俊斌，冉琴. 乡村振兴背景下农村基层党组织政治功能论析［J］. 党政研究，2021 年第 3 期，第 52—54 页.

业生产、社会控制与管理、汲取农村资源、政治宣教等传统子功能弱化的原因。他认为，在改革开放以后，以阶级“成分”为标准的社会地位认定系统逐渐被摒弃，农村基层党组织政治划定功能消失；在农村家庭联产承包责任制实施后，农村分散化经营削弱了农村基层党组织的组织生产功能。当前农村生产方式向产业化、规模化发展的状况下，中央的转移支付的直接输入的方式，也是越过农村基层党组织而直接进行的，农民群众难以形成对农村基层党组织的利益认同；农村自治制度的确立，复杂而广泛的农村社会治理议题，需要多元治理主体的参与，农村基层党组织不再是农村社会各项公共事务的唯一管理主体。农村基层党组织在争取上级支撑资源中缺乏足够的优势，难以掌握足够的可支配资源，同时随着基层社会管理向治理转型，对基层社会的支配权力逐渐被多元化主体共同分享，农村基层党组织的社会控制和管理功能明显减弱；随着农村税费改革和农业税的取消，农村基层党组织的资源汲取功能消失了；同时随着信息化、网络化的发展，通过上级自上而下传递的政策信息更加快捷和丰富，但是社会面的信息增强的优势幅度更大。信息多源化、多样化、多量化、多变化，政党与社会之间信息多向对冲，原先在“灌输理论”下形成的信息生产、分配和消费的政治宣教的组织条件和技术条件，都被信息网络化条件下信息获取的直接性和便利性所冲击，农村基层党组织政治宣教的功能大大消减①。

王同昌讨论了经济社会结构变化对农村基层党组织功能的影响。他认为，家庭承包经营对农村基层党组织的功能产生了影响。第一，在农村集体化经济时期，农村基层党组织掌控着农村的生产和分配权力，农民的生产生活依赖于党组织，而在家庭承包经营后，农民获得了充分经营和分配的自主权，在生产上很大程度地与农村基层党组织脱钩。尤其是在2006年取消农业税以后，农民群众与农村基层党组织，甚至农民群众之间的经济关联产生了断裂。有集体经济支撑的农村地区，农村基层党组织还能服务于农民群众，而在集体经济不足甚至是“空壳村”的地区，农村基层党组织缺乏可支配经费物质资源而悬浮于农村社会之上。第二，新型经济组织

① 孙林．新时代基层党组织功能建设的路径探析［J］．理论视野，2021年第6期，第81—82页．

的发展替代了部分的组织功能。随着改革在农村地区推进，农村合作经济组织、非公经济组织得到了快速发展，有效地组织起了农民，农民群众与农村基层党组织的关系更加疏离。第三，农村社会结构转型对农村基层党组织功能产生影响。农村人口向城市大量流动，以及农村人口老龄化，农村社会结构在年龄上失衡，导致在原有党员的年龄老化的情况下，可以发展入党的年轻人较少，即使入党了的年轻人也常常外流，农村基层党组织发展受到极大制约。第四，农民整体素质的提升，以及农村社会需求的变化对农村基层党组织的建设提出了更高的要求。随着农民整体文化素质不断提高，新型职业农民对农村基层党组织建设产生新的要求。同时农民群众对美好生活的需求发生变化，消费结构明显转变，农村社会需求的变化要求农村基层党组织能够提供更高质量的服务。第五，农民居住方式发生了变化也影响着农村基层党组织的功能发挥。随着城镇化的不断推进，自然村落数量减少、人口迁移、集中居住、农民上楼是农民居住方式产生的重要变化。如何保证农民群众既能集中居住还能减少矛盾纠纷，是农村基层党组织亟待解决的问题①。

6. 关于加强农村基层党组织建设的有效途径的研究

李璐强调从严治党构建农村基层党组织的良好政治生态，强调抓住农村基层党组织建设薄弱环节构建政治生态的主要内容，包括理顺村、支两委关系，明确责任落实；引导村民自治健康发展，推动形成积极有序的自治环境；强化基层党组织政治功能。强调从党支部书记选任与考核机制、村民会议或村民代表会议制度、农村基层党组织作风巡察制度等方面，推进制度创新，有利于进一步净化和构建良好的农村社会政治生态。李璐强调实施农村基层党组织精细化管理是优化农村政治生态的源头。具体包括亮剑“微腐败”，健全“小微权利”清单；严肃党内政治生活，规范党务工作；在加强党对基层社会的领导的条件下，建立基层党组织、各类社会组织、团体、企事业单位、个体的协作机制和合作关系。强调完善基层民主监督体系是营造农村基层党组织政治生态的根本保证。具体措施包括提高村务公开质量；拓展村民代表会议监督功能；强化村务监督委员会专门

① 王同昌. 新时代农村基层党组织功能创新及实现路径［J］. 中州学刊，2021年第10期，第12—13页.

监督功能，等等①。

徐勇认为，组织功能是农村基层党组织的首要功能，就是要坚持党的纲领，组织和整合个体化、分散化的农村社会，形成高度整合的政党体系②。一方面将自愿奉献于党的工作的人吸纳进入党组织，同时通过党组织将“马铃薯式”的农民群众组织起来，通过组织化改变传统小农的分散、狭隘等特性。将离散化的农民组织起来，实现党的在农村地区的执政安全和执政目标。然而目前农村地区面临一个重要问题是农村基层党组织权威弱化，降低了其组织和动员农民群众的实际效能，其中重要的原因是民意基础的逐渐薄弱化。改革农村党支部的选举制度、农村事务管理制度，充分表达民意、尊重民意，保护农民群众的利益，是增强农村社会民意基础的重要途径③。

贺祖斌等从乡村文化振兴的视角，提出加强农村基层党组织建设，需要用新时代中国特色社会主义先进文化引领。他们认为，中国特色社会先进文化，是中华优秀传统文化的凝聚升华，是激励全党全国各族人民奋斗前进的强大精神力量。新时代中国特色社会主义文化内容丰富，用先进文化引领农村基层党组织建设，重点是要用党的实事求是、解放思想、与时俱进、求真务实、实干兴邦的文化思想凝聚力量、引领发展④。吕家轩认为加强农村基层党组织建设，需要从加强对党支部成员的培训、加强党员队伍建设与党内民主、吸收优秀的和有理想的新时代青年入党、进行乡镇管理体制改革、抑制和打击宗族或宗教势力；推动经济发展并确保资源投入、完善制度规范并加强制度落实等方面着力⑤。

---

① 李璐．全面从严治党视阈下农村基层党组织政治生态的困境与破解［J］．载中共吉林省委组织部编．“新时代 e 支部”党建高峰论坛文集［M］．长春：吉林人民出版社，2018，第 298—304 页．

② 徐勇．“政党下乡”：现代国家对乡土的整合［J］．学术月刊，2007 年第 8 期，第 13 页．

③ 王同昌．新时期农村基层党组织建设研究［M］．合肥：合肥工业大学出版社，2015，第 11 页．

④ 贺祖斌，林春逸，肖富群，等．广西乡村振兴战略与实践：文化卷［M］．桂林：广西师范大学出版社，2019，第 30 页．

⑤ 吕家轩，贾东荣．农村基层党组织功能发挥现状研究［J］．农村．农业．农民，2019 年第 11 期，第 28—29 页．

李俊斌认为发挥农村基层党组织的政治功能，在实施乡村振兴战略中具有重要地位。他认为党内政治文化是乡风文明建设的重要价值引领。第一是要将党内政治文化同党的制度建设、农村精神文明建设紧密联系起来，推动一体化发展，弘扬“以人民为中心”、爱党爱国、坚持社会主义道路等思想，发扬无私奉献、勇于担当等精神，与陈规陋习、封建迷信、腐败、不思进取等不正之风作斗争，实现农村政治文明与精神文明协调、共同性进步发展。第二是要从组织塑造的角度出发，以党员队伍建设带动乡村全面振兴。农村基层党组织自身的组织体系建设是推动乡村振兴的根本保证。把握农村基层党组织的领导干部“发展关”，在发展对象上把好政治关、道德关、才能关，将“德才兼备、政治过硬”的人才吸收到农村基层党组织队伍中来。把稳农村党员干部的“培养关”，加强农村党员干部的理论学习常态化制度建设，同时要在实际工作中锻炼和培养农村基层党组织的党员干部，提高党员干部的政治鉴别力和执行力。把牢农村党员干部的“任用关”，选用政治上可靠、工作能力强、农民群众支持的好干部，淘汰政治立场不坚定、政治行为不端正、工作能力不强的党员干部，建立能上能下、惩罚分明的干部任用机制。严把农村党员干部“考评关”。要从政治思想、能力作风、工作实绩等方面全面考核农村基层党组织的党员干部，做到客观公正、不偏不倚的干部考评考核。第三是构建和谐的党群关系，激活与发展农村社会发展的内生力量。我们党坚持走群众路线，汇聚实施执政方略，推动乡村振兴的主体力量发展。牢固树立农村基层党组织的群众观，从历史观、认识论的角度领会马克思主义群众观的现实内涵和要求，回答好“为了谁”“依靠谁”的价值问题。要适应新时代要求，创新群众路线工作方法，以满足农村发展、农民生产生活实际需求为工作目标导向，贯彻落实党的乡村振兴战略要求和具体政策措施，并及时回应农业、农村、农民问题，做好政策反馈工作。通过创新、优化群众路线工作机制，推动农村基层党组织领导班子、党员干部和普通党员紧密联系与服务群众的制度建设，切实从作风、程序、细节、实效等方面为群众排忧解难。第四是在农村工作中确保制度得到切实贯彻和执行，从而提升治理工作实效。制度执行力是将制度优势转化为治理效能的重要因素，农村基层党组织只有提升乡村振兴制度体系的执行力，才能真正发挥农村基层党组织在乡村振兴中的全面领导功能。制度意识是制度执行力的前提，敬畏党纪国法、规章制度，将制度意识内化到党员干部的行动之中。要将党中央的农村政策、资金等资源输入与本地实际情况、优势特色资源相结合，在规划中明确任务、明确分工、明确责任。要严格问责机制，问责到具体事件的组织和个人，做到失责必问、问责必严，形成对制度执行不力者的强大威慑作用①。

孙林从功能建设的角度，分析了新时代农村基层党组织建设的三重路径选择。第一重选择是基于结构-功能主义理论的组织结构调整。但是这面临着两个实践挑战，即与党章相抵触的政治红线问题，和组织结构未受到根本性改变，而功能却弱化的反证。第二重选择是基于调校-功能范式的组织调校。组织以管理和资源汲取为主时产生直接的政治功能，而组织以治理和资源给予为主时则产生服务功能。但是当前不同地区的农村基层党组织都是相同的结构，调校取向也相同，在功能上却存在着明显的差异，这是第二重选择无法解释的事实。第三重选择是强调农村基层党组织的带头人对组织功能实现影响的风格-功能范式，认为农村基层党组织负责人的风格影响着组织的功能发挥。然而这种范式也存在困境，即个人风格也需要相应的组织结构和调校的支持，否则会存在政治错误或违法的可能。在分析农村基层党组织功能建设的三重选择都存在不足的情况下，孙林的思考沿着结构-调校-风格的路径，三线并进，充分发挥农村基层党组织功能。他认为，第一条线是构建组织结构，创新组织设置方式，这是根本路径；第二条线是建立组织运行方式，是基本路径；第三条线是选强配优农村基层党组织的带头人和班子，是直接路径。同时还应加强农村基层党组织建设的保障和动力，保障包括政策保障、资源保障，动力包括信仰动力、制度动力和利益动力。多路径协调推进，以服务和政治双功能引领基层“双轨治理”，从而加强党对农村工作的全面领导②。

王同昌提出农村基层党组织应当从不同类型上实现自身的功能。他将农村基层党组织分为以行政村为依托的行政村党组织、合作经济组织、非公经济组织以及社会组织中的党组织等四大类型。行政村党组织全面领导

① 李俊斌，冉琴．乡村振兴背景下农村基层党组织政治功能论析［J］．党政研究，2021 年第 3 期，第 54—57 页．

② 孙林．新时代基层党组织功能建设的路径探析［J］．理论视野，2021 年第 6 期，第 83—84 页．

农村一切工作；农村经济合作组织的党组织应引导经济合作组织的制度化和规范化运行，维护相关主体的利益，协助解决合作组织存在的实际困难；非公经济组织中的党组织应强化对非公经济组织的服务，引导和监督合法经营，加强对非公经济组织员工的价值引导，增强政治和社会价值观对非公经济组织的影响和渗透；社会组织中的党组织应鼓励党员参与社会组织，同时吸纳社会组织中的先进分子，社会组织中的党组织应坚持党的主张，贯彻党的决策，开展组织活动，引导社会组织把握正确的政治方向并迅速发展，在社会治理中发挥重要作用①。

霍军亮从夯实农村基层党组织建设的组织基础、物质基础、文化基础和社会基础几个方面提出了农村基层党组织建设的思路。一是要优化组织构建体系，夯实组织基础。要对农村基层党组织的设置模式进行创新，打破地域界限和单一垂直体系，改变原有的“一村一支部”的组织架构，探索在农业合作社、行业协会、区域党建等组织建设形式；要在乡村凋零、偏远地区加强党组织的全覆盖；在党员队伍结构优化方面要积极吸收农村优秀青年群体，提升党员队伍质量，同时要严格管理好党员队伍。二是发展和壮大乡村集体经济，为农村基层党组织提供更为充足的经费等资源保障。要从引导优秀人才乡村“回流”，推动完善各项生产要素在城乡间的自由流动机制；大力发展农村乡镇集体企业，引导资金、技术、人才等要求向农村输送和转移，从根本上发展农村经济和促进农村经济结构转型；预防资本架空农村集体经济和农村基层党组织，避免资本借助乡土主义、新上山下乡等各种“新乡村主义”对乡村形成实际控制和对乡村集体经济的“二次剥夺”，防止农村社会发展的空壳化、内卷化。三是要充分挖掘并发扬优秀传统乡土文化，促进优秀乡村文化的繁荣，夯实基层文化基础。优秀乡土文化是中华优秀传统文化发展的根和源泉，孕育着中华民族传统信仰和价值观，是理解中国社会传统、思想、制度的重要法宝。农村基层党组织建设要充分认识到优秀乡土文化对于新时代党的治国的积极意义，自觉从优秀传统乡村文化中汲取养分，保护好优秀乡土文化，并做好乡土文化的宣传、教育和发展规划工作。四是着力提升乡村社会治理能

① 王同昌．新时代农村基层党组织功能创新及实现路径［J］．中州学刊，2021年第10期，第15—16页．

力，夯实社会基础。要正确认识乡村的传统社会功能。传统乡村社会对于当前强调的社会治理而言，具有重要的天然的优势，乡村村民具有共同的生活经历、共同的价值理念、共同的信仰以及共同的生活方式，这是实现乡村社会治理的基础也是治理的重要目标，乡村社会的传统制度对于社会治理也具有重要价值和意义。要深入贯彻党的群众路线，以保障农民的权利和利益为中心，促进农民群众主动维护党的领导权威，才能够提升农村基层党组织的组织领导实效①。

张静从社会治理的角度提出乡村振兴背景下农村基层党组织建设的出路。他提出，要以治理理论为指导，将管理转化为参与，使广大党员和农民群众参与到党组织建设和党组织的各项活动与工作当中去；要以创新理论为指导，确保治理方式与时俱进。农村基层党组织要充分利用新媒体等创新活动内容和活动方式。以参与和服务为导向，调动农民群众充分参与到活动中来；要充分引导农村群众的价值认同。要保护好农民群众的利益，了解农民群众的需求，大力发展农村经济，繁荣农村社会文化，加强服务意识，与农民群众加强沟通和联系；要以利益整合为手段，发挥农村基层党组织引领发展的作用。在社会结构不断分化，利益不断趋向多元化的复杂现代社会条件下，只有兼顾和尊重不同利益主体的多样化利益诉求，将农民群众的需求放在首位，才能真正凝聚和整合农村社会多元主体②。

阳芬、刘政权等从提升农村基层党组织公信力的角度提出以下建议：加强对干部和群众的教育，转变理念，减少价值观冲突；要从制度改革入手，发挥民主选举的作用，提升农民的治理参与程度和决策重要性，加强农民自主性，以减少农民与干部之间的隔阂；领导干部的工作能力的提升是保障农民利益和调适农民心理的重要手段③。有些学者认为，提升农村基层党组织需要搞好“三大体系”（健全农村村务管理体系、完善农村服务保障体系、创新村民参政议事体系）建设，构建民主和谐社会，打牢民

---

① 霍军亮，吴春梅．乡村振兴战略背景下农村基层党组织建设的困境与出路［J］．华中农业大学学报（社会科学版），2018年第3期，第5—7页．

② 张静，王欢．乡村振兴背景下农村基层党组织建设的困境与化解思路［J］．北京邮电大学学报（社会科学版），2019年第3期，第95—97页．

③ 阳芬，刘政权，何思奇，等．农村基层党组织公信力的社会学思考：以湘粤赣边区农村基层党组织为例［J］．湘南学院学报，2008年第6期，第109—110页．

主理政的社会基础①。康小莉、云书海等提出农村基层党组织承担了农村社会整合角色，需要通过三个方面的努力发挥好这个角色的功能：重视村民参与，实现利益整合；关注弱势群体，实现资源整合；推进文化传承，实现价值整合②。邹燕秋提出了“三加”模式，即“党员加农户”“支部加协会”“产业加基地”，形成党员联系农户，在各种协会中成立支部，以基地建设促进产业发展，将农村基层党组织建设与农村发展融合起来，起到相互促进、共同发展作用的良好局面③。

（二）对已有研究的评价

1. 加深了对农村基层党组织建设内涵的研究，明确了乡村振兴战略背景下农村基层党组织的重要意义

可以看出，自党的十八大以来，党中央加强了农村工作的重视，加快推进新农村建设、美丽乡村建设、精准扶贫政策和乡村振兴战略等一系列顶层设计，农村社会改革不断地推向深入，农村社会结构发生重要转变，同时也带来了传统模式农村基层党组织建设对新时代新形势的不适应等问题，学术界对农村基层党组织建设的研究更进一步，形成研究思想、思路、观点百花齐放的局面。除了原来一直存在的组织建设、思想建设和作风建设等三大方面之外，有了更多强调政治建设，重塑党在农村基层的权威和形象的研究；有了更多强调如何领导农村经济发展，推动农村农民共同富裕的内容研究；有了更多强调如何领导实现农村社会治理现代化，推进农村社会公平公正、社会和谐的研究。从而又延伸到如何保障农村基层党组织更好地领导和推进农村工作，强调农村基层党组织建设的制度化建设，党组织内部的组织生活和组织纪律建设等方面。总的来看，关于农村基层党组织建设内涵的研究也不断紧跟时代步伐，与新时代新形势下的农村工作实际紧密结合，突显了我们党坚持全心全意为人民服务，坚持实事

---

① 中共广东省委组织部等编. 固本强基工程与执政能力建设理论研讨会论文集［M］. 广州：南方日报出版社，2005，第350—351页.

② 康小莉，宋杉岐，云书海. 社会管理视角下中共农村基层党组织社会整合角色分析［J］. 河北学刊. 2014年第4期，第149—151页.

③ 邹燕秋. 适时推进农村基层服务型党组织建设：河南省社旗县“三加”模式的调查与思考［J］. 中州学刊，2014年第4期，第26—28页.

求是，勇于自我反思和不断创新的重要精神和责任担当。在乡村振兴战略背景下，农村基层党组织建设的内涵、内容、方法都需要紧紧围绕实现乡村振兴的伟大事业和目标，才能更好地全面领导当前的农村工作。

2. 深入反思了农村基层党组织建设的评价标准，为乡村振兴战略背景下农村基层党组织建设的评价标准创新打开了思路

关于农村基层党组织建设的评价标准的研究，从以“人民满意”为标准的宏观标准，到“五个好”“五个有利于”的中观标准，再到当前全国各地普遍采用的“星级管理”模式中的非常具体的微观标准，可以看出农村基层党组织建设正在不断创新，更加适应新时代乡村振兴战略的要求，将农村基层党组织建设与乡村振兴战略总目标密切结合在一起，从而使得农村基层党组织能够全面领导农村工作。

3. 澄清了历史发展进程中农村基层党组织的功能变化，为乡村振兴战略背景下农村基层党组织功能定位奠定了基础

总的来看，学术界对于农村基层党组织的功能相关研究，一方面从历史发展和社会变迁的角度进行分析了农村基层党组织功能的变迁，认同基层党组织的功能必须符合时代发展的要求，具有具体时代的特征。另一方面是对农村基层党组织功能的界定。学者们基于不同划分标准对农村基层党组织的功能进行探讨，虽然存在着一些差异，但是在总体上内容是相近的。主要有从内部、外部的两个维度的功能划分，和从政治性、社会性的两个维度的功能划分两种。基于内部功能和外部功能两大维度的划分，主要强调农村基层党组织对内的党组织内部管理及党组织自身发展、制度建设以及对党员教育功能等，对外部则主要承担着国家安全、政治安全、经济发展和社会发展等功能。基于政治功能维度和社会功能维度两大维度，主要强调农村基层党组织回归政党基本属性的方面承担政治领导、政治安全、巩固执政地位等，和承担对农村社会的服务功能。而针对当前乡村振兴战略背景下的农村基层党组织的功能，更多强调从行政职能型向领导功能转变，突出农村基层党组织的政治引领，在政治引领的前提下，加强社会服务功能，从而更好地发挥农村基层党组织在农村社会中的影响力。

4. 比较全面地了解和分析了农村基层党组织建设的现状与困境，为乡村振兴战略背景下农村基层党组织建设的研究分析提供了证据

总的来看，学者们对于农村基层党组织建设的问题和困境方面的研

究，从不同的理论视角基于调查进行考察分析。学术成果中呈现最多的是农村基层党组织自身结构存在的问题，其次是农村基层党组织政治功能发挥方面存在的问题，然后是农村基层党组织服务功能发挥方面存在的困境。也有从不同的建设领域进行的研究，如政治生态构建、经济发展影响、政治引领力、社会公共性建构、村干部实践权力构建等方面探讨的农村基层党组织建设问题。总结来说可以将已有研究归纳为三大类，即农村基层党组织自身建设的困境，农村基层党组织功能发挥的困境以及农村基层党组织与农村社会的关系方面的问题。

5. 深入分析了影响农村基层党组织建设的各方面因素，为乡村振兴战略背景下农村基层党组织建设所存在的困境提供了一定的解释

从以上文献分析来看，学者们分别从农村基层党组织功能发挥的视角，分析了历史发展中家庭联产承包责任制、农村自治制度、税费改革、新时代精准扶贫政策、乡村振兴战略等农村政策变迁对农村基层党组织建设的影响，经济发展、社会结构变化、网络信息化发展、宗族和宗教组织等经济社会环境变化对农村基层党组织建设的影响，政治性与社会性、科层化管理与网络化治理、管治与服务等不同价值取向的冲突对农村基层党组织建设的影响，农村基层党组织自身的政治意识、传统管理思维和官本位思想、组织结构队伍、工作方式、工作作风、工作能力、权威性和公信力、组织制度经济保障等方面对农村基层党组织的影响。其实很多研究之间存在着相互关联的或者可能存在互为因果的结论，存在着将现象和原因相互混淆，逻辑上存在着循环论证的现象。

6. 提出了一系列促进农村基层党组织建设的路径和建议，为乡村振兴战略背景下农村基层党组织建设提供了参考和借鉴

从以上文献搜集和梳理情况来看，学术界对于农村基层党组织建设的路径的研究，在理论方面主要采用了组织理论、系统理论、功能理论、治理理论等进行研究；在角度方面主要从政治功能角度、文化建设角度、公信力建设、组织体系建设角度、协同参与角度进行分析和建议的；在建设内容方面主要从组织结构建设、政治思想和价值体系建设、创新工作内容、创新工作方式、组织保障建设以及制度建设等方面探索农村基层党组织的路径。

综观已有的研究成果，大多数研究从现状问题对策的一般分析模式进

行探讨，也有部分研究从宏观的理论，在基层党组织的方法论与方法的高度上进行研究。本研究以马克思主义为指导，借鉴功能理论，从实证研究范式出发，关注新时代乡村振兴战略背景下，西南地区农村基层党组织建设的历史使命和现实任务，对西南地区村级党组织建设进行研究，从解决实际问题的角度提出如何加强西南地区农村基层党组织建设问题，具有较强的理论和实践意义。

三、研究的基本思路和研究内容

本研究的基本思路是，在梳理西南地区农村基层党组织建设的演进历程的基础上，总结西南地区农村基层党组织建设经验。以马克思主义为指导，借鉴功能理论，厘清在乡村振兴背景下西南地区农村基层党组织的中心任务与功能定位。通过实证主义的研究方法和范式，了解西南地区农村基层党组织建设的基本状况。并从解决乡村振兴战略背景下的农村工作实际问题的角度，把握西南地区农村基层党组织围绕乡村振兴中心任务的功能实现状况，深入分析影响西南地区农村基层党组织功能实现的环境因素，并在此基础上提出推进西南地区农村基层党组织建设的一系列相关对策与建议。

研究内容主要包括以下几个方面：

一是西南地区农村基层党组织建设的演进历程与经验。主要包括新民主主义革命时期（1921—1949）的初步发展、社会主义革命和建设时期（1949—1978）的进一步探索发展、改革开放新时期（1978—2012）全面调整发展和党的十八大以来新时代（2012—）的质量提升发展四个阶段的演进历程，以及西南地区农村基层组织建设的经验总结。

二是西南地区农村基层党组织的中心任务与功能。主要包括政党与政党功能的理论论述、中国共产党的目标任务与内在功能要求、乡村振兴战略背景下农村基层党组织的中心任务与功能定位、农村基层党组织功能实现的理论与逻辑等四个方面。

三是西南地区农村基层党组织建设的基本状况调查。主要从西南地区农村基层党组织的组织队伍建设、工作内容建设、工作场所建设、制度建设、资金资源保障和能力建设等六个方面的基本状况进行分析。

四是西南地区农村基层党组织围绕乡村振兴中心任务的功能实现状况。主要从推进西南地区农村经济产业发展、生态保护与人居环境改善、乡风文明、社会治理、共同富裕等五个方面的功能实现状况进行分析。

五是影响西南地区农村基层党组织功能实现的环境因素分析。主要从西南地区农村的社会分化、西南地区农村的社会整合两个方面进行分析。

六是推进西南地区农村基层党组织建设的对策建议。主要包括把握政治组织本质突出政治功能、针对社会主要矛盾优先经济功能、注重农村社会治理强化组织功能、强化先进性纯洁性加强自身建设、铸牢中华民族共同体意识等五个方面。

四、研究方法

（一）主要研究方法

本研究主要采用文献分析法、实证研究的问卷法和访谈法等社会调查和分析方法进行研究。其中文献分析法主要是通过搜集党中央相关会议政策等文献、相关研究的期刊论文、著作、网络文献，以及调查过程中获得地方性制度、报告等文献资料，以为研究提供正确的政治方向指导、把握相关研究进程和基础，为论点论据提供相关支撑材料。社会调查和分析方法，主要是于2020年12月至2022年9月期间，分别在贵州省内三个村寨进行了调研。对选取的三个村寨常住农村的所有家户户主进行多阶段抽样问卷调查，首先在三个村寨中分别随机抽取5个村民小组，再在5个村民小组中分别随机抽取10户进行调查，共发放问卷150份，回收有效问卷135份，问卷有效率为90.0%。同时在三个村寨对村支部书记、支部委员、村民小组组长、普通村民等各3名进行了深度访谈，并获得了丰富的质性研究资料。在此基础上，结合文献资料、调查问卷数据、访谈资料进行分析研究。

（二）调研村寨的基本情况

调研中所选取的三个西南地区农村村寨分别是贵州省黔西南布依族苗族自治州兴义市ML镇GM村、铜仁市碧江区WW乡DJX村、安顺市镇宁县SZ乡DH村。黔西南布依族苗族自治州兴义市ML镇GM村是布依族、彝族、汉族为主的村寨，目前ML镇已改为ML街道进行城市规划，GM村紧挨着街道办距离1.5公里左右，水兴高速从旁边经过，交通相对便利。共有14个自然村寨，分别组成村民组。GM村共有300多户家庭，人口1500多人。村寨原来的农业产业以软蚕豆、红皮大蒜、早熟蔬菜、石榴、早玉米等特色农业产业为主，还有西瓜、甘蔗、花椒、砂仁、麻竹、杉苗等经济农业。乡镇企业相对发达，村内有16家企业，涉及化工、建材、煤炭、冶金、电力、食品及烟花爆竹等主要行业。ML镇水资源丰富，境内有木浪河引水渠、龙井河、马岭河、纳省河，其中马岭河峡谷旅游开发区发展较好。铜仁市碧江区WW乡DJX村是以侗族、苗族为主的村寨，位于WW乡的东大门，距铜仁市区36.5公里、距乡政府3公里，东与湖南省麻阳县尧市镇柑子坪村相连，南与湖南省麻阳县沟水溪村相交，交通相对不是十分便利。共有10个自然村寨，组成9个村民组。共有近300户家庭，人口1300多人。经济产业以农业产业为主，粮油农业生产是主要农业，植种金秋梨、水蜜桃、高山葡萄、枇杷等经济果林，山羊、生猪、鸭子、鱼的养殖也比较适宜。安顺市镇宁县SZ乡DH村是以布依族为主的村寨，另外还有苗族和汉族居住。共有6个自然寨，构成6个村民组，村委会距SZ乡乡政府所在地有7公里的距离，距离镇宁县城50公里。虽然看起来离县城较远，但是由于镇坝公路从村边通过，交通比较便利。DH村共有200多户家庭，人口1100多人。村寨经济方面整体上以农业种植业为主，共有耕地595亩，其中水田414亩、旱地181亩，另有用材林750亩，适合果树种植和畜牧家禽养殖等产业发展。相对来说，所选的三个村寨中，GM村由于城镇化程度相对较高，发展相对较好。DJX村主要以农业生产为主，近年来村两委工作得力开办了集体企业农业合作社，同时还积极发展乡村旅游，经济状况有了一定的发展。DH村则主要以家庭承包分散农业生产为主，虽然也发展了种植果树、畜牧家禽养殖等项目，但是没有创办私营企业和集体企业等，生产以分散经营为主，难以形成农业产业规模化效应，相对地经济效益并不突出。

第二章　西南地区农村基层党组织建设的演进历程与经验总结

习近平总书记强调："要加强农村基层党组织建设，把党组织建设成为推动科学发展、带领农民致富、密切联系群众、维护农村稳定的坚强战斗堡垒。"① 马克思主义思想中的历史唯物主义理论向来重视以对历史的审视发现历史发展规律，从历史发展历程中总结成功经验和吸取历史教训。"我们回顾历史，不是为了从成功中寻求慰藉，更不是为了躺在功劳簿上、为回避今天面临的困难和问题寻找借口，而是为了总结历史经验、把握历史规律，增强开拓前进的勇气和力量。"② 中国共产党农村基层党组织建设的演进历程，是中国共产党领导农村革命工作、农村社会建设工作的重要见证和丰富的经验。西南地区农村基层党组织建设，是中国共产党领导西南地区农村工作，促进西南地区农村同步发展、共同富裕的重要工作组成部分。我们只有在认真总结历史经验的基础上，不断创新西南地区农村基层党组织建设的内容、方式方法和基本途径，才能更好地实现西南地区农村乡村振兴的战略目标。一般来说，农村基层党组织建设的演进历程可以分为新民主主义革命时期、社会主义革命和建设时期、改革开放新时期、新时代中国特色社会主义建设时期等四个阶段。张保军等将这个四个阶段

---

① 中共中央文献研究室．十八大以来重要文献选编：上［G］．北京：中央文献出版社，2014，第684页．

② 习近平．习近平谈治国理政：第2卷［M］．北京：外文出版社，2017，第32页．

称为奠定基础、曲折发展、全面推进与全面加强四个历史阶段①，王立峰将这四个阶段分别称为初步确立、曲折发展、恢复调适以及全面深化四个阶段②，霍军亮将其称为壮大农村基层党的组织、提高农村基层党组织的建设质量、完善农村基层党组织的功能和提升农村基层党组织的领导能力等③四个阶段。通过综合分析，本研究将西南地区农村基层党组织建设历程划分为新民主主义革命时期的初步发展、社会主义革命和建设时期的进一步探索发展、改革开放新时期的全面调整发展和党的十八大以来新时代的质量提升发展等四个阶段。

一、新民主主义革命时期（1921—1949）西南地区农村基层党组织建设初步发展

（一）建党初期与大革命时期农村基层党组织建设及在西南地区的初步探索

1. 建党初期与大革命时期农村基层党组织建设的初步探索

1921年7月23日，中国共产党第一次全国代表大会在上海召开，通过了《中国共产党第一个纲领》。党的一大通过的党纲重视了组织发展问题，对吸纳新党员做出了规定，在自愿的条件下经一名党员介绍，就可以加入党组织队伍。④ 由于当时全国只有50多名党员，只设立了中央和地方两级组织，选举产生了由陈独秀、张国焘、李达组成的中央局，负责全党工作。规定5名党员就可以成立地方委员会。党的一大纲领并没有基层党组织方面的规定，也没有农村基层党组织的提法。在中国共

① 张保军，周锦涛．农村基层党组织建设：百年回望及经验启示［J］．学术探索，2021年第12期，第92页．

② 王立峰，孙文飞．建党百年来农村基层党组织建设的演进历程与经验启示［J］．江苏行政学院学报，2021年第5期，第84页．

③ 霍军亮，刘琪．农村基层党组织百年建设的历史进程、实践经验与当代启示［J］．西北农林科技大学学报（社会科学版），2021年第3期，第9页．

④ 中央档案馆．中共中央文件选集：第1册［M］．北京：中共中央党校出版社，1989，第3—4页．转自张明楚主编．中国共产党基层组织建设史1921-2016第2版修订本［M］．福州：福建人民出版社，2017，第1页．

产党建立初期，比较重视对工人运动的组织，而对农民运动缺乏关注和重视。

中国共产党的一大之后，中央号召各地发展党员，到1922年7月党的二大召开，全国党员发展到了195名。党的二大通过了《中国共产党章程》，党章中有了关于党的基层组织的规定。党章第四条规定，农村等地方有3人到5人就可以成立一组①，并要求当地附近党员必须加入组②。按照党章规定，党的组织系统分为5个层次：中央执行委员会、区执行委员会、地方执行委员会、地方支部、组。按照共产国际一份俄文稿《关于我们党的组织问题》（补充报告）中的数据，当时中国有70多个组。组是党的基层组织的最初形态③。党的二大提出了农民问题，提出“中国三万万的农民，乃是革命运动中的最大要素”④，在党章中有了关于在农村建立党的基层组织的规定。

1923年6月党的三大在广州召开，通过的《中国共产党第一次修正章程》，修改了基层党组织的设置相关规定，将原来的名称“组”改为“小组”，把建立党小组的人数由原来的“3人至5人”修改为“5人至10人”。全国党员数量有了明显增加，陈独秀在党的三大上作报告中提到，“现在共有党员四百二十人，其中在国外的有四十四人，工人一百六十四人，妇女三十七人，另外还有十个同志被关在狱中”⑤。由于党的三大期间，处于国共合作时期，马林提出了“一切工作归国民党”“扩大国民党之组织”的方针，有国民党组织的地方，共产党员一并加入到国民党中去，国民党没有组织的地方，中国共产党为其创设组织。因此在此期间，中国共产党忽略了自己的工作与组织发展，一些地方的基层党组织遭到削

---

① 中央档案馆. 中共中央文件选集：第1册［M］. 北京：中共中央党校出版社，1989，第93—94页.

② 中央档案馆. 中共中央文件选集：第1册［M］. 北京：中共中央党校出版社，1989，第94页.

③ 张明楚主编. 中国共产党基层组织建设史1921—2016第2版修订本［M］. 福州：福建人民出版社，2017，第3页.

④ 中共中央文献研究室，中央档案馆. 建党以来重要文献选编（1921—1949）：第1册［G］. 北京：中央文献出版社，2011，第131页.

⑤ 中央档案馆. 中共中央文件选集：第1册［M］. 北京：中共中央党校出版社，1989，第168页.

弱。值得一提的是，党的三大特别强调了农民群众和农村工作的重要性①。这为农村基层党组织建设提供了最初的思想理论基础。1923 年 8 月，中国共产党历史上第一个农村党支部在安平县成立，称为中共安平县台城特支②。

1924 年 5 月，中共中央在上海召开第一次中央执行委员会扩大会议，会议通过了《党内组织及宣传教育问题议决案》，提出要“在大产业的工人里扩大我们的党，是现时的根本职任之一。”1924 年 6 月 28 日，恽代英发表《农村运动》，提去党在农村发展的思想，“去结交农民！去团结农民！去教育农民！而且最重要的去研究农民”③，认为必须组织农民参与到国民革命中去。

1925 年 1 月，党的四大在上海召开，大会通过了《对于组织问题之议决案》，此时全国党员已有 994 名。《议决案》提出要将党的工作扩展到广大工农阶级中去④。要求在全国范围内建立党组织，要在工厂、路矿和农会中建立党的支部。第一次将支部确定为党的基本组织，并对其设置等做出了一系列具体要求，为基层党组织建设奠定了制度性基础。其中再次提到贫农入党问题，推动之后农村基层党组织的发展。各地农民协会快速发展，据不完全统计，至 1925 年 5 月在广东就有 20 多个县成立了农民协会，会员 20 多万人。到 10 月，党员由党的四大召开时的 994 人增加到 3000 多人，年底就达到了 1 万多人⑤。

1925 年 5 月 30 日上海爆发的五卅运动，代表由中国共产党领导的反对帝国主义运动取得了阶段性胜利，获得了广大群众的认可和支持，更加

---

① 中共中央文献研究室，中央档案馆．建党以来重要文献选编（1921—1949）：第 1 册［G］．北京：中央文献出版社，2011，第 251 页．

② 本书编写组．十九大党章学习手册［M］．北京：人民出版社，2017，第 209 页．转自王立峰、孙文飞．建党百年来农村基层党组织建设的演进历程与经验启示［J］．江苏行政学院学报，2021 年第 5 期，第 85 页．

③ 中共中央文献研究室，中央档案馆．建党以来重要文献选编（1921—1949）：第 2 册［G］．北京：中央文献出版社，2011，第 91 页．

④ 中央档案馆．中共中央文件选集：第 1 册［M］．北京：中共中央党校出版社，1989，第 379 页．

⑤ 张明楚主编．中国共产党基层组织建设史 1921—2016 第 2 版修订本［M］．福州：福建人民出版社，2017，第 12 页．

坚定了中国共产党作为民主革命中的领导核心的决心和信心。1925 年 9 月，中央执行委员会第二扩大会议在北京召开。针对党组织在数量上发展较慢、支部建设不健全等基层党组织建设问题，会议指出，要充分利用好革命潮流高涨的有利形势，“对革命的工人、学生、农民免除入党之手续上的繁重形式”，尽快在各类革命的群众组织中建立党的基层组织①。

1926 年 1 月 29 日，中共中央发布了《中央组织部通告第二号》，明确了党支部内部的分工，要求支部有自己的工作计划，并要求加强各级委员会对党支部的领导和支持工作，为基层党支部的组织制度和工作制度奠定了基础。5 月 15 日，中共中央发表了《支部的组织及其进行的计划》，对党支部的组织意义、内部教育宣传、外部活动、会议内容、支部书记责任以及技术工作等进行了详细的规定②。《支部的组织及其进行的计划》的发表，系统总结和阐述了中国共产党对支部建设的基本理论与实践经验，标志着中国共产党开始提出关于基层党组织建设的理论。

1926 年 7 月 12 日至 18 日，中央执行委员会第三次扩大会议在上海召开，会议不仅讨论了对待资产阶级和蒋介石、北伐的方针问题，还针对支部没能成为地方工作的领导核心问题，提出了“一切工作归支部”③。虽然“一切工作归支部”在实际上因为当时支部建设还相当薄弱，支部干部人才缺乏、党内教育工作不到位、上级包办支部工作等各种原因并没能得到真正实行。但是提出“一切工作归支部”仍然称得上是中国共产党加强基层党组织建设的一个重大举措。同时还通过了《农民运动议决案》，强调农会中的党支部在领导农民运动的核心地位④，指出了农村基层党组织建设的发展方向。

随着北伐战争胜利进军和工农运动的发展，党的组织呈现出大发展的形势。据中共中央 1926 年 9 月的报告，当时党员数量为 13281 人，比 7 月

① 中央档案馆. 中共中央文件选集：第 1 册［M］. 北京：中共中央党校出版社，1989，第 474 页.

② 张明楚主编. 中国共产党基层组织建设史 1921—2016 第 2 版修订本［M］. 福州：福建人民出版社，2017，第 15—17 页.

③ 赵世炎. 赵世炎选集［M］. 成都：四川人民出版社，1984，第 518 页.

④ 中共中央文献研究室，中央档案馆. 建党以来重要文献选编（1921—1949）：第 3 册［G］. 北京：中央文献出版社，2011，第 425 页.

第三次扩大会议时增加了2024人，其中湘鄂川三省发展最快，其他地区党组织发展因仍受军阀势力等影响而受到阻碍。在农村，党组织发展仍然十分缓慢，如在广东农协中党员仅占0.15%，湖南农协中党员也仅占0.175%。① 面对党组织发展缓慢的问题，1926年10月17日，陈独秀指出“党员数量上的增加，乃是第一个重要问题”，提出了4万党员的发展目标。同时指出了发展党组织的重点方向就是“党到农民中去!”② 在此号召下，各地大力发展党员，据不完全统计，1926年11月全国党员总数达到18526人，比9月份报告的13281人增加了5245人。中共中央提供的区域数据显示，广东农民党员占30.14%，北方区农民党员占2.4%，湖南区农民党员占14.4%，上述四个区合计农民党员占比为11.75%③。这些数据表明了中国共产党在农村社会中基层党组织得到快速的发展。

1927年4月12日，蒋介石在上海悍然发动了反革命政变，收缴工人纠察队武器，占领上海总工会，逮捕和枪杀共产党员和革命群众。接着在各地相继开展了所谓“清党”运动，使我们党各地的组织受到严重破坏。

1927年4月27日至5月9日，中共五大在武汉召开，届时中共党员数量达到了57967人，其中工人占50.8%，农民占18.7%，知识分子占19.1%，军人占3.1%，中小商人占0.5%，其他成分占7.8%，妇女在党内占8.27%④。从农民在党员中占比来看，表明中国共产党在广大农村地区已经建立起了一定的群众基础，中国共产党也是近代以来第一个深入农村基层的现代政治组织⑤。党的五大是在蒋介石发动反革命政变之后，中国共产党召开的一次重要会议。党的五大通过了《组织问题议决案》，提出了加强支部建设的意见，但是仅强调加强城市产业支部建设，而忽视了

---

① 张明楚主编. 中国共产党基层组织建设史1921—2016第2版修订本［M］. 福州：福建人民出版社，2017，第24页.

② 中央档案馆. 中共中央文件选集：第2册［M］. 北京：中共中央党校出版社，1989，第636页.

③ 张明楚主编. 中国共产党基层组织建设史1921—2016第2版修订本［M］. 福州：福建人民出版社，2017，第26页.

④ 中共中央党史研究室. 中国共产党历史［M］. 北京：中共党史出版社，2002，第237页.

⑤ 王立峰，孙文飞. 建党百年来农村基层党组织建设的演进历程与经验启示［J］. 江苏行政学院学报，2021年第5期，第85页.

农村支部的建设。指出“乡村之中，严格的说起来简直没有党的组织”①，许多农村只有党支部委员会，并没有成立支部②。

1927 年上半年，全国农民协会会员由北伐前的 100 万余人发展到近千万人，全国工会会员由 120 多万人增加到 280 万人。在农村革命形势迅猛发展的情况下，如果我们党及时深入开展土地革命，建立农村基层党组织，发展党的力量，那么中国革命的形势就会引起很大的变化。《组织问题议决案》还提出委托中央政治局修改党章。

在 1927 年 6 月 1 日通过了《中国共产党第三次修正章程决案》，确立了民主集中制为党的指导原则，明确了全国级、省级、市县级、区级和生产单位级的五级党组织系统设置。新的《修正章程》第一次将支部单列一章，并对支部的组织设置和工作任务作出了新的规定，对支部的组织设置进行了调整，规定在较大的党支部中可组织支分部，支分部亦可组织干事会，支分部之下可以设置小组。

从党的一大到五大时期，中国共产党重视党的组织建设，党已经发展成为拥有 5.7 万多人的、全国性的、群众性的大党派。然而也应当看到，党员在群众中所占比例仍然较小，党的组织建设落后于国内革命形势发展的需要。比如湖南农村运动轰轰烈烈，然而近千个农民中才有 1 名党员，远远无法满足当时湖南工农运动的需要。同时，党员数量增加了，却不能保证党员队伍的质量和纯洁性，大革命失败后，汪精卫集团与中国共产党决裂，蒋介石反革命集团对共产党员和革命群众实行大逮捕和大屠杀，全国共产党员锐减到 1 万人左右。在党组织建设中，党员的政治思想教育不足，大量投机分子没能及时清理，党的武装力量没能及时掌握③，都表明党的基层组织建设还不成熟，农村基层党组织建设还明显不够。

2. 大革命时期西南地区农村基层党组织建设的初步探索

在大革命期间，中国共产党相继在西南地区建立了地方组织，其中云

---

① 中共中央文献研究室，中央档案馆．建党以来重要文献选编（1921—1949）：第 4 册［G］．北京：中央文献出版社，2011，第 637 页．

② 靳燕凌．中国共产党农村基层党组织建设的百年历程及经验启示［J］．青海社会科学，2021 年第 3 期，第 49 页．

③ 毛泽东．毛泽东选集：第 2 卷［M］．北京：人民出版社，1991，第 610—611 页．转自张明楚主编．中国共产党基层组织建设史 1921—2016 第 2 版修订本［M］．福州：福建人民出版社，2017，第 30 页．

南、贵州等地区党组织建立较早，西藏地区党组织建立较晚。

1926年11月7日，中国共产党在昆明平政街节孝巷召开会议，李鑫、吴澄、杨静珊、周霄等参加会议，正式成立中国共产党云南特别支部，这是中国共产党在云南的第一个地方组织。云南这个地处边疆、民族众多的省份正式有了马克思主义政党的领导①。1927年12月下旬，中国共产党文山县洒戛竜支部在洒戛竜小学宣告成立，这是云南省第一个农村党支部。

1929年12月，经泸县中心县委批准，将原合江特支改建为赤水合江特别支部委员会，简称赤合特支，这是贵州省第一个农村党支部，也开创了川黔边区党组织交叉发展、党的活动在川黔两省同步开展的先河。② 此后，贵州先后成立了中共黔桂边委等一批党组织。

一大批西南地区农村基层党组织的建立，表明了中国共产党对西南地区工作的重视，也因此培养了中国共产党历史上第一批西南地区民族干部。将西南地区问题的解决与全国革命紧密地联系在一起，为西南地区解放打下了良好的基础。中国共产党早期在西南地区的发展，主要通过两个途径，一个是西南地区的优秀青年追求真理，选择了共产主义为奋斗目标，另一个是我们党在西南地区所做的宣传、组织和发动工作，在西南地区建立党的基层组织，领导西南地区群众进行斗争③。像贵州省的邓恩铭、周逸群、龙大道、旷继勋、周达文、谢绍敏、黄干夫、凌秋鹗等一大批接受过民主进步思想的青年，投身到中国革命当中去，并通过书信、回乡创办教育等各种方式，在西南地区宣传马克思主义学说，宣传党的思想，成为西南地区思想解放的启蒙者④。同时，中国共产党也重视培养西南地区的革命运动骨干、动员西南地区同胞参军参加革命战争，通过培养的西南地区同胞，大多数成为了第一批西南地区的共产党员和优秀干部，与各族同胞并肩作战，为中华民族解放事业做出了伟大贡献。

---

① 搜狐网. 中国共产党的成立与云南地下党组织的建立［EB/OL］. https：//www.sohu.com/a/472792544_121107011，2021年6月18日.

② 周远德. 赤合特支的来龙去脉［EB/OL］. 人民网. http://dangshi.people.com.cn/n1/2020/0423/c85037-31684599.html. 2020年4月23日.

③ 魏忠. 中国共产党早期在少数民族中的发展［J］. 内蒙古民族大学学报（社会科学版），2001年第3期，第42页.

④ 李斌雄，兰培坤. 中国共产党在民族地区进行党的建设百年基本经验研究［J］. 贵州民族研究，2021年第6期，第28—29页.

（二）土地革命战争时期农村基层党组织建设及在西南地区的探索前进

1. 土地革命战争时期基层党组织建设由城市向农村转向的探索

1927 年 7 月中旬，党中央确定了土地革命和武装起义的工作方向和政策。8 月 7 日中共中央在汉口召开的八七会议，毛泽东当选中共中央临时政治局候补委员。毛泽东要求到农村去，上山结交“绿林朋友”。1927 年 9 月 29 日，毛泽东主持了著名的三湾改编，提出将“支部建在连上”。党代表成了党组织联系广大指战员的重要纽带，加强了党与士兵群众的紧密联系。毛泽东说，“红军所以艰难奋战而不溃散，‘支部建在连上’是一个重要原因”①。

大革命失败后，湘赣边界的党组织遭到了极大的破坏，毛泽东强调要重建和发展湘赣边界党组织，“十一月到今年四月，为重新建党时期，五月以后为大发展时期。”② 在此过程中毛泽东非常重视农村基层党组织建设，他指出，党支部是党的基础，党支部办不好，党也是不坚固的③。由于农村基层组织工作还比较薄弱，于是采取了军队党员干部支援农村党建的方法，加强农村基层组织建设。1927 年 12 月，毛泽覃到宁冈的乔林乡发动农民群众，成立了乔林乡党支部，这是湘赣边界最早的农村党支部之一。之后在 1928 年上半年，毛泽东率领的工农革命军基本建成了井冈山革命根据地，同时恢复和发展了宁冈、永新、茶陵、遂川等地发展党组织。据统计，当时除茶陵特别区委情况不明外，遂川县委下设 10 个区委，108 年支部；宁冈县委下设 4 个区委，39 个支部；永新县委下设 13 个区委，138 个支部；酃县县委下设 4 个区委，17 个支部；莲花县委下设 8 个区委，57 个支部④。1927 年 11 月通过的《广东工作计划决议案》提出“要建立乡村支部指挥农民运动”⑤，1928 年 6 月，毛泽东提出要在广东“普遍

① 毛泽东. 毛泽东选集：第 1 卷［M］. 北京：人民出版社，1991，第 65 页.

② 毛泽东. 毛泽东选集：第 1 卷［M］. 北京：人民出版社，1991，第 73 页.

③ 桂玉麟. 井冈山革命斗争史［M］. 北京：解放军出版社，1986，第 66—67 页.

④ 本社编. 井冈山的武装割据［M］. 南昌：江西人民出版社，1983，经 425 页.

⑤ 中共中央文献研究室，中央档案馆. 建党以来重要文献选编（1921—1949）：第 4 册［G］. 北京：中央文献出版社，2011，第 694 页.

发展六县之党"①。1928 年 10 月《中共中央关于湖南工作决议案》要求在湖南建立和巩固农村支部的组织②。广泛建立农村基层党组织，组织农民群众参加到土地革命中来，是党在土地革命时期的农村工作重要任务。

1928 年 8 月，军队冒进湘南在郴州失败，边界各县也相继被敌人侵占，井冈山根据地遭受严重损失，史称"八月失败"。边界党组织也遭到极大破坏。9 月 24 日，红四军主力重返井冈山，毛泽东指导边界各县整顿党组织。一方面加强对党员的思想教育。毛泽东指出，在广大农村党组织中农民成分的党员占绝大多数，必须要对农村党员加强无产阶级思想教育③。思想教育的主要方法和形式就是举办党团训练班，即分批次抽调地方党员团员和农民群众中的积极分子参加集中学习，各县县委也举办短期训练班。党团训练班都制订了详细的训练大纲，对训练内容、方法和要求都有明确规定。另一方面是对组织的清理和整顿。将党内的投机分子清理出去，并吸收优秀分子入党。对于赌钱、打牌、贪污腐化、好色成性的党员坚决清理，提高党员队伍中的工人和贫民比例④。通过对党组织的整顿，大大提升了党的战斗力。

1928 年 6 月 18 日至 7 月 11 日，党的六大在莫斯科召开。此时党员成分已经以农民同志为主，占到 76%⑤。可以看出，我们党当时在农村的组织发展的利好形势。但是党的六大强调城市中党的基层组织建设，提出要在大工厂大企业发展党的支部的思想。到 1929 年 6 月 25 日，上海召开的中共六届二中全会，仍强调党的工作重点以城市为主，甚至作出了"各县的工作中心必须从乡村中转移到城市中来"的决定，助长了党内特别是中

---

① 中共中央文献研究室，中央档案馆. 建党以来重要文献选编（1921—1949）：第 5 册［G］. 北京：中央文献出版社，2011，第 244 页.

② 中共中央文献研究室，中央档案馆. 建党以来重要文献选编（1921—1949）：第 5 册［G］. 北京：中央文献出版社，2011，第 620 页.

③ 毛泽东. 毛泽东选集：第 1 卷［M］. 北京：人民出版社，1991，第 77 页.

④ 张明楚主编. 中国共产党基层组织建设史 1921—2016 第 2 版修订本［M］. 福州：福建人民出版社，2017，第 44 页.

⑤ 中央档案馆. 中共中央文件选集：第 4 册［M］. 北京：中共中央党校出版社，1989，第 452 页.

央领导机关已经存在的“左”倾思想的发展①。

1929年12月28日至29日，中共红四方面军在福建古田的溪背村廖氏宗祠召开著名的“古田会议”，《古田会议决议》决定了党对红军的领导原则，明确了军事和政治的关系，强调了必须加强党的思想建设，将“支部建在连上”作为重要的组织建设原则。

1931年11月19日，中华苏维埃共和国临时中央政府在江西瑞金宣告成立，标志着中央苏区正式形成。当时中央苏区主要是以乡、村为单位建立党组织，农村基层党组织体系建设基本完成。据中共江西省委统计，1932年3月底，全省14个县（石城县未统计）共设有1089个乡，建有998个党支部②。中央苏区采取了建立中心支部和模范支部、开展支部改选活动、制定和颁布支部工作条例法规、发展和巩固党的组织等一系列措施加强党的基层组织建设。至1933年中央苏区党员发展到超过13万人，占全国党员总数的44%③。

1933年9月，蒋介石集团调集100万军队进攻革命根据地，10月中央红军主力被迫实行战略转移开始了长征。1935年10月，中央红军胜利到达陕北。1935年12月17日至25日，中共中央政治局会议在陕北瓦窑堡召开，针对日本帝国主义入侵和国内政治形势新变化等问题，第一次提出了“两个先锋队”④。强调了中国共产党肩负着“双重历史使命”，既代表着全中国无产阶级的利益，也代表着中华民族的根本利益。瓦窑堡会议还提出吸纳新党员的标准主要是政治标准，而不是社会出身与社会成分⑤。当然新党员入党后，需要加强对他们的党内教育和党内生活锻炼。“党内两条战线的斗争，与共产主义教育，就是达到这一目

① 张明楚主编. 中国共产党基层组织建设史1921—2016第2版修订本［M］. 福州：福建人民出版社，2017，第50页.

② 江西省委党校，江西省档案馆. 中央革命根据地史料选编：上册［M］. 南昌：江西人民出版社，1982，第661页.

③ 张明楚主编. 中国共产党基层组织建设史1921—2016第2版修订本［M］. 福州：福建人民出版社，2017，第64—68页.

④ 中央档案馆. 中共中央文件选集：第10册［M］. 北京：中共中央党校出版社，1991，第599页.

⑤ 中央档案馆. 中共中央文件选集：第10册［M］. 北京：中共中央党校出版社，1991，第620页.

的的方法。”① 党吸收新党员的标准的提出，纠正了党内长期存在的“唯成分论”。

遵义会议后，确定了毛泽东在党内的领导地位，中国革命自觉走向了以农村为中心的道路。大力加强农村基层党组织建设，在农村发展壮大党的队伍。各大农村革命根据地基本上都建立了党支部，对党的事业和农村土地革命以及生产等都起到了重要作用。

土地革命时期，虽然受到“以城市为中心”强调发展城市党的组织的思想的影响和制约，但在以农村地区为中心创立的革命根据地和农村根据地发挥了重要作用的条件下，党中央认识到了，无论是在苏区还是国民党统治区，农村基层党组织组织农民群众广泛参与到土地革命的重要性②。

2. 土地革命战争时期西南地区农村基层党组织建设的探索发展

中国共产党的战略大转移中也不断探索发展西南地区党组织建设工作。中国共产党通过西南地区党组织，在西南地区团结各民族群众，与帝国主义和国民党反动势力展开斗争，争取民族独立。1922 年中共中央发表《中国共产党对于时局的主张》指出，“一切被压迫民族都是我们的同盟者。”③ 1934 年中共六届五中全会④、1935 年的沙窝会议⑤均强调，要用马克思主义相关理论与方法，结合民族工作，发展西南地区的农村基层党组织，解决西南地区的革命问题。

土地革命战争期间，中国革命在受大革命影响较深的西南地区开辟了农村革命根据地。如在 1928 年年初，贺龙、周逸群等到湘鄂西山区，以桑植、鹤峰为中心，建立起了革命武装和农村根据地。1934 年 5 月，红六军进入黔东地区，7 月召开第一次工农兵苏维埃代表大会，至 9 月，黔东特

---

① 中央档案馆．中共中央文件选集：第 10 册［M］．北京：中共中央党校出版社，1991，第 621 页．

② 中共中央文献研究室，中央档案馆．建党以来重要文献选编（1921—1949）：第 11 册［G］．北京：中央文献出版社，2011，第 45—47 页．

③ 中共中央文献研究室，中央档案馆．建党以来重要文献选编（1921—1949）：第 9 册［G］．北京：中央文献出版社，2011，第 9 页．

④ 中共中央文献研究室，中央档案馆．建党以来重要文献选编（1921—1949）：第 11 册［G］．北京：中央文献出版社，2011，第 48 页．

⑤ 甘肃省军区编．三军大会师：下册［M］．兰州：甘肃人民出版社，1987，第 547 页．

区已经建立17个区党支部和100多个乡党基层组织。黔东特区与湘鄂西组成了湘鄂川黔革命根据地，建立了9个县的革命委员会，在广大农村建立了基层党组织。① 湘鄂西特委、湘鄂川黔革命委员会等各级组织，根据中共八七会议、党的六大精神，在建立农村革命根据地的同时重视农民土地问题，作出了一系列关于土地革命的决议、法令和条例。1930年年底湘鄂西苏区党政机关先后制定了《关于土地问题决议案》《土地问题决议大纲》及《土地革命法令》等一系列政策和法令。1931年2月，土地革命在鹤峰、五峰、长阳等地全面展开，各族人民迅速掀起打土豪、分田地的革命热潮。土地革命促进了根据地生产力的发展，提高了人民的革命政治觉悟，培养了一大批西南地区干部。②

1929年，邓小平、张云逸等到广西右江地区建立了右江根据地，举行了百色起义。1926年当地共产党员黄振士在海南陵水县成立党小组，并相继在全县50多个乡成立农协，培养和教育西南地区农民中的积极分子③。

中国共产党在此期间对四川地区开展了工作，1932年党中央指示四川省委工作，对于四川是一个不容忽视的任务④。同年，中共四川省委发布了《告西藏民族和川边夷民族劳苦群众宣言》（1932年6月20日）、《关于川西南北边区少数民族工作决议案》（1932年6月24日），推动了西南地区农村工作⑤。

---

① 金炳镐主编．中国共产党民族工作理论与实践［M］．北京：中央民族大学出版社，2007，第171页．

② 夏大胜．土家族人民对湘鄂西苏区的重大贡献［J］．中南民族学院学报，朱世学．鹤峰五里坪土地革命时期活动调查［J］．中南民族学院学报，1991年第2期；李资源．土地革命时期少数民族的革命斗争述略［J］．中南民族学院学报，1989年第2期．转自金炳镐主编．中国共产党民族工作理论与实践［M］．北京：中央民族大学出版社，2007，第171页．

③ 邢关英．黎族人民与五指山区中心革命根据地［J］．中央民族学院学报，1988年第6期；廖石泉，姜永兴．黎族人民现代斗争史略［J］．广西民族研究，1991年第3期．转自金炳镐主编．中国共产党民族工作理论与实践［M］．北京：中央民族大学出版社，2007，第169页．

④ 中共中央统战部．民族问题文献汇编［M］．北京：中共中央党校出版社，1991，第178页．

⑤ 中共中央统战部．民族问题文献汇编［M］．北京：中共中央党校出版社，1991，第186、190页．

另外，1927 年后在云南当时派遣了广州第六期农民运动讲习所云南学员李鑫等 5 人回云南开展工作，发展了一批党员①，通过在云南省农村地区宣传马克思主义思想和党的土地革命政策，不断发展当地党员和积极分子，为后来中国共产党在西南地区开展工作打下群众基础和组织基础。

可以看出，中国共产党在土地革命战争期间，就开始重视西南地区工作，把解决西南地区问题作为重要任务，提出了一系列对西南地区的政策，坚持民族平等和民族团结的原则，实行民族区域自治制度。红军在长征时经过贵州、云南、四川等地区，严格执行党的政策，尊重地方的风俗习惯，保护群众的生命财产，实行民族平等，深受西南地区群众的欢迎②。中央红军因此受到了西南地区群众的支持和帮助，一方面能够顺利摆脱被围剿的困境胜利到达陕北，另一方面为以后党的西南地区工作积累了经验，打下了基础。

同时重视党组织在西南地区的发展，在有条件的西南地区建立革命根据地，广泛动员和培养西南地区党员干部，发展农村基层党组织。在条件尚未成熟的西南地区，以宣传党的思想、政策、方针为手段，发展一批西南地区当地人员入党，动员西南地区群众积极参与土地革命和中国革命，为未来党的西南地区工作做准备。

（三）全民族抗日战争时期农村基层党组织建设及在西南地区的展开

1. 全民族抗日战争时期农村基层党组织建设的大范围展开

抗战初期，中国共产党的组织力量还很薄弱。毛泽东指出，在全国范围内党的组织力量还很微弱，也未能组织起全国的工农群众。③ 针对这种情况，要求各地进一步发展农村基层党组织。彭真在《关于晋察冀边区党的工作和具体政策报告》中，介绍了边区发展农村基层党组织的方式，即

---

① 金炳镐．新民主主义革命时期党在少数民族地区的政策与工作［J］．黑龙江民族丛刊，1990 年第 1 期．转自金炳镐主编．中国共产党民族工作理论与实践［M］．北京：中央民族大学出版社，2007，第 172 页．

② 马绍忠．马绍忠学术文选［M］．昆明：云南大学出版社，2016，第 422 页．

③ 毛泽东．毛泽东选集：第 2 卷［M］．北京：人民出版社，1991，第 394—395 页．

成立县委会，然后推动建立乡、村级党支部，再通过乡、村级党支部成立救国会、农会等各种抗日群众组织。在各个群众组织中发现抗日积极分子，通过开办各种训练班的形式提高他们的思想认识水平，从中大量发展党员，建立党的支部。在此基础上，再将这些新党员加以个别训练，作为党的“火种”派回原地区开展工作，发展党员，从而在广大农村地区迅速、广泛地建立起农村基层党组织①。这种经验模式被广泛推广到各农村革命根据地，全国农村党组织的工作得到全面展开。1938 年 3 月，党中央发出了《关于大量发展党员的决议》。根据《决议》，各地加快了发展党的基层组织的步伐。如晋察冀的北岳区，到 1938 年 6 月，党员的数量从抗战前的千人左右，发展到 10460 人，扩大了 10 倍以上，并在大部分村庄建立了党支部。

1938 年 9 月 29 至 11 月 6 日，党中央扩大的六届六中全会在延安召开，毛泽东和张闻天的报告对党的基层组织建设和党员队伍发展工作进行了全面部署。大会强调了党当前的中心工作和任务，就是要让中国共产党成为全国性的党，要求快速发展党的支部组织和党员。同时要制定一种较详细的党内法规，以统一各级领导机关的行动。会议通过了《关于各级党委暂行组织机构的决定》和《关于各级党部工作规则与纪律的决定》。

陈云在《怎样做一个共产党员》中提出，贫苦的农民和知识分子是无产阶级重要的联盟者，党应广泛吸纳贫苦的农民和知识分子中的积极分子，以巩固党在农村的地位和影响力②。同时还提出了共产党员的六条标准，即终身为共产主义奋斗、革命的利益高于一切、遵守党的纪律严守党的秘密、百折不挠地执行决议、群众模范、学习。这六条标准是党的历史上第一次比较完整地论述对党员的基本要求。在《支部》一文中，陈云着重就党的支部的地位、设置原则、主要任务等支部工作的基本问题进行了阐述。他指出，支部是党的最下层的组织，也是党的最基本的组织。支部是党团结群众的核心，党支部一方面要加强对已经建立的民主政权进行领

① 张明楚主编．中国共产党基层组织建设史 1921—2016 第 2 版修订本［M］．福州：福建人民出版社，2017，第 81 页．

② 陈云．陈云文选：第 1 卷［M］．北京：人民出版社，1995，第 132—148 页．

导，另一方面要在尚未建立民主政权的农村地区，加快农村党支部和发展党员工作①。

针对一些地方在发展党员工作中存在“拉夫式的办法”和“关门主义”的倾向，一些农村基层党组织缺乏有效指导和管理，并存在组织生活不健全等问题，毛泽东指示，巩固党在农村地区组织的重要方法就是要加强对党员的集中教育和训练，要广泛地奠定党在农村社会的基础②。1939年8月25日，党中央作出了《关于巩固党的决定》，要求：第一，在今后一段时期内，党的发展一般应当停止，着重整理、紧缩、严密和巩固党的组织。第二，为了将混入党组织的敌探奸细、投机分子和异己分子（地主富农商人），必须要对党员的成分进行严格审查。第三，要在党组织内部加强马克思列宁主义教育、阶级教育和党的教育，使党员认识马列主义与三民主义、民族统一战线与阶级斗争、民族立场与阶级立场的正确关系，纠正各种“左”倾或右倾的不正确观点。第四，广泛分级开展党组织干部的教育工作。第五，以反奸细工作为重心，开展党的保卫工作。第六，加强党的秘密工作，将党的秘密工作作为党的公开工作的重要补充。第七，加强党的纪律建设，更进一步促进党的高度团结③。各地农村基层党组织得到了进一步的发展，到1940年年底，晋察冀边区各级党组织体系已经建立，超过一半的农村成立了农村党支部。到1941年年底，几乎所有的晋察冀边区平北地区的村庄都成立了村党支部④。

在迎接抗日战争最后胜利的到来之际，1945年4月23日至6月11日，中国共产党第七次全国代表大会在延安召开。大会强调，必须着重在思想上、政治上建党，同时在组织上建党。在农村中，各种运动的发展是极不平衡的，积极分子的产生和成长也是极不一致，发展党员的工作应当分别进行……必须注意考察，具体指导。刘少奇指出，应该重视党建立在自然

---

① 陈云．陈云文选（第1卷）［M］．北京：人民出版社，1995，第132—148页．

② 魏宏运主编．华北抗日根据地纪事［M］．天津：天津人民出版社，1986，第59页．

③ 中央档案馆．中共中央文件选集：第12册［M］．北京：中共中央党校出版社，1991，第155—158页．

④ 张明楚主编．中国共产党基层组织建设史1921—2016第2版修订本［M］．福州：福建人民出版社，2017，第107页．

村中的作用，因此要在以行政乡或村为单位的党支部之下按自然村来划分党的小组①。

2. 全民族抗日战争时期西南地区农村基层党组织建设仍以团结西南地区群众培养当地党员为主发展

在抗日战争期间，日本帝国主义在西南地区进行挑拨离间，妄图分裂我中华民族和国家。中国共产党从西南地区群众的根本利益出发，坚持团结抗战的方针，积极加强对各地方工作的领导，在党的《抗日救国十大纲领》中明确提出动员和团结各地方、各民族共同抗日的方针。指出各地区各民族群众的命运和整个中华民族的命运息息相关，规定实行民族平等，发扬民主，尊重地方文化、风俗习惯和宗教信仰；帮助农村地区群众发展生产，改善和提高人民生活；培养抗战建国人才，组织抗日武装，增强抗日团结等②。1937 年中央党校开始举办从各边远地区选拔人才的专门培训班和专门学院③，这些举措都表明了中国共产党非常重视培养边远地区党员干部。

党中央派出工作干部到敌后西南地区，配合地方党组织发动组织抗日救国运动，宣传党的政策，开展统一战线工作，支持和帮助西南地区建立抗日武装和地方自治政权。在国民党管辖区内，中共地下党组织积极以统一战线的形式，争取进步人士支持抗战。进步人士李根源在滇西连续发出《告滇西父老书》《告滇西各土司电》，号召西南地区人民组织起来共同抗日④。然而由于当时统一战线的任务和具体情况，全民族抗日战争时期西南地区农村基层党组织建设仍以团结各民族共同抗战，宣传党的政策，培养西南地区党员为主发展，没有在农村地区建立发展党的组织。

---

① 张明楚主编．中国共产党基层组织建设史 1921—2016 第 2 版修订本［M］．福州：福建人民出版社，2017，第 118—124 页．

② 马绍忠．马绍忠学术文选［M］．昆明：云南大学出版社，2016，第 423—424 页．

③ 李斌雄，兰培坤．中国共产党在民族地区进行党的建设百年基本经验研究［J］．贵州民族研究，2021 年第 6 期，第 31 页．

④ 马绍忠．马绍忠学术文选［M］．昆明：云南大学出版社，2016，第 425 页．

（四）解放战争时期农村基层党组织建设的巩固及在西南地区的发展

1. 解放战争时期农村基层党组织建设的巩固

抗日战争结束后，根据国内形势的变化，党中央作出了“向北发展，向南防御”的战略方针。1945年12月28日，毛泽东提出要在东北广大农村建立党的根据地①。此后，党的重心工作是发动农民群众，将群众斗争提高到政治斗争的高度，在农民群众中培养大量的积极分子和党员干部。在与国民党斗争的一段时间里，中国共产党一度被迫采取“让开大路，占领两厢”的方针，从一些已经占领的城市撤出，转入农村建立根据地。1946年7月，陈云在《东北的形势和任务》中指出，创立根据地的主要内容是发动农民群众，强调城市轻视农村的观点是与事实和要求不相符的。发动农民的方法，是发动反奸清算、减租减息、分粮分地的斗争，并使中央关于土地问题的“五四指示”迅速普遍执行。② 号召共产党员“走出城市，丢掉汽车，脱下皮鞋，换上农民衣服，不分文武，不分男女，不分资格，一切可能下乡的干部要统统到农村中去……凡能深入农村者给予鼓励，不愿到农村去的给予批评，造成共产党员面向农村，深入农村的热潮”③。随后，陈云又作了《发动农民是建立东北根据地的关键》的报告，提出要争取农村广泛建立党组织，“东北的群众组织，最重要的是建立武装组织，要以武装为中心，建立政权和党支部”“新党员发展到足够数量时，要做巩固工作，争取每个乡村都有我们的堡垒”④。在面向农村、深入农村的号召下，动员了1.2万名党员干部深入农村发动农民群众，实行土地改革。吸收和发展5万名党员，并建立了农村党支部，从而巩固和奠定了党在农村的组织基础，巩固了东北农村根据地。

1946年5月4日，党中央发出《关于清算减租及土地问题的指示》，即“五四指示”，实行“耕者有其田”的土地政策。将土地改革运动与整党运动结合起来，提出“注意巩固与发展农会和民兵组织，发展党的组织，培养提拔干部，改造区乡政权”。这次整党结合农村土地改革运动进

① 毛泽东. 毛泽东选集：第4卷［M］. 北京：人民出版社，1991，第1180页.
② 陈云. 陈云文选：第1卷［M］. 北京：人民出版社，1995，第309—310页.
③ 陈云. 陈云文选：第1卷［M］. 北京：人民出版社，1995，第312页.
④ 陈云. 陈云文选：第1卷［M］. 北京：人民出版社，1995，第317页.

行，主要在于纯净党的农村基层组织，将那些混入党内的地主富农投机分子以及变质了的部分党员清理出去，同时纠正党员队伍中存在的落后腐朽思想和官僚主义作风。在整党运动初期，许多地方出了“左”倾的错误，给一部分积极分子和党员干部造成了伤害，阻碍了农村基层党组织正常工作和良性发展。1948 年 5 月，党中央发出毛泽东起草的《一九四八年的土地改革工作和整党工作》的指示，要求各地充分认识整党的必要性，对党员和支部作出适当的估计和分析。认为大部分党员和支部是好的，党员中贫雇农成分占 70%，真正的地主、富农党员数量并不大。中央规定，整党的基本方针是说服教育、治病救人，不能采取一般抛开支部的错误方针，要运用支部党员的力量去加强党对土改的领导①。通过整党运动工作，解决了农村基层党组织中存在的成分不纯、思想不纯和作风不纯的问题，密切了党群关系，加强了农村基层党组织的战斗力，有效地促进了农村土地改革运动的顺利进行。

随着解放战争的顺利进行，1948 年 2 月 22 日，党中央发出《老区半老区的土地改革与整党工作》的指示，决定党组织的活动一般来说都应公开②。标志着党的组织工作正式进入了公开活动时期。公开建党的具体方法和步骤，各地党组织一般采取“自报、公议、党批准”的步骤。在公开建党决定推行后，各地农村党支部普遍地建立起来，党员数量迅速增加，到 1948 年年末，黑、松、嫩、合四省已经建立农村党支部 3500 个，比公开建党前增加了 1 倍③。但是农村党支部也普遍存在一些问题，如党员的政治水平比较低，妨碍农村基层党员先锋模范作用和党支部在农村工作中领导作用的发挥，党员开展工作的能力普遍不足，还可能违背群众路线，工作方式方法简单生硬，等等。针对这些问题，遵照中央指示将党的建设转入巩固阶段，即“巩固地发展”。农村基层党组织“巩固地发展”主要采用：一，采取“联系生产，教会工作，加强教育，打通思想”的方针，加强已有支部的工作，提高和改进其领导水平和工作作风。二，开办干部训练班和党员流动培训班，普遍提高已有干部、党员

① 张明楚主编. 中国共产党基层组织建设史 1921—2016 第 2 版修订本［M］. 福州：福建人民出版社，2017，第 134—136 页.

② 周恩来. 周恩来选集：上卷［M］. 北京：人民出版社，1980，第 295 页.

③ 朱建华. 东北解放战争史［M］. 哈尔滨：黑龙江人民出版社，1987，第 231 页.

的政策水平和领导能力。三，加强区委对农村支部的经常崛起，县委根据实际情况教会区委如何去做支部工作，使之善于根据农村与支部实际情况去解决问题，通过实际工作巩固支持，并加强具体的工作制度建设①。在新中国成立时，农村支部占全国地方支部的 79.8%，农民出身的党员比例也高达 83%②。解放战争期间，中国共产党果断地选择发动农民群众，建立和巩固了广泛的农村基层党组织，巩固了党在农村的群众基础和领导地位。

2. 解放战争时期农村基层党组织建设在西南地区的基础发展

解放战争时期，中国共产党确定了团结各族人民、平等自治的民族解放运动方针。当时西南地区仍处在国民党的统治之下，中国共产党地下党组织领导了西南地区人民，积极开展游击战。

中国共产党认识到，在国民党统治区，西南地区人民长期遭受压榨，被压迫在社会最底层，有着推翻反动统治的强烈要求。党组织总结各个历史时期的经验和教训，在西南地区农村广泛推动武装运动，建立西南地区农村革命根据，发展党的基层组织。中国共产党先后在云南的路南圭山、弥勒西山、滇南、思普、开广、罗盘等地建立农村革命根据地。③ 党组织十分重视培养西南地区党员干部，向西南地区农村派遣的许多共产党员和民青组织成员中就有一批来自西南地区的人员。各根据地还举办军政干校和培训班，吸收大批西南地区青年参加，将他们培养为革命干部。同时，西南地区党组织还积极团结西南地区中的上层人士和公众领袖，为党在西南地区的群众中赢得广泛的支持。

可以看出在解放战争时期，在西南国民党统治区内，中国共产党的农村基层党组织建设仍以团结西南地区群众，发展西南地区积极分子和党员为主，根据具体情况在一些西南地区农村建立革命根据地和党的基层组织，为新中国成立后解放大西南地区和全中国做好一定的组织准备。

---

① 张明楚主编. 中国共产党基层组织建设史 1921—2016 第 2 版修订本 [M]. 福州：福建人民出版社，2017，第 141—142 页.

② 中共中央党史研究室. 中国共产党历史：第 2 卷 [M]. 北京：中共党史出版社，2011，第 167 页.

③ 马绍忠. 马绍忠学术文选 [M]. 昆明：云南大学出版社，2016，第 426 页.

二、社会主义革命和建设时期（1949—1978）西南地区农村基层党组织建设进一步探索发展

（一）社会主义革命和建设时期农村基层党组织建设的曲折发展

1949年新中国成立，宣告了中国半殖民地半封建历史的结束，中国共产党的中心任务转向领导各族人民进行社会主义国家建设，事实上中心工作也由农村向城市转移。党中央1950年5月21日发出了《关于发展和巩固党的组织的指示》，指出当时党的组织建设的主要任务是对党组织进行整顿和巩固，提出限制农民党员的发展。在老解放区，党员的数量一般都达到了人口总数的的3%到5%，有的甚至达到10%。在新解放区农村中，也坚持暂不发展党员的组织原则，而是集中力量组织和教育广大农民，发现和培育真正的积极分子，以后再发展党的工作①。

1950年6月6日至9日，中共中央七届三中全会在北京召开，会议中《关于中国共产党的组织情况及发展和巩固党的组织的问题》专题报告指出，总有约有20万个支部，在169019个地方支部中，农村支部占到了79.8%。党员中农民成分的党员占绝大多数，为83%左右②。

1951年3月28日，全国组织工作会议在北京召开。刘少奇在会议上提出了对共产党员标准的八项条件。会议通过了《关于整顿党的基层组织的决议》，之后开始了三年左右的整党运动。1951年主要是集中力量从思想上、人员上做好有关整党的各项准备工作，第二年1952年和第三年即1953年逐步完成党的基层组织的整顿工作。根据安子文1952年12月的报告，在农村整党的组织处理中，从典型试验的结果看，出党人数一般占党员总数的10%左右。在出党人数中，被开除党籍的大约占三分之一，经过教育自认不够党员条件而愿意退党的占三分之一，消极落后、丧失作为一个党员的积极性而被劝告出党的也占三分之一。在整党过程中受劝告、警

---

① 张明楚主编．中国共产党基层组织建设史1921—2016第2版修订本［M］．福州：福建人民出版社，2017，第154—155页．

② 张明楚主编．中国共产党基层组织建设史1921—2016第2版修订本［M］．福州：福建人民出版社，2017，第155页．

告、留党察看处分的一般在5%左右。总体上受纪律处分的占党员总数的15%到20%①。在整党同时，也针对农村中经过土改斗争考验的、最优秀的农村干部与积极分子，将他们吸收入党。

在新中国成立后，广大的农村地区面临着农业的社会主义改造的重要任务，这就需要农村基层党组织的领导和组织广大农民群众来实现，这也促进了农村基层党组织的发展。截至1953年年底，农村党员达到400万人，同时在全国农村的17万个乡（全国共22万个乡）中建立了基层党组织②。农村基层党组织的中心工作就是土地改革运动，实现耕者有其田的重要目标，并通过农户间的互助合作，恢复农业生产，稳定农村社会秩序，逐步实现对农业的社会主义改造。

针对农村基层党组织中的不平衡发展、部分党员共产主义觉悟不高、农村基层党组织的民主制度建设不健全等问题，1954年11月8日，党中央组织部召开了第一次全国农村党组织工作会议，会议通过了马明方的《发展和巩固党在农村的基层组织，为实现对农业的社会主义改造而斗争》的报告，时任组织部部长邓小平根据会议讨论的情况，就过渡时期农村党的任务、发展和巩固党、坚持群众路线和县委领导等问题作了重要报告。会议明确了农村基层党组织的任务就是要在农村实现社会主义改造。党的组织发展要注意在未建立党组织的乡发展至少10名党员，并建立党的基层组织，要在贫农、国营农场、农机站职工、技术人员、农村学校教职员中发展一批党员。还要对农村中15%的落后支部进行整顿。会议提出农村基层党组织建设应将原来以区为单位的组织改为以乡为单位，在农业生产合作社建立党的小组，党员多的还可以成立党的分支部。会议还提出了农村基层党组织的民主制度建设，进行党员管理工作，建立批评与自我批评的民主生活制度，建立党课制度等经常性的教育制度，强调县区委加强对农村党支部的领导③。

1956年9月15日至27日，中国共产党第八次全国代表大会在北京召

---

① 安子文. 安子文组织工作文选［M］. 中共中央党校出版社，1988，第67页.

② 中共中央组织部、中共中央党史研究室、中央档案馆. 中国共产党组织史资料：第9卷［M］. 北京：中共党史出版社，2000，第269页.

③ 张明楚主编. 中国共产党基层组织建设史1921—2016第2版修订本［M］. 福州：福建人民出版社，2017，第169—174页.

开，这是中国共产党执政全国以来第一次全国代表大会，在中国共产党的历史上具有重要的意义。党的八大通过了修订后的《中国共产党章程》，统一采用了“党的基层组织”的提法，对党的基层组织的任务以及地位和作用等组织建设作出规定。

在取得了社会主义“三大改造”的胜利，第一个五年计划超额完成之后的“大跃进”时期，全国各地党组织也受到影响开展了党支部工作评比竞赛，并提出了评比的条件。如唐山就提出支部“五好的条件：即集体领导政治团结好，社会主义教育好，生产办社好，执行政策完成任务好，党群关系好”。各地具体提法不一，还提出了一些浮夸、空喊的口号，提出了一些烦琐的、抽象的、不切实际的评比要求，甚至对支部和党员进行分类排列等，产生了消极的影响①。

1958 年 8 月 17 日至 30 日，中共中央政治局在北戴河召开扩大会议，通过了《中共中央关于在农村建立人民公社问题的决议》，指出“人民公社是形势发展的必然趋势”②。在此之前农业合作化完成后，农村基层党组织设置一般是乡党委和社支部两级。而在人民公社建设时期，人民公社“三级所有、队为基础”的制度下，农村基层党组织的设置也发生相应的改变，公社设党委，生产大队设支部，生产小队设小组的三级设置。

1962 年 10 月 25 日，全国组织工作会议通过了《中国共产党农村基层组织工作条例试行草案》，提出了在农村中人民公社的基层党组织应摆脱行政事务，集中力量开展党的建设工作和群众的思想政治工作。农村基层党组织必须全面地执行党章规定的基层组织的任务，做好党员、干部的教育管理工作，做好群众的思想政治工作，领导好管理委员会、监察委员会和群众组织、民兵组织的工作③。通过这些工作，保证党在农村的各项任务的顺利实现。

1965 年 7 月 10 日，中央组织部会议讨论了农村党建问题。《关于加强

---

① 张明楚主编．中国共产党基层组织建设史 1921—2016 第 2 版修订本［M］．福州：福建人民出版社，2017，第 200—201 页．

② 中共中央文献研究室．建国以来重要文献选编：第 11 册［M］．北京：中央文献出版社，1995，第 446 页．

③ 张明楚主编．中国共产党基层组织建设史 1921—2016 第 2 版修订本［M］．福州：福建人民出版社，2017，第 217 页．

农村党的建设的三个问题的报告》提出了如何整顿党、农村党支部建设的问题。提出要在农村基层党组织中建立三个方面制度，即学习毛泽东著作的制度、建立联系群众的制度、建立批评和自我批评的制度①。三个制度建设的思想，体现了党对组织生活制度化的重视。

1966年“文化大革命”开始，“踢开党委闹革命”使得广大农村基层党组织普遍瘫痪。1975年邓小平主持中央工作，提出了全面整顿的任务，他在农村工作座谈会上提出，“整顿的核心是党的整顿。只要抓住整党的这个中心环节，各个方面整顿就不难……整党主要放在整顿各级领导班子上，农村包括公社、大队一级……领导班子整顿好了，党员的问题就容易解决了”“一个大队，一个公社，一个县，选好了一、二把手，整个领导班子就带起来了”②。邓小平的讲话精神，突出了党的领导班子建设、对党员的教育等问题。全面整顿工作使得全国各地不同程度地恢复了比较正常的秩序，生产建设活动出现了回升，农村基层党组织也得到了加强。

（二）社会主义革命和建设时期西南地区农村基层党组织建设的进一步探索

中华人民共和国的建立，结束了各西南地区群众受压迫的历史，形成了中华民族大团结共同发展的美好局面。由于历史遗留下来的西南地区的民族问题、国家安全问题等，党的首要任务是解决西南地区的民族团结、地区稳定和安全等问题。

中共中央认识到了当时西南地区的实际情况，即西南地区各族人民长期受到宗教的影响，同时各族人民也有着独特的生活习惯，因此建议在发展党员和建设党组织中，为了尊重各族人民的宗教信仰和生活习惯，允许党员不退出原先加入的宗教团体。在新中国成立后的一段时期，重点是发展西南地区党员干部、建立党支部。

党中央和中央人民政府于1950年分别向西部各省区派出慰问团，到西南地区进行访问和慰问，调查了解西南地区的社会情况，疏通群众关系，

---

① 安子文．安子文组织工作文选［M］．北京：中共中央党校出版社，1988，第229页．

② 邓小平．邓小平文选：第2卷［M］．北京：人民出版社，1994，第35—36页．

调解群众纠纷。为了加强西南地区的相关工作，从中央到地方建立了地方事务委员会、语言工作指导委员会等机构。云南省抽调大批干部组成工作队，派往滇西、滇南等边疆边远地区开展工作；制定了“团结、生产、进步”和“慎重稳进”的工作方针；通过做好事、交朋友、团结地方上层，发动群众，调解群众纠纷；组织西南地区参观团到内地参观；废除歧视侮辱西南地区的地名、族名；开展民族识别，使各民族的地位得到确认。在社会秩序安定、地方人民群众团结增强，生产活动有了恢复和发展，各地人民要求社会改革的情况下，根据各类地区的不同情况，分别采取一般地区、山区、缓冲区、和改区、直过区等五种不同做法，稳妥地完成了民主改革，废除了西南地区内存在的各种剥削制度。接着又根据西南地区的特点和生产情况，制定特殊政策措施，逐步开展农业合作化。其间，“大跃进”“文化大革命”对西南地区的团结和发展造成巨大的伤害。党组织进行拨乱反正，重新落实党的政策。西南地区圆满完成社会主义改造，分别由原始社会、奴隶制、封建领主制、封建地主经济等不同社会形态，过渡到社会主义初级阶段，这是史无前例的巨大解放和发展。

在社会主义革命和建设时期，在遵循政治上实现民族平等、人民当家作主的一贯政策的前提下，西南地区农村基层党组织建设得到初步发展。针对西南地区的特殊性，实施上层统战工作，培养西南地区干部并同时采用团结和平的平稳方略，促进西南地区发展。主要工作是通过开办各类地方性学校，大力培养西南地区干部。1949 年 11 月 14 日，毛泽东在致彭德怀、西北局的电报《关于大量吸收和培养少数民族干部的电报（节录）》中强调，应尽量多地采用训练班的形式对边远地区干部加强教育①。这一举措大大提升了西南地区党员干部的政治思想水平。在实际工作中让老党员干部进行传帮带式的辅导，强调西南地区干部应在党组织中占有一定比例；在各级领导班子中要有相应的西南地区领导干部，参与管理国家大事。这一系列的政策和做法推动了西南地区农村基层党组织建设。

① 中共新疆维吾尔自治区委员会组织部．中国共产党新疆维吾尔自治区组织史资料（1937—1987）［G］. 北京：中共党史出版社，1996，第 1263 页.

三、改革开放新时期（1978—2012）西南地区农村基层党组织建设全面调整发展

（一）改革开放新时期农村基层党组织建设的全面调整

1978年12月18日，中共十一届三中全会的召开，实现了中华人民共和国成立以来的伟大转折。这次会议使党和国家建设打破了长期以来“以阶级斗争为纲”的“左”倾思想束缚，标志着以经济建设为中心的改革开放新时期的开端。

在“党政军社一体”的人民公社体制下，农业生产经营管理过于集中，吃大锅饭的“平均主义”分配体制，严重地损害了农民的生产积极性，束缚农村农业生产力发展的问题十分突出。因此，中国经济体制改革就首先从农村地区开始了。以安徽凤阳小岗村为典型的一些地方开始自行试行包产到组、包产到户、包干到户的农业生产责任制。地方自发的农村生产责任改革，反映了农民要求改革的强烈愿望。同时改革的成效也是明显的，在生产中改进劳动组织方式和计酬方法，在分配中克服了平均主义倾向的弊端，较大程度地激发了农民生产积极性，发展了农村农业生产力①。1983年1号文件《当前农村经济政策的若干问题》颁发，标志着家庭联产承包责任制在农村经济改革中作为一项战略政策正式确立，是中国农村经济社会改革的重大事件。

农村经济体制改革，瓦解了人民公社，使生产大队、生产队等设置开始虚置，同时也促进了政社分设的组织体制改革。1983年10月12日，中共中央、国务院发出了《关于实行政社分开，建立乡政府的通知》，指出广大农村地区“政社合一”的体制已经不能适应农村经济发展，要求政社必须分开，在农村建立乡政府。在党的农村基层党组织建设方面，提出在乡层级建立党委，而经济生产单位则是根据群众的意愿建立。以改变党不管党、政不管政和政企不分的状况②。

---

① 中共中央文献研究室编．三中全会以来重要文献选编：上册［M］．北京：人民出版社，1982，第1063—1064页．

② 黄道霞，余展，王西玉主编．建国以来农业合作化史料汇编［M］．北京：中央党史出版社，1992，第1094页．

1986 年 2 月，中共中央组织部《关于调整和改进农村中党的基层组织设置的意见》指出，在行政村设置党的基层组织的同时，对乡办企业、村办企业、各类经济联合体、城镇工商个体户和务工人员、集体外出人员、分散外出人员等①的党组织建设和党员教育管理问题进行了相关规定。

1987 年 11 月 1 日，中国共产党第十三次全国代表大会通过《中国共产党章程部分条文修正案》，规定按乡镇、村两级设置农村基层党组织，党员三个以上即可以设立党组织。1988 年 11 月 18 日，中共中央组织《关于建立民主评议党员制度的意见》指出，民主评议党员要在党委领导下，以支部为单位进行，主要步骤包括学习教育、自我评价、民主评议、组织考察、表彰和处理。并提出民主评议党员要形成制度，每年进行一次②。民主评议党员制度是在新时期加强农村基层党组织建设的一项重要的探索与尝试，对农村基层党组织建设具有积极作用。

1989 年 8 月 28 日，中共中央政治局在北京举行全体会议，通过了《中共中央关于加强党的建设的通知》，提出了加强党的建设的八项任务，强调乡镇党委和村党支部在农村中的领导地位。要求农村基层党组织领导并支持基层政府和村委会工作，加强对农民群众的政治思想教育，带领农民群众积极发展经济，走共同富裕道路。同时要分期分批地整顿涣散、不作为的基层党组织，改变农村基层党组织的落后面貌③。

1989 年 10 月，中共中央政治局常委宋平指示中共中央组织部、中共中央政策研究室、民政部组成联合调查组，对部分省区的村级组织建设状况进行调查研究。发现和总结了各地一些经验：山东省莱西县以党支部为核心、搞好村级组织配套建设的经验，湖南省委在农村普遍进行社会主义思想教育的经验，辽宁省委在全省开展党群共同致富活动的经验，福建省民政厅开展村民自治示范活动的经验，湖北省江陵县妇联加强基层妇代会建设、活跃农村妇女工作的经验，福建省龙海团县委加强团的基层组织建

---

① 张明楚主编. 中国共产党基层组织建设史 1921—2016 第 2 版修订本 [M]. 福州：福建人民出版社，2017，第 282—283 页.

② 中共中央文献研究室编. 十三大以来重要文献选编：上册 [M]. 北京：人民出版社，1991，第 358—359 页.

③ 张明楚主编. 中国共产党基层组织建设史 1921—2016 第 2 版修订本 [M]. 福州：福建人民出版社，2017，第 301 页.

设的经验，山东省平邑县九间棚村党支部、江西省瑞金县柏坑村党支部自力更生带领群众共同致富的经验等等①。1990 年 8 月，宋平在全国村级组织建设工作座谈会上作了《努力增强以党支部为核心的村级组织的凝聚力和战斗力》的讲话，指出加强党支部建设的关键是建设一个好的领导班子，尤其是要有一个好的支部书记。党支部要把发动和组织群众深化农村改革，发展商品生产，壮大农村经济，走共同富裕的道路，作为中心任务来抓。强调村民自治是党领导下的自治，党支部要加强对村委会工作的领导和支持。强调要在党委的领导下，各方协力合作，共建社会主义新农村。

1992 年 10 月 12 日至 18 日，党的十四大在北京召开，作出了建立社会主义市场经济体制的重要决策。发展社会主义市场经济，进一步解放和发展生产力，标志着我国的改革开放进入了一个崭新的阶段。为加强党的自身建设，1994 年 9 月中共十四届四中全会通过了《中共中央关于加强党的建设几个重大问题的决定》，将党的思想建设、组织建设和作风建设作为党的建设的重要内容②。《决定》就加强和改进农村党的基层组织建设，充分发挥其核心领导作用做出了具体要求。一是以县委为关键的责任制建设③；二是乡镇党委和村支部建设的总体要求和任务；三是要将村支部建设作为重点，明确村支部建设的工作方向为“一个班子、一条路子、一个阵地、一套制度”。④ 同时指出要对农村基层党组织中落后的、软弱涣散的和瘫痪的党支部，进行整顿好领导班子的工作，解决存在的突出问题。1994 年 10 月，全国农村基层组织建设工作会议在北京召开，胡锦涛提出了农村党组织建设的“五个好”目标⑤。之后中央发出《关于加强农村基

---

① 张明楚主编. 中国共产党基层组织建设史 1921—2016 第 2 版修订本［M］. 福州：福建人民出版社，2017，第 344 页.

② 中共中央文献研究室编. 十四大以来重要文献选编：中册［M］. 北京：人民出版社，1997，第 965 页.

③ 中共中央文献研究室编. 十四大以来重要文献选编：中册［M］. 北京：人民出版社，1997，第 967 页.

④ 张明楚主编. 中国共产党基层组织建设史 1921—2016 第 2 版修订本［M］. 福州：福建人民出版社，2017，第 306 页.

⑤ 中共中央文献研究室编. 十四大以来重要文献选编：中册［M］. 北京：人民出版社，1997，第 1010 页.

层组织建设的通知》，要求各地根据具体情况按照“五个好”的目标，加强农村基层党组织建设，整顿软弱涣散和瘫痪状态的村党支部①。

1999 年 2 月，《中国共产党农村基层组织工作条例》颁发实施，对农村基层党组织作出了界定，规定了其地位和作用、指导思想和指导方针，同时对其设置、职责、工作任务、干部队伍、党员队伍建设等做了规定②，为农村基层党组织建设提供了制度保障。

1994 年中共十四届四中全会通过的《中共中央关于加强党的建设几个重大问题的决定》，还提出了“两新”组织党建工作的概念③。虽然“两新”组织在江苏、浙江、上海、广东、北京等地区都迅速发展起来，“两新”组织在这些地区中的农村发展速度也很快，但是“两新”组织的党建工作明显滞后，是党的基层组织建设最薄弱的部分。一是党的组织建设空白点多，大部分“两新”组织没有党的组织。据统计，1998 年年底，上海私营企业有党组织的仅占 0.43%，外商独资企业建立党组织的占 3.35%。截至 1999 年年底，全国私营企业中建立党组织的仅占 1.5%。截止至 2000 年，广东省直属社会团体 212 个，建有党组织的仅有 12 个，市属社会团体 7301 个，建有党组织的仅有 97 个。二是党员数量偏少，不仅党员在“两新”组织员工中所占比例较低，而且党员的分布也极不均衡。党员在非公有制企业中占比非常低。三是已建立的党组织不够巩固，存在有组织无活动的问题，未能发挥应有的作用。④

2000 年 7 月 21 日中共中央组织部印发了《关于加强社会团体党的建设工作的意见》，9 月 13 日又印发了《关于在个体和私营等非公有制经济组织中加强党的建设工作的意见（试行）》，加强在“两新”组织中党的建设工作力度。要求：一是针对“两新”组织的特点，按照有利于党的领导，有利于党组织和党员发挥作用，有利于“两新”组织运作的

---

① 张明楚主编. 中国共产党基层组织建设史 1921—2016 第 2 版修订本 [M]. 福州：福建人民出版社，2017，第 353 页.

② 张明楚主编. 中国共产党基层组织建设史 1921—2016 第 2 版修订本 [M]. 福州：福建人民出版社，2017，第 353—355 页.

③ 中共中央文献研究室编. 十四大以来重要文献选编（中册）[M]. 北京：人民出版社，1997，第 966 页.

④ 张明楚主编. 中国共产党基层组织建设史 1921—2016 第 2 版修订本 [M]. 福州：福建人民出版社，2017，第 353 页，第 358—359 页.

原则，各地积极探索，并采取多种建设模式，科学合理地设置“两新”组织中的党组织。如独立式、联合式、挂靠式、派入式、统建式等。二是探索多种渠道，在“两新”中渗透，扩大党建工作覆盖面。依法建立“工青妇”等群众组织，选派联络员上门开展党的工作，聚合条块优势形成党建合力，等等。三是理顺管理体制，实行多元化的管理模式。如属地管理、行业管理、协会管理、属条管理、园区管理、部门管理、挂靠管理等，一般以属地管理和行业管理为主。四是探索适合“两新”组织特点的党建工作方法。围绕“两新”组织的中心工作，找准党建工作与生产经营、业务活动的结合点；结合企业文化和精神文明建设开展党建工作；以分散、小型、业余为主，搞活形式，讲求实效，使之受到党员和广大职工的欢迎，为企业所有者、经营者所理解和支持。五是发挥党组织的政治核心作用。社会团体党组织要参与社会团体重大问题决策而发挥政治核心作用。在非公有制经济组织中，则是在企业职工中发挥政治核心作用，保证党的基本路线和各项方针政策、法律法规的贯彻执行，团结、教育、引导职工推动企业持续、健康发展，保证非公有制经济组织依法履行各项社会职能①。

2002 年 11 月 8 日，党的十六大在北京召开，大会通过了《关于〈中国共产党章程（修正案）〉的决议》。党的十六大党章新增加了认真学习“三个代表”重要思想的任务，修改和调整了党的基层组织的基本任务。根据农村地区发展的实际情况，将村党支部改为村党组织。2004 年 11 月 7 日，党中央下发了《关于在全党开展以实践“三个代表”重要思想为主要内容的保持共产党员先进性教育活动的意见》，要求村级党组织、乡村内的企事业单位、农村中小学校等党组织都要进行先进性教育活动。主要在于对农村基层党组织的建设和整顿力度，创新农村基层党组织设置形式，积极探索流动党员教育管理工作方法。

2005 年 10 月 8 日至 11 日，中共十六届五中全会在北京召开，制定了“十一五规划”，明确提出要建设社会主义新农村。温家宝指出，实现全面建设小康目标的难点和关键在农村，建设社会主义新农村，体现

① 张明楚主编．中国共产党基层组织建设史 1921—2016 第 2 版修订本［M］．福州：福建人民出版社，2017，第 353 页，第 363—368 页．

了农村全面发展的要求。“建设社会主义新农村的目标和要求，可以概括为：生产发展、生活宽裕、乡风文明、村容整洁、管理民主。这二十个字，内容丰富，涵义深刻，全面体现了新形势下农村经济、政治、文化和社会发展的要求。”① 胡锦涛在大会上从战略和全局的高度，对为什么要建设社会主义新农村、怎样建设社会主义新农村作了深刻论述。他指出，“建设社会主义新农村，是统筹城乡发展的重大战略决策。农业、农村、农民问题，是决定全面建设小康社会进程的关键问题，也是关系党和国家工作全局的根本性问题，农业丰则基础强，农民富则国家盛，农村稳则社会安。历史经验表明，‘三农’问题解决好了，经济社会发展就能赢得主动，反之就会出波折”②。12 月 31 日，中共中央、国务院发出了《关于推进社会主义新农村建设的若干意见》。《意见》指出，近年来，中央和地方围绕统筹城乡发展重要方略，采取了一系列重要的支农惠农政策。2004 年实行了“两减免、三补贴”政策，即减免农业税，取消农业特产税，给农民发放种粮直接补贴、农机补贴和良种补贴，使农民直接获得 451 亿元的实惠。并宣布在 5 年内取消农业税。这些政策措施已取得了初步成效，但是长期形成的工农关系失调、城乡关系失衡的机制尚未根本改变，农业基础脆弱、农村发展滞后、农民增收缓慢的问题依然突出。2006 年 2 月，回良玉在省部级主要领导干部专题研究讨班上讲话指出，城乡差距体现为“六个巨大反差”：一是城乡居民收入和消费水平存在巨大反差；二是城乡社会事业发展存在巨大反差；三是城乡基础设施和面貌存在巨大反差；四是城乡财政支出存在巨大反差；五是城乡信贷存在巨大反差；六是城乡投资存在巨大反差。实现城乡统筹发展，不仅非常必要，而且基本条件已经具备，切实可行。经过改革开放后的发展，国家经济实力、综合国力显著提高，总体上已经进入工业化中期阶段。从发达国家的经验来看，人均 GDP 达到 1000 美元，农业占国内生产总值的 15%，即可实行以工补农、以城带乡的方针。2005 年我国人均 GDP 已经达到 1700 美元，农业占国内生产总值的比重已经

① 中共中央文献研究室编．十六大以来重要文献选编：中册［M］. 北京：中央文献出版社，2006，第 1050 页.

② 中共中央文献研究室编．十六大以来重要文献选编：中册［M］. 北京：中央文献出版社，2006，第 1092 页.

下降到 12.4%，表明国家公共财政扶持农业农村发展的实力增强。[①] 在这样的背景下，中央提出了建设社会主义新农村的重要任务。推进社会主义新农村建设，对农村基层党组织建设也提出了新的要求[②]。包括在农村广泛开展先进性教育、解决农村基层组织中的缺钱缺人等突出问题、组织阵地建设和“三级联创”活动等[③]。

2006 年 10 月 8 日至 11 日，中共十六届六中全会在北京举行，会议通过了《中共中央关于构建社会主义和谐社会若干重大问题的决定》，指出了构建社会主义和谐社会，关键在党，重心在基层。对党的基层组织提出了加强党的基层组织建设、深入做好党的群众工作、大力加强基层政权建设、加强基层干部队伍建设四个方面的要求。2012 年 5 月 21 日至 22 日，全国创先争优理论研讨会在北京召开，习近平总书记在会议上强调了党的先进性和纯洁性对于党的工作的重要性，认为创先争优活动是在新的形势下保持党的先进性和纯洁性的一次有益探索。这也为党的基层组织建设提供了新的经验和重要指引。

（二）改革开放新时期西南地区农村基层党组织建设的全面调整发展

改革开放新时期在全国范围内推进农村基层党组织建设调整，也包括了在西南地区推进农村基层党组织建设。除此之外，党中央对于西南地区等艰苦边远地区的重视和支持还特别提出了一些专门政策。针对艰苦边远地区人才相对匮乏的状况，《人事部、财政部关于印发〈完善艰苦边远地区津贴制度实施方案〉的通知》（国人部发〔2006〕61 号），鼓励高校毕业生、退役军人等到艰苦边远地区工作，为边远地区提供充足的优秀人力资源。具体包含农村义务教育阶段学校教师特设岗位计划〔《教育部、财

---

① 张明楚主编. 中国共产党基层组织建设史 1921—2016 第 2 版修订本 [M]. 福州：福建人民出版社，2017，第 396—400 页.

② 中共中央、国务院关于推进社会主义新农村建设的若干意见 [N]. 人民日报，2006 年 2 月 22 日.

③ 贺国强. 大力推进农村基层组织建设 为建设社会主义新农村提供坚强组织保证 [J]. 求是，2006 年第 7 期 . 转自张明楚主编 . 中国共产党基层组织建设史 1921—2016 第 2 版修订本 [M]. 福州：福建人民出版社，2017，第 401 页.

政部、原人事部、中央编办关于实施农村义务教育阶段学校教师特设岗位计划的通知》(教师〔2006〕2 号)〕、选聘高校毕业生到村任职〔中组部、教育部、财政部、人力资源和社会保障部出台了《关于印发〈关于选聘高校毕业生到村任职工作的意见(试行)〉的通知》(组通字〔2008〕18 号)〕、"三支一扶"计划〔中组部、原人事部等八部门下发《关于组织开展高校毕业生到农村基层从事支教、支农、支医和扶贫工作的通知》(国人部发〔2006〕16 号)〕以及大学生志愿服务西部计划等政策。

针对西南地区等艰苦边远地区发展相对落后,与其他地区差距更加明显的情况,党中央在 2005 年出台了《中共中央国务院关于进一步加强民族工作 加快少数民族和民族地区经济社会发展的决定》《国家民委、国家发展改革委、财政部、中国人民银行、国务院扶贫办关于印发〈扶持人口较少民族发展规划(2005—2010 年)〉》等政策文件。强调艰苦边远地区人民群众共同团结奋斗、共同繁荣发展,要将全国人民的智慧和力量凝聚到全面建设小康社会中来。只有快速发展才是解决西南地区等艰苦边远地区社会问题的根本途径,要把更快更好地促进艰苦边远地区的经济社会发展摆在首要的战略地位上,进一步完善扶持艰苦边远地区发展政策体系,加大扶贫开发力度,使艰苦边远地区同全国各地共同繁荣。同时培养地区干部和其他各类人才是做好民族工作的关键。加强艰苦边远地区地区党员干部培养,加强艰苦边远地区党的组织建设,是党领导艰苦边远地区发展的重要关键,是促进构建社会主义和谐社会的重要保证①。

《国家民委、国家发展改革委、财政部、中国人民银行、国务院扶贫办关于印发〈扶持人口较少民族发展规划(2005—2010 年)〉》主要针对内蒙古、新疆、贵州、云南、西藏、甘肃、青海等 10 个省区 238 个乡镇、640 个行政村的艰苦边远地区进行帮扶。这些地区主要在西部偏远山区,生产生活条件差,贫困问题严重,社会事业发展严重滞后。《规划》提出采取特殊的政策,加大工作力度和资金投入力度,解决艰苦边远地区的基础设施、生产生活困难、解决贫困人口的温饱问题等,重点加强人畜饮

① 江西日报. 中共中央政治局召开会议研究和部署进一步加强民族工作 加快少数民族和西南地区经济社会发展[EB/OL]. 新浪网. http://www.sina.com.cn 2005 年 06 月 01 日.

水、交通、通电、广播电视电话、安居工程、基本农田草场建设等基础设施建设项目，改善生产生活条件。① 2009年国家民委一项工作汇报中提到，《规划》实施后，西南地区等艰苦边远地区农村的基础设施建设得到加强，群众生产生活条件明显改善；产业结构有所调整，群众收入逐年增加；改善了民生，促进了社会和谐进步；培养了基层干部和各类人才，劳动者素质不断提高。同时各地也都加强了基层干部和人才的培养培训工作②。

总的来说，在改革开放新时期西南地区农村基层党组织建设中，坚持以马克思主义理论为指导，围绕西南地区基层工作的中心任务，促进西南地区经济又快又好发展，坚持和充分发挥区域自治制度的优越性，使地方群众团结和谐，推动当地特色文化大发展大繁荣，加快发展西南地区教育事业，建设一支宏大的西南地区党员干部人才队伍，形成了西南地区发展新思想新观点新论断，创新了西南地区工作体制机制和方式方法③。

四、党的十八大以来新时代（2012—）西南地区农村基层党组织建设质量提升发展

（一）党的十八大以来新时代农村基层党组织建设的质量提升发展

2012年11月召开的党的十八大，首次提出了“加强基层服务型党组织建设”④，旨在全面提升基层党组织建的质量。加强基层服务型党组织建设，是党中央夯实党的执政基础，推动基层党组织建设创新发展的重要部

① 中国民族文学网.《扶持人口较少民族发展规划（2005—2010年）》要点［EB/OL］. 中国社会科学网. http://cel. cssn. cn/mzwxbk/mzzc/200610/t20061012_2765426. shtml2006年10月12日.

② 国家民族事务委员会. 扶持人口较少民族发展规划情况综述［EB/OL］. 中央政府门户网站. http://www. gov. cn/gzdt/2009-07/14/content_1364940. htm2009年7月14日.

③ 国家民族事务委员会. 科学发展的崭新篇章 十六大到十八大的民族工作［M］. 北京：民族出版社，2012，第2页.

④ 中共中央文献研究室编. 十八大以来重要文献选编：上册［M］. 北京：中央文献出版社，2014，第42页.

署。党中央多次强调农村基层党组织在农村工作中的战斗堡垒作用，为全面深化农村改革和经济社会发展作出重大贡献。

2014年1月25日，中共中央印发了《关于加强基层服务型党组织建设的意见》，提出要建设基层服务型党组织①。基层党组织建设的“五个服务”要求即服务改革、服务发展、服务民生、服务群众、服务党员。基层服务型党组织建设，核心是服务，要求基层党组织功能定位、工作理念、工作重心、重点任务、检验标准紧紧与服务的主题相联系；根本是服务群众，要把服务群众放在首位，要把服务群众落到实处，衡量基层党组织的标准就是要看服务群众、做群众工作的实效，群众满意不满意②。加强基层服务型党组织建设的重点在于“功能转换”，即从以“行政管理”为中心的党组织转化为以提供服务为中心的“服务型党组织建设”，这既是基层党组织适应环境变化的结果，也是基层党组织建设获得新的发展的起点③。

党的十八大以来，党中央推动全面从严治党向基层延伸。习近平总书记多次强调要“全面从严治党”，他指出，“新形势下，我们党面临着许多严峻挑战，党内存在着许多亟待解决的问题。尤其是一些党员干部中发生的贪污腐败、脱离群众、形式主义、官僚主义等问题，必须下大气力解决。”④ 坚决惩治腐败，是以习近平同志为核心的党中央全面从严治党的重要抓手和重要工作。发生在农民群众身边的腐败问题，是广大农民群众的切肤之痛。习近平总书记强调，要坚持“老虎”“苍蝇”一起打，既要坚决查处领导干部违纪违法案件，又应切实解决发生在群众身边的不正之风和腐败问题。⑤ 近些年来，国家出台了一系列惠农政策，面向农村的资金资源越来越多，然而对这些惠农资金资源的中途截留、侵占骗取等现象在各地屡见不鲜，使得惠农政策“走了样”“变了味”。村干部群体成了权力

---

① 中共中央关于加强基层服务型党组织建设的意见［N］. 人民日报，2014年5月29日.

② 张明楚主编. 中国共产党基层组织建设史1921—2016第2版修订本［M］. 福州：福建人民出版社，2017，第431页.

③ 王同昌著. 新时期农村基层党组织建设研究［M］. 合肥：合肥工业大学出版社，2015，第33页.

④ 习近平. 习近平谈治国理政［M］. 北京：外文出版社，2014，第4—5页.

⑤ 习近平. 习近平谈治国理政［M］. 北京：外文出版社，2014，第388页.

寻租、贪污腐败的重灾区，整治农村基层贪腐成为农村工作中的重要工作。有数据统计，截止至 2015 年 8 月，广东省立案查处农村基层党员、干部违纪违法问题 3550 件，给予党纪政纪处分 1796 人，移送司法机关处理 249 人。山西太原市晋源区有 95 个村子，80%至 90%的腐败问题都出在农村。① 2015 年 10 月，中共中央正式印发新修订的《中国共产党廉洁自律准则》和《中国共产党纪律处分条例》，是全党建设和党员教育管理，从严治党的制度化建设的重大实践。

早在 2013 年 11 月，习近平总书记到湖南湘西考察时首次作出了“实事求是、因地制宜、分类指导、精准扶贫”的重要指示。之后党中央制订了精准扶贫工作模式的顶层设计，逐步形成了中国共产党“精准扶贫”的重要思想和理念。2015 年 11 月 29 日，中共中央、国务院发布了《关于打赢脱贫攻坚战的决定》，提出要“抓好以村党组织为领导核心的村级组织配套建设，集中整顿软弱涣散村党组织，提高贫困村党组织的创造力、凝聚力、战斗力”②。习近平总书记在 2015 年中央扶贫开发工作会议上曾指出，“‘帮钱帮物，不如帮助建个好支部’，要把夯实农村基层党组织同脱贫攻坚有机结合起来。”③

为从根本上解决部分党员存在思想作风问题，增强党员的“四个意识”，保持发展党的先进性和纯洁性，2016 年 2 月，中共中央制定了《关于在全体党员中开展“学党章党规、学系列讲话，做合格党员”学习教育方案》，在全国范围内全体党员中开展“两学一做”活动。通过学习教育活动向农村基层党组织延伸，广大农村党员干部的政治自觉达到新的高度，四个意识明显增强，规范基层组织生活，有效解决确实存在的一些问题。

2017 年，习近平总书记在深度贫困地区脱贫攻坚座谈会上指出：“要把夯实农村基层党组织同脱贫攻坚有机结合起来，选好一把手、配强领导

---

① 张明楚主编. 中国共产党基层组织建设史 1921—2016 第 2 版修订本［M］. 福州：福建人民出版社，2017，第 482 页.

② 中共中央文献研究室. 十八大以来重要文献选编：下［M］. 北京：中央文献出版社，2018，第 69—70 页.

③ 中共中央文献研究室. 十八大以来重要文献选编：下［M］. 北京：中央文献出版社，2018，第 47—48 页.

班子，特别是要下决心解决软弱涣散基层班子的问题，发挥好村党组织在脱贫攻坚中的战斗堡垒作用”①。2017 年 10 月 18 日，党的十九大在北京召开，习近平总书记在大会上作了《决胜全面建成小康社会夺取新时代中国特色社会主义伟大胜利》的报告，进一步强调，“要以提升组织力为重点，突出政治功能，把农村等基层党组织建设成为宣传党的主张、贯彻党的决定、领导基层治理、团结动员群众、推动改革发展的坚强战斗堡垒”②。

2018 年，《中共中央、国务院关于实施乡村振兴战略的意见》《乡村振兴战略规划（2018—2022 年）》均强调农村基层党组织在农村工作中的核心领导地位，要求其加强对乡村振兴的全面领导③。同年，中共中央发出《关于打赢脱贫攻坚战三年行动的指导意见》，强调要对贫困村党组织加强建设，只有提升其组织力，才能真正有效在脱贫攻坚发挥重要作用④。

2019 年 1 月中共中央印发了《中国共产党农村基层组织工作条例》，强调党在农村的基层组织，是党在农村全部工作和战斗力的基础，全面领导乡镇、村的各类组织和各项工作。强调党的农村基层组织要以提升组织力为重点，突出政治功能，成为党在农村地区的坚强战斗堡垒。《条例》对农村基层党组织设置，尤其是农村经济组织、社会组织等组织中成立党组织的相关规定。明确了农村基层党组织的职责和任务。从经济建设、精神文明建设、乡村治理方面明确了农村基层党组织的任务，提出了加强农村基层党组织领导班子和干部队伍建设、加强党员队伍建设的明确要求。⑤2019 年 8 月 19 日，中共中央颁布了《中国共产党农村工作条例》，提出要以实施乡村振兴战略为总抓手，加强党对农村工作的领导，完善党在农村的组织建设、制度建设，将农村基层党组织建设成为推进农村现代化的重

---

① 习近平. 习近平谈治国理政：第 2 卷［M］. 北京：外文出版社，2017，第 91 页.

② 习近平. 决胜全面建成小康社会夺取新时代中国特色社会主义伟大胜利［N］. 人民日报，2017 年 10 月 28 日.

③ 中共中央党史和文献研究院. 十九大以来重要文献选编：上［M］. 北京：中央文献出版社，2019，第 167 页.

④ 中共中央党史和文献研究院. 十九大以来重要文献选编：上［M］. 北京：中央文献出版社，2019，第 500 页.

⑤ 中共中央. 中国共产党农村基层党组织工作条例［N］. 北京：人民出版社，2019，第 1—8 页.

要领导力量①。

总的来看，党的十八大以来农村基层党组织建设在习近平新时代中国特色社会主义思想的指导下，加强了体系化建设，发挥领导作用的制度体系更加完善，功能定位更加呈现整体性，领导干部发挥模范带头作用的制度保障体系逐步完善，党风廉政建设逐步走向制度化。

（二）党的十八大以来新时代西南地区农村基层党组织建设的质量提升发展

发展是第一要务，加快西南地区农村发展是使西南地区摆脱贫困，解决地区发展不平衡、城乡发展不平衡的重要方法。习近平总书记曾指出，增强民族团结的核心问题，就是要积极创造条件，千方百计加快少数民族和民族地区经济社会发展，促进各民族共同繁荣发展。加快民族地区经济社会全面发展，是促进中华民族紧密团结的重要路径。贫困问题、地区之间发展差距等问题在西南地区依然比较突出，西南地区农村依然是我国经济社会发展的重点、难点和实现全面乡村振兴和现代化发展的“短板”。坚持党在西南地区农村工作中的领导，对西南地区农村基层党组织和干部队伍建设提出了要求。习近平总书记在新疆调研时强调，要重视民族地区干部的培养，要大胆任用拥护党的事业、立场坚定的优秀地方干部，让他们能够成为民族地区现代化事业的重要领导力量②。

2013 年 11 月，习近平总书记在湖南省湘西土家族苗族自治州调研时，同村干部、村民代表等围坐在一起，拉家常、话实情、议发展，指出加快农村地区发展，核心是加快农村地区全面建成小康社会步伐，并提出了“精准扶贫”的重要思想，拉开了在全国范围内尤其是西南等艰苦边远地区的“精准扶贫”工作的序幕，充分体现了以习近平同志为核心的党中央高度重视农村地区和人民全面实现小康、追求全国各族人民共同富裕的目标。

---

① 中共中央. 中国共产党农村工作条例［N］. 北京：中国法制出版社，2019，第 1、10 页.

② 新华社总编室. 治国理政新实践 习近平总书记重要活动通讯选 1［M］. 北京：新华出版社，2019，第 375 页.

打好扶贫攻坚战，西南地区等艰苦边远地区是主战场。西南地区要尽快地脱贫，党中央就必须给予西南地区和人民更多的帮助①。党中央明确意识到，解决西南等艰苦边远地区的经济文化发展问题，促进艰苦边远地区经济发展，增加人民群众的收入，走共同富裕之路，是铸牢中华民族共同体的重要工作内容。② 因此要在扶贫过程中，使艰苦边远地区人们的生产生活得到切实的改善和提升③。在脱贫攻坚的政策、策略、指导思想、总体目标、领导体制、运作机制、组织措施、具体要求、专项资金、工作方法等都明确落实的条件下，就需要各级党组织，尤其是艰苦边远地区地区农村基层党组织要把各项政策落实到广大艰苦边远地区的经济社会发展中去。

“绿水青山就是金山银山”，习近平总书记这一经典论述表达了我们党大力推进生态文明建设的鲜明态度和坚定决心。习近平总书记在分析西部地区发展时指出，西部地区的许多地区是我国重要的生态屏障。较为边远落后的山区和边疆地区，大部分都是山清水秀、生态环境极为优美的地区，是我国大江大河的孕育地，但也有不少地方生态环境极为脆弱，受人为活动影响强烈，生态退化明显。为此，实现持续科学和谐发展，走生态型经济之路，是西南地区摆脱贫困的必然选择④。

积极建立东西扶贫协作、对口支援体制机制，是党的十八大以来党中央工作的又一项重要举措。2014 年，习近平总书记提出，要发挥好中央、发达地区、边远地区三个方面的积极性，对边疆地区、贫困地区、生态保护区实行差别化的区域政策，优化转移支付和对口支援体制机制，把政策动力和内生潜力有机结合起来。边远地区加快发展，最终仍需通过改革寻求动力和活力。西南地区与全国其他地区一样，都要深化投资体制改革，搞好和周边地区的互联互通，通过市场机制与沿海地区连接起来，实现优

① 习近平春节前夕赴甘肃看望各族干部群众[EB/OL]. http://www.zgdsw.org.cn/n/2013/0206/c218988-20447927.html. 2013 年 2 月 6 日.

② 习近平，摆脱贫困［M］. 福州：福建人民出版社，2014，第 115 页.

③ 中共十八届二中全会在京举行中央委员会总书记习近平作重要讲话［EB/OL］. http://www.zgdsw.org.cn/n/2013/0301/c218988-20642423.html. 2013 年 3 月 1 日.

④ 权丽华. 甘肃民族地区精准扶贫研究［M］. 北京：九州出版社，2018，第 64 页.

势互补、合作共赢、共同发展①。习近平总书记多次强调，“人心齐，泰山移”“全党全社会要继续共同努力，形成扶贫开发工作强大合力”②。西南地区扶贫工作需要社会合力在多个领域共同推动，是党的重要工作理论思想。

西南地区农村基层党组织建设有其独特性，必须坚持马克思主义基本理论与西南地区实际状况相结合，才能更好地做好这项重要工作，才能带领广大西南地区农村顺利完成脱贫攻坚③。2021 年 2 月 25 日，习近平总书记在全国脱贫攻坚总结表彰大会庄严宣告：“我国脱贫攻坚战取得了全面胜利。”实践证明，西南地区农村基层党组织建设必须围绕党在西南地区农村的中心任务开展工作，聚焦解决西南地区农村的社会主要矛盾，通过加强党的思想政治教育，使西南地区农村党员干部与中央在思想上、行动上都保持高度一致，自觉运用马克思主义思想、立场、方法，处理好西南地区农村各类实际问题，铸牢中华民族共同体意识，并促进共同富裕共同发展。因此，不断提高西南地区农村基层党组织建设质量，夯实西南地区农村党的组织基础，是有效解决西南地区发展问题的重要途径。

五、西南地区农村基层党组织建设的重要经验总结

（一）始终坚持党的领导是西南地区农村基层党组织建设的根本前提

西南地区农村基层党组织建设从新民主主义革命时期开始，就始终坚持党的领导的基本方针。尽管在中国共产党建党初期，并未明确提出相关的思想理论，但是在实际工作中发展了一大批西南地区党员干部，建立了一批西南地区农村支部，在西南地区农村广泛宣传党的思想，充分体现和

---

① 权丽华. 甘肃民族地区精准扶贫研究［M］. 北京：九州出版社，2018，第 65 页.

② 本刊编. 习近平在部分省区市党委主要负责同志座谈会上强调：谋划好“十三五”时期扶贫开发工作确保农村贫困人口到 2020 年如期脱贫［J］. 当代贵州，2015 第 8 期，第 2 页.

③ 李斌雄，兰培坤. 中国共产党在民族地区进行党的建设百年基本经验研究［J］. 贵州民族研究，2021 年第 6 期，第 29 页.

发挥了党在西南地区农村的政治引领功能。之后土地革命战争时期、抗日战争时期和解放战争时期，在西南地区农村发展党员和积极分子，逐步地建立西南地区农村基层党组织，充分发挥了党对西南地区农村的领导作用。新中国成立后在全国范围内逐步形成了“纵向到底、横向到边”的严密的党组织体系，西南地区农村的全部工作都始终在党的领导之下开展，农村基层党组织建设亦是如此。

（二）围绕党在不同时期的中心任务开展工作是西南地区农村基层党组织建设的基本方针

新民主主义革命时期，中国共产党的中心任务是推翻帝国主义、封建主义、官僚资本主义，争取国家独立和民族解放，为实现中华民族伟大复兴创造根本社会条件。在这一时期党在西南地区的影响还不够深入，西南地区农村基层党组织建设是发展西南地区积极分子和党员干部，积极团结西南地区的上层人士和公众领袖，为党在西南地区农村群众中赢得更广泛的支持和提升党的影响力。

社会主义革命和建设时期，中国共产党的中心任务是领导人民巩固政权，恢复和发展国民经济，建立符合我国国情的先进的社会主义制度，奠定国家发展的经济基础和制度基础，实现新民主主义到社会主义的转变。这一时期西南地区许多地方尚未解放，西南地区还存在着各种矛盾。党在西南地区农村的基层组织需要逐步建立，同时还需要了解西南地区的社会状况，调解地方矛盾，落实相关政策，完成西南地区的社会主义改造，维护西南地区农村社会生产秩序稳定。因此，在这一时期西南地区农村基层党组织建设在坚持平等、自治的政策前提下，采取上层统战工作、培养地方干部、采用团结和平的平稳方略，促进西南地区发展。

改革开放新时期，中国共产党的中心任务是推进社会现代化建设。针对西南地区发展相对落后的状况，促进西南地区农村经济社会发展是西南地区农村基层党组织建设的首要战略任务。加大扶贫开发力度，促进西南地区农村共同繁荣，这就需要培养地方干部和其他各类人才。围绕经济发展工作的中心任务，发挥政治制度优越性，建设一支宏大的西南地区党员干部人才队伍，创新思维和工作机制方法，推动西南地区经济、文化教育、社会的快速发展。

党的十八大以来，中国特色社会主义进入了新时代，中国共产党的中心任务转变为实现“两个一百年”奋斗目标，实现中华民族伟大复兴。党在西南地区农村主要聚焦解决发展不平衡不充分的社会主要矛盾。西南地区农村基层党组织建设围绕乡村振兴和现代化发展，坚持和谐发展和生态经济发展之路，通过加强党的思想政治教育，提升西南地区农村党员干部政治思想觉悟和水平，运用科学的方法解决西南地区农村发展中的各种实际问题，铸牢中华民族共同体意识，促进共同富裕。

（三）加强党员干部队伍建设是西南地区农村基层党组织建设的重点内容

从新民主主义革命时期开始，党组织建设就重视发展西南地区积极分子和党员，扩大中国共产党在西南地区农村的影响力。新中国成立后的社会主义建设各个时期和阶段，西南地区农村要实现社会主义改造、社会主义现代化建设，都离不开农村基层党员干部的落实和执行，因此西南地区农村基层党组织建设一直十分重视党员干部队伍建设。大力发展西南地区党员干部，加强西南地区党员干部培训是西南地区基层党组织建设的重要内容。党的十八大以来，针对农村地区出现的一些党员干部队伍年龄结构失衡、工作能力不足、责任意识淡薄等突出问题，党中央从思想政治教育和制度改革等方面入手，以党员干部队伍建设为抓手，提升西南地区农村基层组织的领导力、引领力、行动力和组织力。

（四）不断完善农村制度建设是西南地区农村基层党组织建设的重要保障

中国共产党一直十分重视党的组织制度建设，从最初委员会制的采用、民主集中制的确立，到现在制度治党，党的组织建设一直都伴有制度建设的保障。在西南地区农村基层党组织建设过程中，除《中国共产党章程》《共同纲领》《中国共产党农村基层组织工作条例》等制度外，还有一些专门针对西南地区等边远地区的制度建设，如土地革命时期的《关于川西南北边区少数民族工作决议案》、抗日战争时期的《关于抗战中蒙古族问题提纲》《告滇西父老书》《告滇西各土司电》、解放战争时期的《内蒙古自治政府施政纲领》《内蒙古自治政府暂行组织大纲》、社会主义革命和建设时期的《中共中央新疆分局关于建党中几个问题的规定》等等，以及关于西南地区等边远地区民族自治、党员干部吸引与发展、党员干部教育等各种制度。西南地区农村基层党组织建设的历史证明，制度建设既能增强基层党组织的领导作用，也能保障更好完成各项西南地区工作任务。

（五）坚持与民族工作相结合是西南地区农村基层党组织建设的基本方法

西南地区大多数是少数民族聚居区，中国共产党十分重视民族工作，在西南地区农村基层党组织建设中也始终坚持与民族工作相结合的方法。在新民主主义革命时期，西南地区农村基层党组织建设就是团结各少数民族力量才能最终获得国家独立和民族解放。在社会主义革命和建设时期，就是更好地解决了民族矛盾，落实好各项民族政策，才能完成西南地区农村的社会主义改造和实现西南地区农村社会政治稳定和发展。在改革开放新时期就是加大对西南地区的扶贫力度，落实扶贫政策，使得西南地区农村在经济发展和群众生活方面取得了迅速的进步。党的十八大以来，西南地区农村基层党组织建设强调铸牢中华民族共同体意识，促进西南地区农村共同富裕，在社会主义现代化建设进程中，不落下一个民族，向实现中华民族伟大复兴的目标前进。因此可以看出，坚持与民族工作相结合是西南地区农村基层党组织建设的基本方法。

第三章 西南地区农村基层党组织的中心任务与功能

党的十九大报告强调，要加强党的基层组织建设，以确保党的路线、方针、政策能够在广大基层的实践中得到贯彻落实①。其中就蕴涵着对基层党组织功能的要求，尤其是要突出其政治功能。随着党中央提出乡村振兴战略，再次强调要“加强农村基层党组织对乡村振兴的全面领导”“以农村基层党组织建设为主线，突出政治功能，提升组织力，把农村基层党组织建成宣传党的主张、贯彻党的决定、领导基层治理、团结动员群众、推动改革发展的坚强战斗堡垒”②。“全面领导”即是要对乡村振兴中所有的农村工作承担全面的功能，肩负全面的领导责任。在乡村振兴战略背景下，西南地区农村基层党组织的中心任务即是推进乡村振兴，这一中心任务决定了西南地区农村基层党组织在该时期的功能定位。随着社会环境的变迁，复杂环境系统影响着西南地区农村基层党组织的功能发挥。充分发挥西南地区农村基层党组织的功能的理论和逻辑是什么，需要我们认真去分析和思考。

一、政党与政党功能的理论论述

（一）政党的概念

1. 西方古典政治学对政党概念的界定

政党是现代世界各国普遍存在的政治现象，因此成为政治学中的重要

① 习近平．决胜全面建成小康社会 夺取新时代中国特色社会主义伟大胜利：在中国共产党第十九次全国代表大会上的报告［R］．新华社，2017年10月18日．

② 中共中央、国务院．乡村振兴战略规划（2018—2022年）［N］．新华社，2018年9月26日．

概念。由于各国政治体制和政党存在着差异，学者们对于政党的概念界定也各不相同。英美学者大多数都将政党界定为为选举而建立的政治组织。拉斯韦尔把政党定义为“在选举时以自己的名义提出候选人和问题的特殊化组织”①。《新时代百科全书》中对政党的定义是其中典型的定义，“政党是为争取选民投票支持它所提名的候选人而高度组织起来的集中统一的团体。”有的概念则更是直接暴露了西方政党的直接目标，即政党就是为了取得权力和控制政府而建立的政治组织。艾伦·韦尔在其名著《政党与政党制度》一书中，认为政党是集合民众以行使国家权力为目的的组织，寻求以合法手段追求其目标。当政党可以参与国家的竞选时，政党将会寻求参与之。政党是寻求代表多元的、广泛的社会利益的组织，是由持相似的信仰、态度和价值的人们组成的集团。②《大英百科全书》中将政党定义为“政党是政治体制内为取得和行使权力的目的而组织的集团”“谋求官职这个目标，在一切热衷于官职的政党中都占有主导地位”“政党是以取得国家权力为目标而基于共同的政策组织和动员国民、开展一切政治活动的持久性的政治团体”，这些概念，都将政党与权力、官职等联系在一起，充分表明了西方资本主义国家政党试图控制国家权力以谋求私利，维护资本集团利益的本质。

2. 马克思主义政治学对政党概念的界定

马克思主义政治学开辟了政党理论研究的新视野。马克思主义经典作家对政党的实质做了全面和深入的阐述。列宁指出，“阶级是由政党来领导的；政党通常是由最有威信、最有影响、最有经验、被选出担任最重要职务而被称为领袖的人们所组成的比较稳定的集团来主持的。这都是起码的常识”③“党是阶级的先进觉悟阶层，是阶级的先锋队”④。毛泽东在总结中国革命的历史经验的基础上提出：“没有一个按照马克思列宁主义的革命理论和革命风格建立起来的革命党，就不可能领导工人阶级和广大人

---

① 王浦劬. 政治学基础［M］. 北京：北京大学出版社，1995，第 264 页.

② ［英］艾伦·韦尔. 政党与政党制度［M］. 谢峰，译. 北京：北京大学出版社，2011，第 8—10 页.

③ 列宁. 列宁全集：第 39 卷［M］. 北京：人民出版社，1986，第 21 页.

④ 列宁. 列宁全集：第 24 卷［M］. 北京：人民出版社，1990，第 38 页.

民群众战胜帝国主义及其走狗”①。马克思主义经典作家的论述中，政党是一种政治组织，是特定的阶级的利益代表，有着特定的政治主张和纲领，并具有共同行动的能力②。中国学者从政治学角度对政党的概念进行过界定，如朱光磊认为，“所谓政党，就是代表特定的阶级或阶层，为实现这个阶级或阶层的政治主张和利益、意志，而采取共同的行动以期取得或参与政权的政治组织。社会属性、组织纪律、党员人数是构成政党的三大基本因素”③。周淑真指出，“政党，是一部分政治主张相同的人所结合的，以争取民众或控制政府的活动手段，以谋促进国家利益实现共同理想的有目标、有纪律的政治团体”④。概括起来，包括四个方面的内容：第一，政党具有一定的组织形式；第二，政党代表其所属的阶级；第三，政党成员拥有共同的价值追求；第四，政党有相异于其他社会组织的目标。根据政党政治的实际运行状况，综合以上各家之长，笔者认为，政党是代表一定阶级利益的、有着共同政治价值的部分公民，以获得公共权力为目标而组成的政治组织⑤。

马克思主义认为，政党是阶级组织，是阶级斗争的产物。这个观点表明了政党的特殊的政治历史现象。政党这个特殊的政治团体不是从来就有的，也不会永远存在。它是在一定的历史条件下产生，也将在一定的历史条件下消亡。许多资产阶级民主主义者认为，政党是代议民主制的产物，人们为争得选举的胜利而分别组织了政党。这明显只看到政党产生的表象，没能从本质上、根本上分析政党产生的原因。不可否认，政党是近代资本主义社会阶级斗争的产物，是资本主义社会提供了政党产生的基本物质条件和社会阶级基础的结果。资本主义社会的社会化大生产，提供了先进的交通、通信、宣传等手段，有效地促进了阶级意识的产生并得以强化。不同的阶级因与特定生产资料占有不同，其成员的社会经济地位和利益意识，将不同阶级成员整合在一起，形成了特定的阶级、阶层或社会集团。一定社会集

① 毛泽东. 毛泽东选集：第4卷［M］. 北京：人民出版社，1991，第1357页.

② 张宏伟. 政治学原理［M］. 沈阳：东北大学出版社，2017，第133页.

③ 朱光磊. 政治学概要［M］. 天津：天津人民出版社，2008，第333页.

④ 周淑真. 政党和政党制度比较研究［M］. 北京：人民出版社，2001，第6页.

⑤ 崔翔. 中国党在社会治理体制创新中的功能研究［M］. 北京：中国经济出版社，2018，第22页.

团中的积极、活跃、敏感的一部分人就分别组成了政党，以实现追求和实现其集团的使命和利益。同时政党是有组织、有纪律的组织。为了进行有效的政治活动，使政党的活动具有力量和产生影响力，政党通过组织纪律来约束政党的成员，以利于产生集体行动的力量。一般来说，政党的纪律越严格，就越具有战斗力。中国共产党与组织结构松散、纪律比较松弛的西方资产阶级政党不同，具有严密的组织和严格的纪律，建立在自愿、自觉基础上的组织纪律是无产阶级取得革命和建设胜利的基本保证。

恩格斯曾指出，一个政治纲领是一面公开树立起来的旗帜，而外界就是根据它来判断这个党。拥有政治纲领，是政党区别于其他社会团体的重要标志之一。政治纲领即是政见，是政治树立的政治目标，这是由其所代表的阶级、阶层和集团的特点和历史使命所决定的。西方资产阶级政党都代表着资产阶级的利益，但是不同西方资产阶级政党也存在着分歧，其分歧主要表现在对待王权以及集权和分权的观点不同。由此产生了不同政党，但是其本质都是维护资产阶级利益的。无产阶级政党的政治纲领非常明确，不仅表明自己的近期目的，而且也非常明确地提出了其共产主义的远大目标，也正是因为它提出了这种政治纲领，才使它拥有了更加广泛的群众基础。当然，一个政党的政治纲领不能只看它的党章上的条文，更要看它所实际执行的政策。比如一些西方政党宣称为工人和普通老百姓等贫苦人们争取权利和利益，从而试图获得贫苦老百姓选民的支持，但是它在竞选中获得胜利取得国家政权之后，并不能如其所宣传的那样真正维护群众的利益，从而会逐渐地失去社会底层群众的信任和支持。政党总是与政权密不可分。掌握国家政权是政党的主要目标之一。资产阶级政党掌握国家政权是为了帮助资产阶级与广大无产阶级争夺利益。而无产阶级政党也需要掌握国家政权以实现其政治纲领。它与资产阶级政党的轮流执政不同的是，它要推翻资本主义制度，建立无产阶级政权，并以此为基础实现共产主义的伟大政治目标。① 综合起来，政党是一种特殊的政治历史现象，它由一定的阶级、阶层和集团的一部分人组成，是有组织有纪律的组织，有自己明确的政治纲领，同时总是与政权密切联系。

---

① 张宏伟. 政治学原理［M］. 沈阳：东北大学出版社，2017，第133—135页.

（二）政党功能的概念

1. 政党功能概念的界定

功能是指某种事物所发挥的作用、影响或履行的职责。功能最初是生物学所使用的概念，表明生物体各组成部分对于生物体整体的作用，社会学家斯宾塞将功能的概念引入社会研究中，形成了社会研究的有机论，即强调社会和生物有机体相类似，社会中各个系统都承担着相应的功能和作用，共同维持着社会整体的有序运行。洛克是首先在政治学领域中提出功能概念的学者，他在分析分权理论时说，权力一旦走向专断，就能突破宪法和民主约束。政府的权力横向分为立法、行政和司法三大部门，任何人只能在其中一个部门任职。三个部门的人员由独立不同的方式在不同的时间和不同的范围内产生，具有不同的功能①。政治系统的功能体现在对其所处的外部环境的适应程度、良性互动和沟通能力②。互动、沟通、交流的能力是决定政治系统的功能的关键，越是能与外在环境有更为良好顺畅的沟通和互动，政治系统就更能展现出强大的功能。从功能发生过程的角度，可以将政治系统的功能界定为政治系统对于外部环境的影响和作用，以达到政治系统的目标。

2. 政党功能的划分

阿尔蒙德从系统、过程、政策三个层次考察政治系统的功能，他认为，系统层次的功能包括政治社会化、政治录用和政治沟通，过程层次的功能包括利益表达、利益整合和政策制定，政策层次的功能包括政策输出、政策结果和政策反馈等③。戴蒙德、冈瑟认为，自从 1960 年阿尔蒙德提出政党功能的划分，以及 1969 年金提出了更为关键的评估后，学者们对与民主政体中政党作用有关的政党潜在功能的范围形成了一致看法。这些包括公民的整合和

---

① 关保英主编．行政程序法思想宝库［M］．济南：山东人民出版社，2019，第 177 页．

② 秦国民．政治环境对政治系统的作用分析［J］．郑州大学学报（哲学社会科学版），2005 年第 4 期．转自赵大朋．城乡统筹背景下村级党组织功能转型问题研究［M］．上海：上海人民出版社，2017，第 36 页．

③ 赵大朋著．城乡统筹背景下村级党组织功能转型问题研究［M］．上海：上海人民出版社，2017，第 36 页．

动员，利益的表达和综合，公共政策的制定，政治领导人的录用。此外，还包括组建议会和政府的功能，特别是在议会民主制国家中，这是政党尤为重要的一项功能。在此基础上，戴蒙德将政党的各种功能归纳为代表性功能和制度性功能两类，前者表现为社会输入与分化，主要包括代表一定群体或阶层的利益、综合并表达利益以及通过政策制定保障其利益；后者表现为制度化的组织，主要包括录用为政治系统的人员、组建议会和政府等社会设置，以保证政治系统的程序性和制度化运行。从社会输入的角度看（也就是通过社会分化的动员和政治化），政党从政治上创建政体，通过政治性选择机制，如选举政党成员、政策制定等方式代表与表达特定群体的利益。反过来从制度化的角度看，应当根据制度的表现和协调能力看待政党的作用。政党塑造着这些制度，同时也被这些制度塑造着①。

谢方意认为，一定的政治结构必然产生一定的政治功能，作为政治主体的政党，本身具有一定的结构，就一定具有相应的功能。功能是政党的必备属性。但是谢方意并没有给出政党功能的明确的界定，认为政党的功能往往是泛指的，是对所有政党作用的基本价值指向和共性做出的规律性总结。并指出当代政党一般主要承担了利益的代表、制定政策、政治发展、政治稳定、政治协调等功能②。达尔顿和瓦滕博格等人认为，政党的功能包括选举中的功能、自身组织方面的功能和政府中的功能三个方面。其中选举中的功能主要在于对公民的政治社会化、动员社会成员认同和支持政党自身；自身组织方面的功能主要指吸收政党成员、通过争取议会和政府职位表达和实现所代表的团体或阶层的利益；政府中的功能主要指实现政党的政策目标以及确保政党对于政府的支配连续性。巴托里尼和梅尔将上述观点进行了进一步简化，将政党的功能归纳为代表性功能与程序性功能，前者包括利益的表达、整合，政策的制订等；后者包括政治领导的录用、议会和政府的组成等③。

---

① ［美］戴蒙德，冈瑟主编．政党与民主［M］．上海：上海人民出版社，2012，第355—356页．

② 谢方意编．党的现代化研究［M］．杭州：浙江工商大学出版社，2012，第135—137页．

③ 谢方意编．党的现代化研究［M］．杭州：浙江工商大学出版社，2012，第138页．

3. 政党功能的特点

赵大朋总结归纳了政党功能的几个特点。一是政党功能的双向性。即一方面政党作为功能主体影响着其所在的外部环境；另一方面政党在政策输出过程中，外部环境也在不断反作用于其自身的活动方式和组织结构，从而必须根据需要对自身以及自身的功能进行调整。因此可以根据政党功能作用向度不同将其称为外向功能和内外功能。二是政党功能的两面性。即政党功能的积极性和消极性两个方面。李普塞特认为政党是一种“冲突的力量和整合的工具”。政党有可能是冲突的力量，增强外部环境中各个系统的冲突，从而促进社会变革。政党也可能是整合的工具，极力促进外部环境中各个系统的协调和合作，从而维持社会的稳定。三是政党功能的整体性和层次性。政党组织并不是一个独立的单个整体，而是一个多层次的系统，这种多层次的系统是为应对多层次的复杂的外部环境而设置的。所以从整体角度来看，政党有着根本性的整体目标和功能；而从层次性的角度来看，各个层级的政党组织则在功能和目标上存在着差异。比如，党中央与农村基层党组织就存在着功能上的差异。四是政党功能的普遍性与特殊性。其特殊性是指由于外部环境不同、历史时期不同、政党组织性质不同以及在国家政治系统中的地位不同，不同的政党功能可能各不相同，具有各自的特殊性。普遍性则是指政党都具有纲领、指导思想、完备的组织系统框架、以谋求或参与国家权力为目标等自身内在的一致性，同时也普遍具有利益综合与表达、政治社会化、政治选拔和录用、政策主张和政策输出等一般性功能①。

（三）政党功能的实现过程

1. 政党系统的输入、输出与反馈过程

政党作为一种特殊的政治组织系统，具有谋求或参与国家政权的目标，同时具有明显的组织边界。政党的运行和存续需要从外部环境获取各种资源，这种资源的输入过程并不是无条件的。资源的输入是外部环境与政党组织沟通互动的结果，必然受到外部环境的制约。同时，政党

① 赵大朋. 城乡统筹背景下村级党组织功能转型问题研究［M］. 上海：上海人民出版社，2017，第37—39页.

组织也需要积极向外部环境输出各种活动产物，包括政策主张和具体政策。政党组织活动输出，主要在于达成自身的目标和完成使命，但这并不总是能顺利实现的，需要在外部环境中取得配合和认可。政策输出的实际效果，反映了外部环境对政党活动输出的认可程度，这就是政策反馈过程。为了获得更多的外部环境支持和资源输入，政党组织需要正确分析和把握外部环境的变化，通过政策反馈理解政党支持程度，从而对自身的目标、结构、运行机制进行不断调整，从而实现政党组织的生存和发展。

2. 政党的利益表达与利益综合

王长江指出政党是国家和社会的中介，“它一端连着民众，因为只有得到相当一部分民众的支持，政党才能生存和发展；另外一端连着国家、政府、权力，因为只有掌握权力，或对政府的运作施加影响，政党才有存在的价值”①。政党在运作过程中，都是围绕社会整合这个基本功能进行的。利益表达和利益综合即政党不断整合的过程，政策制定和政策实施则是对政治体系中的政策元素不断调整的过程，政治录用和政治社会化则是对政治组织资源和政治目标的整合过程。利益表达过程是政党通过严密的组织体系和特定的规范化运作，充分对社会成员进行动员和组织，对组织成员和其他社会成员产生影响，并将利益表达的目标指向政党组织的纲领。利益表达并不是简单的传达，而是对成员多元化的利益表达进行有效的整合。利益综合是对多元化利益进行分析，理性评价和选择的过程。并不是所有成员的利益表达都能成为政党的利益表达方向，而是有代表性的、合理的利益表达，在政党进行综合统一后，通过政党表达系统整体地表达出来。利益综合是利益表达的深化，利益综合体现了一个政党的能力和制度化发展水平。能够从许多杂乱无章的、感性化的成员自我表达中，将整体利益诉求梳理、提取出来，充分反映了政党的利益综合功能。利益综合的过程可以分为利益分析、利益评价和利益整合三个阶段。利益分析就是对社会各个方面的主体利益进行归纳、分类，然后就各类利益进行评价，找出对政党自身有利的利益诉求。利益整合，即政党通过自身对政策的影响力和支配力，实现评

① 王长江．政党现代化论［M］．杭州：浙江人民出版社，2004，第 39 页．

价后的重点利益①。利益综合功能表现出强烈的政治性和价值性导向，其都与政党的纲领有着紧密的联系。

政策制定、政策实施、政治录用、政治社会化是政党整合力量、汲取各种社会资源，并向社会输出自身价值理念、目标、提升自身政治形象和争取支持的过程，同时在这个过程中也实现了社会整合。政策制定和政策实施是政党功能实现的实践层面。在利益综合完成后，政策制定就以政党的整体的利益为导向，对具体的政策措施进行制定。政策制定是具有系统性、科学性的工作。为了统筹不同利益主体的诉求以及政策出台后各方面的反映，包括不满情绪的处理等，调查研究和科学规划都是必要的。政策是具有稳定性和确定性的，当然也应当具有一定的弹性，否则就会影响政策的权威性和实施效果。政策的目标不能随时发生变化，但是具体政策的内容是可根据不同的情况、环境的变化以及形势的变化，而不断调整的。政策制定完成后就是政策实施的过程。具体的社会环境是影响政策实施的重要制约因素。政策实施需要依赖政党的权威和合理科学配置的政策组织载体体系。政策实施过程是政党与社会民众直接互动的过程。政策如何具体落地，落实到被社会成员的利益影响的实践层面，这是个微观的作用过程。这个过程可能存在着满意赞同、也可能有不合作、不满意、反抗等情绪或表现，这些政策实施后的反馈，需要政党加以梳理分析，并进一步协调或者调整政策自身，达到稳定社会情绪的目的。政治录用是政策制定与实施的载体和关键。政党的活动与工作都需要人来操作和实现，将符合政党要求的人吸纳到党内，充实政党的组织，承担政党的各项工作和任务。政治录用过程，其实是一个政治选拔机制，是一整套规范严谨、紧密配合的人才遴选机制，以把政党的意图和目标通过选拔出来的人来贯彻执行。而政治社会化是政党社会政治功能的体现，保证社会成员认同政党政见，积极参与政治并使政党的政策能够顺利实施。政党的运作遵循特定的规律和模式，是向社会大众展示政治技巧，提供民主训练和进行政治教育的重要途径。政治社会化功能需要通过各个政党活动环节和过程得以实现。在利益表达、利益综合环节中，人们可以看到政党是到底是在维护谁的利

---

① 涂小雨．中国共产党新时期的社会整合机制［M］．郑州：河南人民出版社，2013，第19页．

益；在政策制定和政策实施环节中，人们可以看到政党是通过什么样的途径来维护它所号称的利益，以及是如何实现的；在政治录用环节中，人们可以看到政党到底是些什么样的人组成的①。

3. 政党系统与社会环境的互动

戴德蒙分析了西方现代社会环境对于政党功能作用的影响。他认为，西方现代社会中，政治整合变得日益困难、收效甚微，而且政治中介也日益被视为只有工具的合法性。在过去社会中，政党作为政治供给方一度支配着政治市场，而在现代社会中则完全改变了，逐渐变成需求方主导。这里的需求方即作为消费者的公民，消费社会的法则最终进入政治领域。竞争性的代理渠道开始对外开放，与此同时，"替代性"组织和运动的出现为公民参与政策制定进程提供了更为有效和令人满意的渠道。同时，通信革命迅速地给存在分歧的公众意见和政治话语画上了句号。伴随着个体化的增强，对每个公民来说，在政治中试图实现个人私欲和动机具有了合法性，这进一步地削弱了原本构成政治参基本框架的组织网络和集体认同，同时对新的身份认同（例如宗教、地区和种族）的需求和追求也日益增强。因此，公民开始获得一种明显的直接行动能力，似乎不必再依赖于政治中介。② 从这种分析来看，在现代社会的背景下，政党的社会根基将趋于衰弱。政党和公民关系正在发生着变化，公民不再关心什么政党会有什么样的政治纲领和政治主张，而是更加关心在什么条件下可以实现和满足自身的消费欲望。

政党功能的实现过程是政党活动与外部环境互动的过程，在这个过程不断对外部环境施加影响，并受到外部环境的反作用，从而不断调整自身结构和自身功能，以确保政党自身的存续，并保持甚至增强政党对外部环境的权威性和影响力。第一，利益代表是政党功能的基础和根本。马克思曾讲："人们奋斗所争取的一切，都同他们的利益有关"③。马克思主义认

① 涂小雨. 中国共产党新时期的社会整合机制［M］. 郑州：河南人民出版社，2013，第 20—22 页.

② ［美］戴蒙德，冈瑟主编. 政党与民主［M］. 上海：上海人民出版社，2012，第 357 页.

③ 马克思，恩格斯 . 马克思恩格斯全集：第 1 卷［M］. 北京：人民出版社，1956，第 82 页.

为，正是因为阶级利益的需要，才产生了政党。但是政党不能仅仅维护所代表阶级的利益，也要兼顾其他社会阶级和阶层的利益，才能获得更广泛的支持。政党功能的实现是一个系统性过程，一方面表现为政治系统的输入，即利益表达和利益整合；另一方面表现为政治系统的输出，即影响政府的决策和政策。第二，政党功能最直接的体现就是争取对权力的影响或控制。马克思主义认为，政党的本质是通过夺取国家权力维护特定阶级利益的政治组织①。追逐权力是政党的根本属性。当然，并非所有的政党的直接目标都是执政，像一些党派就仅仅是为了表达诉求、影响政府决策、监督政府行为。第三，政党也在国家与社会之间起到重要沟通桥梁功能。政治发展需要社会上的多数人广泛参与到政治生活中来，但是多数人又不可能直接参与社会管理，政党代议代管就应运而生，成为社会成员广泛政治参与的载体。第四，政党功能具有多元性。政党自身的特征和不同社会环境的客观要求，使得政党功能呈现多元化。总的来看，政党就是利益的表达者、维护者、体现者、综合者、集约者和实践者②。

二、中国共产党的目标任务与内在功能要求

（一）中国共产党的目标任务

中国共产党是在特殊的历史时期和历史背景下产生和发展的一个具有特殊性的政治组织。中国共产党的最高纲领指出了中国共产党奋斗的最终目标是实现中华民族伟大复兴，实现共产主义。中国共产党的最终目标是一直没有变的，但是每个特殊历史时期中国共产党都有其阶段性的中心任务与目标，这与整个国家和中华民族的前途命运息息相关。从新民主主义革命时期、社会主义革命和建设时期，到改革开放新时期，再到新时代中国特色社会主义建设时期，从实现社会主义现代化到未来的共产主义，中国共产党确定了具有科学性、连续性的阶段性奋斗目标与任务，这体现在中国共产党的最低纲领之中。党的一大党纲提出“推翻资产阶级”“采用

① 王浦劬．政治学基础［M］．北京：北京大学出版社，1995，第78页．

② 谢方意编．党的现代化研究［M］．杭州：浙江工商大学出版社，2012，第141页．

无产阶级专政”①。党的二大通过的《中国共产党章程》将“彻底地反对帝国主义和反对封建主义的民主革命纲领”作为党的最低纲领。党的三大、党的四大、党的五大、党的六大对党章的修改主要体现在对组织、党员权利和义务、民主集中制建设等方面进行修订和补充。党的七大召开的时间已经进入解放战争时期，通过了我们党独立自主制定的第一部党章，确定了毛泽东思想为全党的指导思想，总结了党成立以来的斗争经验、中国革命的性质、动力、任务和特点。党的八大通过的《中国共产党章程》是新中国成立后制定的第一部章程，新党章根据执政党的特点，提出了全面开展社会主义建设的任务，总纲规定“中国共产党的任务，就是有计划地发展国民经济，尽可能迅速地实现国家工业化，有系统、有步骤地进行国民经济的技术改造，使中国具有强大的现代化的工业、现代化的农业、现代化的交通运输业和现代化的国防”②。党的九大、党的十大通过的党章违背了党的八大党章的正确纲领，“左”倾理论将党的和国家引入了错误的方向。党的十一大党章是十年内乱后的第一部党章，恢复了党的八大提出的把中国建设成四个现代化的社会主义强国的重要目标和任务。党的十二大党章坚持了科学社会主义理论，肯定了社会主义制度的优越性，提出了社会主义初级阶段的主要社会矛盾和党的总任务。党的十三大修正党章对十二大党章部分条文内容进行了修正。党的十四大党章突出了建设有中国特色社会主义的理论和党的基本路线，进一步强调了十一届三中全会以来党的基本路线和方针政策。党的十五大党章正式将邓小平理论确立为党的指导思想，强调以经济建设为中心，肯定了改革开放的政策方略，开辟了社会主义事业发展的新时期。党的十六大修正的党章强调了“三个代表”重要思想的重要作用和历史地位，进一步明确了新阶段我国经济社会发展的战略目标。③ 党的十七大党章首次写入了科学发展观，形成了中国特色社会主义理论体系。将经济建设、政治建设、文化建设、社会建设四

① 梁发明. 中国共产党党章制定和修改盘点［J］. 党史文苑（纪实版）. 2017 年第 19 期，第 45 页.

② 百度百科. 中国共产党历次党章的制定及修正简况［EB/OL］. http://baike.baidu.com/view/1970085.html. 2008-04-20.

③ 中国共产党新闻网. 中国共产党历次党章的制定及修正简况（一大至十六大）［EB/OL］. http://cpc.people.com.cn/GB/64162/4507570.html.

位一体的中国特色社会主义事业发展作为党的总任务目标。党的十八大党章增加了生态文明建设的任务目标。党的十九大党章增加了中国特色社会主义文化的阐述，在道路、理论体系、制度的基础上丰富了中国特色社会主义的内涵。明确要求加强党的全面领导、推进全面从严治党，明确了“党政军民学，东西南北中，党是领导一切的”重大政治原则。实现“两个一百年”奋斗目标、实现中华民族伟大复兴的中国梦的宏伟目标①。总结中国共产党章程对于党的任务目标等不断调整和变化，可以发现中国共产党坚持实事求是，遵循客观规律，根据历史发展的不同时期和情况，敢于自我调整和自我革命，不断对党的功能进行调整。近代以来，中华民族就面临着对外争取民族独立和人民解放、对内实现国家繁荣富强和人民共同富裕的两大历史任务。在争取民族独立和人民解放的斗争中，我们党已经胜利完成了前一个历史任务，从而赢得了全国人民的信任和拥护。在实现后一个历史任务的过程中，我们党正领导着全国人民努力实现社会主义现代化和中华民族的伟大复兴，对我们党巩固执政地位、最终实现共产主义的远大理想具有决定性的意义②。

（二）中国共产党的内在功能要求

中国共产党以马克思主义为指导思想，代表着广大无产阶级的利益，追求实现共产主义的终极目标。中国共产党的组织形式比西方政党更为严谨密切，并且执政党决定了中国共产党对于自身的功能定位有着特殊的内在要求。中国共产党是在马克思主义思想指导之下建立起来的政党，又在反对帝国主义、反对封建主义争取民族独立和解放的过程中逐步得到发展，最终又在中国特色社会主义的特定政治环境和框架中逐步完善。

因此，中国共产党除了具有利益表达、输送精英、政治社会化、制定政策纲领等政党的一般功能作用外，还具有自身特殊的功能和作用③。

---

① 李颖，陈郝杰．历次党章的制定与修改［EB/OL］．中国共产党新闻网．http://dangshi.people.com.cn/n1/2017/1102/c85037-29623729.html，2017年11月2日．

② 中共中央宣传部理论局编．马克思主义的纲领性文献 学习江泽民同志“七一”重要讲话理论文章选1［M］．北京：学习出版社，2001，第135页．

③ 郭亚丁．社会生态与政党的功能作用［J］．政治学研究，2005年第1期，第11页．

第一是社会导向功能。中国社会现代化朝向什么样的方向发展，中国共产党需要带领着全国人民做出正确的选择。坚定地走中国特色社会主义道路，是中国共产党在中国现代化发展中的社会导向。党的二十大报告提出“中国式现代化”的重要论题，就是为中国现代化发展指明了方向、提出了要求。第二是社会组织功能。中国式现代化需要组织和动员全社会各个方面的力量才能得以实现，组织和动员一切有利于发展的力量就需要有强大的动员能力、协调能力的组织体系，而中国共产党恰恰能在一定程度上满足这种需求。中国共产党在全国范围内有着严密健全的组织体系，并且有着长期动员群众、发动群众、组织群众的宝贵经验，因此能够在中国现代化过程发挥好其组织功能和作用。第三是稳定社会功能。中国式现代化需要一个稳定的社会环境。习近平总书记作出了“中国社会的主要矛盾已经转化为人民日益增长的美好生活需要和不平衡不充分的发展之间的矛盾”的重要论断。中国社会存在的中西部地区之间发展不平衡、城市与农村地区之间发展不平衡、不同社会群体之间发展不平衡等状况，都隐含着一些潜在社会不稳定因素。维护社会稳定是国家发展的重要前提，历史表明中国共产党的强大凝聚力和组织力，能够保证中国式现代化所需要的社会稳定局面。第四是行为示范功能。在社会互动过程中，个体、群体、组织的行动互动都遵循一定的示范效应规律。先进的、良好的行为示范，有利于社会互动向着健康的、良性的、有序的方向发展。中国共产党一直要求党员和党组织以先进性、先锋模范作用作为共产党的重要原则和标志，成为其他社会成员、社会群体和组织的榜样和楷模，这为中国式现代化发展提供了重要保证。第五是权力监督功能。中国共产党一方面加强对自身组织的内部监督，构建了较为完善的党内监督机制和体系，严格控制党组织内部成员的行为，另一方面也对国家政府权力进行有效监督，以保证政府工作人员不会出现滥用权力行为，以及政府权力紧紧围绕党的目标和任务为中心开展政府工作。第六是思想教育功能。思想政治教育是中国共产党非常重视并且一直保持的重要工作方法。通过对全体党员干部的马克思主义思想政治教育，提升党员干部的政治理论水平和政治思想意识，使党员干部能够更好地胜任领导、联系群众的各项工作任务。通过对广大人民群众的思想政治教育，坚定拥护党的领导的决心，并提升广大人民群众的素质。

第七是关系协调功能。在复杂的社会系统中，多元利益主体形成错综复杂的社会网络关系。政党也处在这个复杂关系网络之中，需要正确处理和协调好各种利益关系，才能巩固政党的政权。我国的政党制度是中国共产党领导的多党合作制，中国共产党处于核心领导地位，必然要承担起关系协调的功能①。

中国共产党一直强调党员应是优秀分子、先进分子，具有先锋队的性质，发挥着先锋队的功能，在思想上和行为上都起着示范、导向、引领社会的重要功能。中国共产党一直重视组织建设，强调理论创新和理论联系实际，坚持思想建党、理论建党、制度建党等重要原则和方法。中国共产党只有坚持以人民利益为中心，敢于承担、勇于创新，才能更好地组织群众、教育群众、协调好各方关系，不断巩固党的执政基础。

三、乡村振兴战略背景下农村基层党组织的中心任务与功能定位

（一）农村基层党组织的中心任务调整与功能变化

中国共产党在不同历史时期在农村工作的中心任务不断调整和变化。在新民主主义革命时期，中国共产党的中心任务在于领导全国人民反对帝国主义、封建主义建立无产阶级政权。作为党的农村基层组织，其中心任务是领导革命斗争，广泛动员群众参与和支持中国共产党领导的无产阶级革命。新中国成立后，中国农村社会经历了三次历史性变化，农村基层党组织的中心任务也随之发生转变。

第一次历史性变化是新中成立后至改革开放前的一段时期，中国农村实行“政社合一”的体制，农村基层党组织集中足以控制农村社会政治、政府和社会生产生活的所有权力，组织广大农民群众恢复和发展生产，同时也通过对农村资源的汲取为中国工业化提供物质支持。新中国成立后，党组织的定位仍然是“政党化”而非“行政化”。1954 年 11 月，第一次全国农村党的基层组织工作会议明确指出：“过渡时期农村党的基层组织

① 谢方意编．党的现代化研究［M］．杭州：浙江工商大学出版社，2012，第 141—143 页．

的一切工作都是为了实现农业的社会主义改造。"① 同时为了加强党对农村工作的领导，会议要求"在农业生产合作社和手工业合作社中建立党小组和党支部"②。从而使农村基层党组织在设置上"形成了比第一行政网（政权组织网）更稠密的第二行政网（党群组织网）"③。不可否认，在当时农村政权尚未巩固的条件下，农村基层党组织的这种设置保障了土地改革、恢复发展农业生产、稳定社会秩序等建国初期的重要目标任务的完成。但是农村基层党组织在农村社会高度集权的状况，也在一定程度上模糊了党组织和行政组织的界限，出现了"行政化"的倾向④。

1957 年党的八届三中全会在方针政策上出现了偏离了党的八大的正确路线的"左"倾倾向，"大政方针和具体部署，都是一元化，党政不分。"⑤ 在党政不分的指导思想下，农村基层党组织在农村工作中大包大揽，表现出"全能化"功能，严重偏离了"政党化"建设的发展方向。尤其是人民公社阶段，形成了人民公社党委、大队党支部、小队党小组的严密党组织体系，从体制上确定了农村基层党组织全面领导生产、行政和社会管理工作的格局⑥。并依靠极端的政治运动和外显性权威的行政权力，成为农村经济工作、社会事务的实际掌控者，完全表现出其"全能化"功能⑦，严重偏离"政党化"组织功能建设方向。

第二次历史性变化是改革开放后到党的十八大的一段时期，农村经历

---

① 中共中央组织部．中国共产党组织工作辞典［Z］．北京：党建读物出版社，2001，第 612 页．

② 中共中央组织部．中国共产党组织工作辞典［Z］．北京：党建读物出版社，2001，第 612 页．

③ 沈延生，张守礼．自治抑或行政：中国乡治的回顾与展望［A］．徐勇主编．华中师范大学中国农村问题研究中心编．中国农村研究 2002 年卷［C］．北京：中国社会科学出版社，2003，第 62 页．

④ 殷焕举，胡海．基层服务型党组织建设研究［M］．成都：西南交通大学出版社，2017，第 55 页．

⑤ 中共中央党校教务部．十一届三中全会以来党和国家重要文献选编：下［G］．北京：中共中央党校出版社，2003，第 15 页．

⑥ 殷焕举，胡海．基层服务型党组织建设研究［M］．成都：西南交通大学出版社，2017，第 56 页．

⑦ 中共安徽省委党校课题组．改革开放以来农村基层党组织的功能调适及启示［J］．中国延安干部学院学报，2009 年第 1 期，第 41—47 页．

了深刻的变革，在经济生产上实行了家庭联产承包责任制改革，在社会治理上建立了农村自治制度，等等。在以经济建设为中心指导思想下，农村基层党组织充分发挥着“维稳”功能，为中国经济发展提供稳定的社会环境。改革开放之后，农村基层党组织建设逐步进入正轨，组织覆盖面也逐渐扩大。随着改革开放进一步深入，城乡二元分割的社会格局逐渐形成，社会成员出现了体制内外的差异，单一形式的集权化党组织结构已不能适应社会的发展。为了适应城乡社会的变化，党组织开始了不断自我调整，更多地强调基层党组织的服务功能的发挥。1982 年 1 月的《全国农村工作会议纪要》，指出了一些地方农村基层党组织存在的瘫痪、半瘫痪、无人负责、无法发挥领导作用等问题，强调农村基层党组织要不忘党的根本性质和宗旨，提升本领和能力，要在农村经济改革中发挥重要的领导作用①。并提出了对农村党员干部培训，和开展思想政治教育，以及建立党课制度、民主生活会制度等提升农村基层党组织功能的方法。在这一时期，农村基层党组织带领广大农民群众推进改革、发展农业生产，农村社会也取得了一定的发展。推动经济发展是这一时期农村基层党组织的主要任务和功能。然而，在市场经济条件下，在重城市发展而弱乡村发展的经济发展思路的指导下，城乡差距的不断拉大，农村社会在一定程度上被闲置，人口大量外流，各类资本资源没有流入农村，集体经济一度衰竭。农村基层党组织建设失去了原先拥有的人力资源、资金资源、组织资源等各种基础，在某种程度上处于“空转”状态，未能很好地实现党的基层组织的功能作用。

第三次历史性变化是党的十八大以来，特别是实施精准扶贫政策和乡村振兴战略以后，解决城乡发展不平衡、农村发展不充分问题，成为党的工作的重中之重，农村基层党组织功能也随之发生历史性的变化②。国家城乡发展的战略性调整，为农村农业发展提供了最佳的契机，也为农村基层党组织的功能的充分发挥提供了重要场所。随着农村社会经济改革的推进，农村社会逐步发展出更高的自主性，但是在一段时期内，农村基层党

① 殷焕举，胡海．基层服务型党组织建设研究［M］．成都：西南交通大学出版社，2017，第 57 页．

② 石国亮．全面提升农村基层党组织的领导力 新时代农村基层党组织工作做什么怎么做［M］．北京：东方出版社，2019，第 34 页．

组织仍然具有明显的行政代理型组织的特征，难以适应农村社会转型和新的需求而产生了一定程度的“功能障碍”。针对这些问题，有学者提出要从整体上实现农村基层党组织的功能转型，即回归政党的基本功能①。要求农村基层党组织淡化行政色彩，从行政导向型或者说行政代理型向政党导向型转变。这需要深入农村基层社会，加强与农村社会的互动和融入，深度“嵌入”农村社会，通过全心全意为人民服务，加深农民群众与基层党组织的深厚情感，以非权力影响力领导农村工作。② 赵大朋依据农村场域中国家、政党、社会三者互动的理想模型，划分了农村基层党组织的功能的类型，即“政党类功能”和“行政类功能”两大类③。也有学者提出农村基层党组织的功能大体上包括政治引导功能、利益表达和利益协调功能、服务协调功能、致富带动功能、维稳功能等十多项④。这些功能涉及的内容比较全面，从总体上来说也是正确的，其中有的功能是政党的基本功能，有的是侧重于乡镇党组织的功能。但是王同昌认为，实际上具体到村级党组织而言，其功能不宜过多。应结合农村的实际情况，对村级党组织的功能进行重新定位⑤。

党的十八大提出建设服务型基层党组织，“以服务群众、做群众工作为主要任务，加强基层服务型党组织建设”。从政党回归的角度来看，基层党组织的功能回归党的传统服务功能具有重要意义。全心全意为人民服务、做好群众工作，是中国共产党应当保持的优良传统，也是巩固党的执政基础的重要举措。⑥ 2019 年发布的《中国共产党农村基层组织工作条例》中规定，村党组织的主要职责包括，宣传和贯彻执行党的路线方针政

---

① 吴梅芳，陈定洋，玄富春．论农村基层党组织的功能变迁［J］．理论视野，2008 年第 6 期，第 60—62 页．

② 赵大朋．城乡统筹背景下村级党组织功能转型问题研究［M］．上海：上海人民出版社，2017，第 166 页．

③ 赵大朋．城乡统筹背景下村级党组织功能转型问题研究［M］．上海：上海人民出版社，2017，第 169 页．

④ 杨雅涵，殷焕举．近年来农村基层党组织功能研究综述［J］．科学社会主义，2010 年第 5 期，第 80—83 页．

⑤ 王同昌．新时期农村基层党组织建设研究［M］．合肥：合肥工业大学出版社，2015，第 178 页．

⑥ 王同昌．新时期农村基层党组织建设研究［M］．合肥：合肥工业大学出版社，2015，第 184 页．

策和上级组织的决定；讨论和决定本村建设以及乡村振兴中的重要问题；领导和支持村民自治；加强村党组织自身建设；为群众服务和做好群众思想工作等①。条例明确了村党支部在农村中的领导核心地位，明确了加强经济建设的中心地位，强调了做好群众工作的必要性，同时明确了组织生活的重要性。从规定中的任务职责来看，也更清晰地明确了农村基层党组织的重要功能。

（三）乡村振兴战略背景下农村基层党组织的功能定位

党的十九大对《中国共产党章程》② 进行了修订，其中“第五章党的基层组织”强调了党的基层组织的基本任务，突出了“宣传和执行党的路线、方针、政策”，突出了政治教育学习的常态化与制度化要求，党的组织生活制度化要求，和对党员和群众进行教育、管理、监督、服务的要求，特别强调要维护群众的正当权利和利益，农村基层党组织统一领导本地区基层各类组织和各项工作，加强基层社会治理，支持和保证行政组织、经济组织和群众性自治组织充分行使职权。党的十九大修订的《中国共产党章程》充分体现了对农村基层党组织的政治功能与组织功能的内在要求。

党的十九大报告提出实施乡村振兴战略③，根据党的十九大作出的重大决策部署，2018 年中央一号文件《中共中央 国务院关于实施乡村振兴战略的意见》（2018 年 1 月 2 日）专门就乡村振兴战略提出指导性意见，强调了解决“三农”问题的重要性，指出农村农业现代化是中国现代化的重要组织部分，也是国家现代化最短的那块短板，着力解决城乡发展不平衡、农村发展不充分的问题，是实现“两个一百年”伟大目标的必然要

---

① 中共中央．中国共产党农村基层组织工作条例［N］．新华社，2019 年 1 月 10 日印发．

② 共产党员网．中国共产党章程（中国共产党第十九次全国代表大会部分修改，2017 年 10 月 24 日通过）［N］．https://www.12371.cn/2017/10/28/ARTI1509191507150883.shtml．

③ 习近平．决胜全面建成小康社会 夺取新时代中国特色社会主义伟大胜利——在中国共产党第十九次全国代表大会上的报告［N］．新华社，2017 年 10 月 18 日．

求①。2018年9月26日，中共中央、国务院印发了《乡村振兴战略规划（2018—2022年）》，要求各地方贯彻落实战略规划，在此后5年内实现农村社会全面小康，为中国式现代化发展打下坚实的基础②。2020年我国宣告脱贫攻坚战取得完全胜利，历史性地解决了绝对贫困问题，同时建成了全面小康社会③，这表明实施乡村振兴战略第一阶段的目标已经顺利实现，那么接下来就是为基本实现农业农村现代化打基础的任务目标。根据乡村振兴战略的总要求，《乡村振兴战略规划（2018—2022年）》指出了乡村振兴战略的首要目标是农业现代化，其次还包括农村基本公共服务均等化、乡风文明、乡村治理体系现代化、生态宜居的美丽乡村基本实现等④。

《规划》第三篇构建乡村振兴新格局中，第七章统筹城乡发展空间、第八章优化乡村发展布局、第九章分类推进乡村发展，这三章的内容均是对农村社会生产空间的规划建设，是一个总的空间框架设想，有利于打造城乡统筹发展路径，缩小城乡之间的差距。第十章坚决打好精准脱贫攻坚战，这是到2020年的目标，目前已经实现。第四篇加快农业现代化步伐中，有第十一章夯实农业生产能力基础、第十二章加快农业转型升级、第十三章建立现代农业经营体系、第十四章强化农业科技支撑、第十五章完善农业支持保护制度，总共五章。第五篇发展壮大乡村产业，有第十六章推动农业产业深度融合、第十七章完善紧密型利益联结机制、第十八章激发农村创新创业活力，总共三章。这两篇共八章的内容都是和农村经济发展相关的要求和任务。第六篇建设生态宜居的美丽乡村，有第十九章推进农业绿色发展、第二十章持续改善农村人居环境、第二十一章加强乡村生态保护和修复，共三章。这部分内容规定的任务目标显然是为了生态宜居的美丽乡村基本实现。第七篇繁荣发展乡村文化，有第二十二章加强农村

---

① 中共中央、国务院．中共中央 国务院关于实施乡村振兴战略的意见［N］．新华社，2018年1月2日．

② 中共中央、国务院．乡村振兴战略规划（2018—2022年）［N］．新华社，2018年9月26日．

③ 新华网．习近平宣告中华大地全面建成小康社会［EB/OL］．http://www.xinhuanet.com/mrdx/2021-07/02/c_1310039172.htm．2021年7月2日．

④ 中共中央、国务院．乡村振兴战略规划（2018—2022年）［N］．新华社，2018年9月26日．

思想道德建设、第二十三章弘扬中华优秀传统文化、第二十四章丰富乡村文化生活，共三章。这部分内容规定的任务目标是乡风文明。第八篇健全现代乡村治理体系，有第二十五章加强农村基层党组织对乡村振兴的全面领导、第二十六章促进自治法治德治有机结合、第二十七章夯实基层政权，共三章。这部分内容规定的任务目标是乡村治理体系现代化。第九篇保障和改善农村民生，有第二十八章加强农村基础设施建设、第二十九章提升农村劳动力就业质量、第三十章增加农村公共服务供给，共三章。这部分内容规定的任务目标是农村基本公共服务均等化。后面第十篇完善城乡融合发展政策体系、第十一篇规划实施是对乡村振兴战略实施的保障和组织。

可以看出，第三篇的总体空间布局任务和后面第十篇的乡村振兴战略实施的保障，第十一篇对乡村振兴战略实施的组织等其他几篇的内容分别对应了农村社会经济发展、农村基本公共服务均等化、乡风文明、乡村治理体系现代化、生态宜居的美丽乡村基本实现等五个方面的具体任务目标。突出了“乡村振兴，产业兴旺是重点”“乡村振兴，生态宜居是关键”“乡村振兴，乡风文明是保障”“乡村振兴，治理有效是基础”“乡村振兴，生活富裕是根本”的战略构想和基本思路。

《规划》强调了实施乡村振兴战略的政治保障问题，即加强党对“三农”工作的全面领导，提出“坚持党管农村工作”①，特别提出了要“加强农村基层党组织对乡村振兴的全面领导”，强调农村基层党组织建设的重要性，对农村基层党组织的政治功能和组织力提升提出了新要求②，提出了健全以党组织为核心的组织体系、加强农村基层党组织带头人队伍建设、加强农村党员队伍建设、强化农村基层党组织建设责任与保障等农村基层党组织自身建设的任务内容和目标。

党中央提出了实施乡村振兴战略的任务和目标，农村基层党组织作为党的基层组织，承担着全面领导完成农村工作的重要职责。其功能定位主要体现在两个方面：一是推动农村社会经济发展，包括促进基本公共服务均等化、培育乡风文明、推进乡村治理体系现代化、建设生态宜居的美丽

① 中共中央、国务院. 乡村振兴战略规划（2018—2022 年）[N]. 新华社，2018 年 9 月 26 日.

② 中共中央、国务院. 乡村振兴战略规划（2018—2022 年）[N]. 新华社，2018 年 9 月 26 日.

乡村；二是加强基层党组织自身建设，为实施乡村振兴战略提供政治保障。若农村基层党组织未能有效推动上述五个方面的工作，或未能加强自身建设，都将影响其全面领导功能的发挥，难以为乡村振兴提供坚强有力的政治保障。

“突出政治功能”是党中央提出的重大命题，也是对农村基层党组织建设的基本要求。赵大朋等提出的农村基层党组织的功能转型，即是要从行政代理型党组织功能向政党导向型组织功能转变①，是在强调农村基层党组织的政治功能。李俊斌等也提出了乡村振兴背景下农村基层党组织的政治功能定位②。突出政治功能就是要使农村基层党组织回归“政治工具”的本质，坚持“立党为公、执政为民”的政治价值导向，要明确政权意识，巩固党在农村基层社会中的领导地位，贯彻党的主张，宣传党的主张③。因此可以看出，政治功能是包括农村基层党组织在内的党组织的基本功能或者说一般功能。有学者认为政治功能在乡村社会中表现为政治领导、政治执行、政治整合和政治教育功能④。这一表述准确概括了农村基层党组织政治功能的基本内涵宣传党的主张把握农村社会的政治方向，实现政治领导；通过贯彻党的决定确保路线方针政策在农村落实，履行政治执行职能；通过组织发动群众增强农民的组织性和集体行动能力发挥政治整合作用。思想政治教育在于政治教育功能或者说政治社会化功能，使广大农民群众在政治上得到成长，支持和坚持党的政权和党的领导。

从国际比较的视角来看，新中国成立以后，中国共产党成为中国的执政党，代表着全体人民的利益，并以维护人民的利益为宗旨。因此，其代表性功能不言而喻，戴蒙德所提出的利益表达、综合和政策制定等功能，与西方政党的功能存在本质区别。此外，程序性功能或者制度性功能与党的自身建设和监督政府的功能相关。从中国共产党成长的历史发展角度来看，农村基

① 赵大朋. 城乡统筹背景下村级党组织功能转型问题研究［M］. 上海：上海人民出版社，2017，第169页.

② 李俊斌，冉琴. 乡村振兴背下农村基层党组织政治功能论析［J］. 党政研究，2021年第3期，第48页.

③ 周光辉，王海荣，彭斌. 突出政治功能：新时代基层党组织建设内涵、意义与实践路径分析［J］. 理论探讨，2019年第3期，第125—130页.

④ 李蕴哲，戴玉琴. 乡村治理中基层党组织政治功能强化的三维审视［J］. 学海，2020第6期，第14—19页.

层党组织在新民主主义革命时期，通过宣传党的主张、贯彻党的决定、广泛动员组织群众、团结一切可以团结的力量、做好思想政治教育工作，领导全国人民取得了反帝国主义、反封建主义的胜利，实现了民族独立和民族解放的伟大胜利。这些充分体现了农村基层党组织的政治功能。新中国成立后，农村基层党组织的功能从“动员型”到“行政化”“全能化”，再到改革开放后的“维稳型”，以及党的十八大以来强调的“服务型”功能的几次转变，但其基本的政治功能是一直受到重视并且没有改变的。那么改变的功能是什么呢？在新民主主义革命时期，农村基层党组织的主要任务和功能是领导革命斗争。新中国成立后，农村基层党组织的任务和功能是完成土地改革、恢复发展农业生产、稳定社会秩序等。即使在“全能化”时代，农村人民公社化运动中，农村基层党组织的任务和功能依然是发展生产，尽管出现了“左”的错误观点和路线方针。改革开放后，农村基层党组织的任务与功能进一步调整为推行农村社会经济体制改革，以经济建设为中心，促进农村经济发展，但这一过程中也出现了城乡差距不断拉大的问题。党的十八大以来，特别是党的十九大提出乡村振兴战略后，农村基层党组织的任务与功能是统筹城乡发展，缩小城乡差距，建立健全城乡融合发展体制机制和政策体系，加快推进农业农村现代化。因此，从不同历史阶段的比较来看，农村基层党组织的功能与不同历史阶段农村发展的目标和任务紧密相联。与农村基层党组织的政治功能相区别的功能，可以称为目标性功能。政治功能是基本功能，而与不同阶段目标任务相联系的功能则称为阶段目标性功能。因此，基本功能和阶段目标性功能这两类功能都是农村基层党组织所需要承担的。在现阶段乡村振兴战略背景下，农村基层党组织的基本功能就是宣传党的主张、贯彻党的决定、组织发动群众、思想政治教育以及党组织自身建设等五个方面。农村基层党组织的阶段目标性功能即领导推动农村社会经济发展、实现农村基本公共服务均等化、促进乡风文明、实现乡村治理体系现代化、生态宜居的美丽乡村基本实现。

学者们对农村基层党组织的功能做了许多研究，杨雅涵等综述了农村基层党组织具有十几项功能①，这些功能的描述很全面。学者们都是根据

① 杨雅涵，殷焕举. 近年来农村基层党组织功能研究综述［J］. 科学社会主义，2010年第5期，第80—83页.

不同角度对农村基层党组织的功能进行分析的，其中一些功能可以归纳到基本功能，如政治引导功能、教育和管理党员以及吸纳和培育社会精英的功能等都可以归纳到基本功能即政治功能中去。而还有一些功能不能归纳进来，并且与目标性功能也存在着不同，这些功能难道描述不准确吗？实际上，这些功能是为了实现目标而采取的工具和手段。如领导核心功能，在实施乡村振兴战略中强调农村基层党组织的领导核心地位，这是规定了农村基层党组织的角色，就与“政党合一”时代有着明显的不同。再比如，社会控制功能、利益协调功能、服务协调功能、民主建设功能等，就是要在乡村振兴战略实施过程中保证农村稳定的社会环境，整合各方的利益，整合各方的资源，吸引和组织各方主体民主参与到乡村振兴工作中来，从而为实现乡村振兴的目标服务。

因此，总结起来，我们认为可以将乡村振兴战略背景下农村基层党组织的功能划分为三类：一是作为基本功能的政治功能，二是以乡村振兴的目标任务为基础的阶段目标性功能，三是以实现目标任务为导向的工具性功能。其中，基本功能包括宣传党的主张、贯彻党的决定、组织发动群众、思想政治教育以及党组织自身建设等五个方面；阶段目标性功能包括领导推动农村社会经济发展、实现农村基本公共服务均等化、促进乡风文明、实现乡村治理体系现代化、生态宜居的美丽乡村基本实现等五项具体功能；工具性功能包括领导核心功能、社会控制功能、利益协调功能、服务协调功能、资源整合功能、民主建设功能等，同时工具性功能还可以并且需要不断创新和增加。

四、农村基层党组织功能实现的理论与逻辑

（一）马克思主义关于社会有机论与系统功能的理论思想

功能理论的主要思想源自社会有机论与系统理论。马克思主义唯物史观中就蕴涵着社会有机论思想，也是功能理论的重要思想源泉。马克思指出，“每一个社会中的生产关系都形成一个统一的整体”①。马克思主义唯

① 马克思，恩格斯．马克思恩格斯文集：第1卷［M］．北京：人民出版社，2009，第603页．

物论“本来就是将社会作为一个有机系统来研究的”①。马克思在《黑格尔法哲学批判》中指出，“把政治国家看作机体，因而把权力的不同不再看作机械的不同，而是看作有生命的和合乎理性的不同——这是前进了一大步”，从这里可以看出，马克思对于黑格尔的国家机体理论是表示肯定的。马克思在《〈政治经济学批判〉序言》中有段经典论述，“人们在自己生活的社会生产中发生一定的、必然的、不以他们的意志为转移的关系，即同他们的物质生产力的一定发展阶段相适应的生产关系。这些生产关系的总和构成社会的经济结构，即有法律的和政治的上层建筑竖立其上并有一定的社会意识形态与之相适应的现实基础”②。这里分析了社会中的几个重要的因素，即生产力、生产关系、经济基础、上层建筑、社会意识形态等，这成为功能理论的重要思想来源。马克思还将家庭、氏族、部落、民族、国家、社会形态等都看成社会有机体在各个发展阶段的重要因素，认为这些要素在一定的历史时期，通过一定的关系同时存在并且又相互依存，形成社会有机体。马克思主义的历史唯物主义基本理论指出，社会中生产力、生产关系、交往关系、所有制国家、法律、意识形态等要素，在市民社会中有各自的地位以及它们之间的有机联系③。列宁指出，“辩证方法是要我们把社会看作活动着和发展着的活的机体”④。马林诺夫斯基、帕森斯等结构功能主义学者均受到马克思主义有机体论的思想的影响，吸收其中一些重要观点。

马克思主义采用辩证方法分析社会功能的正、负，认为不同时空、不同条件之下，社会中各个要素对有机体产生的影响可能是正面影响，也可能产生负面影响。马克思主义认为，任何事物都具有两面性，包括社会矛盾，既有不利于社会稳定和社会发展的负功能，也有某些有利于社会整合和社会进步的正功能。毛泽东也多次提到，像工厂罢工、学校罢课，农村因退社而引起的请愿、殴打、哄闹等社会行为，“是坏事，是我们所不赞

① 李秀林. 李秀林文存［M］. 北京：中国人民大学出版社，2007，第201页.

② 马克思，恩格斯. 马克思恩格斯文集：第2卷［M］. 北京：人民出版社，2009，第591页.

③ 胡义清. 马克思恩格斯文化的社会功能思想研究［M］. 天津：天津人民出版社，2018，第79页.

④ 列宁. 列宁选集：第1卷［M］. 北京：人民出版社，1960，第54页.

成的”“但是在我们这样的大国里，有少数人闹事，并不值得大惊小怪，倒是可以帮助我们克服官僚主义”“对于闹事，要分几种情况处理。一种是闹得对的，我们应当承认错误，并且改正”①。辩证分析社会功能，正是默顿将社会功能分为正功能、负功能、显功能和潜功能的重要理论的思想来源。

（二）功能主义的相关理论思想

在古典功能主义解释中，功能被视为因某个社会系统的存续而提供的重要绩效，因此功能理论被理解为关于社会系统存续条件和要求的理论，以及解释满足这些条件和要求的持久绩效的理论②。古典功能主义学者迪尔凯姆提出了解释社会事实的两个基本方法论原则，其中第一个原则是社会事实只能通过其他社会事实来解释，实际上是强调研究社会事实应当坚持客观性和普遍性。他指出，“某个社会事实的决定性原因应该从先于它的社会事实去探求，而不是到个人意识的状态中去探求”③。第二个原则是社会事实的功能与它的起源是两个相互独立的问题。他指出，“当我们着手对一个社会现象进行解释时，我们必须分别地探求产生这种现象的充分原因和它所完成的功能”④。例如，结婚是个人行为，但是结婚率却是社会事实，结婚率的高低变化情况，会对社会生活发生某种影响，这属于社会事实的功能问题，用个人的婚姻行为是无法解释的⑤。迪尔凯姆的重要贡献是对社会团结作为最重要的社会事实进行了研究。社会团结的基本含义指人与人、人与群体、以及群体与群体之间的联结关系，它既可以建立在共有情感体验、共有道德情操和共同理想信念之上，也可以建立在因为生活需求、功能依赖而形成的相互依存关系之上。迪尔凯姆认为，这种社会

---

① 上海社会科学院社会学研究所课题组编．群学争鸣：社会学所代表作（1980—2020）［M］．上海：上海社会科学院出版社，2020，第 286 页．

② 秦明瑞．系统的逻辑［M］．北京：商务印书馆，2019，第 108 页．

③ ［法］迪尔凯姆．社会学方法的准则［M］．狄玉明译，北京：商务印书馆，1995，第 10 页．

④ ［法］迪尔凯姆．社会学方法的准则［M］．狄玉明译，北京：商务印书馆，1995，第 95 页．

⑤ 刘少杰主编．西方社会学理论［M］．北京：中央广播电视大学出版社，2010，第 40 页．

联结关系比契约关系更为基本，并且，自在的感性层面的社会团结是自觉的理性层面的契约关系的基础。迪尔凯姆将社会团结分为机械团结和有机团结两种形式。机械团结以社会成员共同的情感、意愿和信仰为基础，旨在维护社会整合或群体联系，它存在于传统农村社会。在机械团结中，社会成员为了追求共同的价值、信仰，往往牺牲了社会成员的个人情感和意愿，从而抑制了社会活力①。有机团结则是以社会分工为基础的，生活需求、功能依赖的相互依存关系。社会个体可以在精细的分工中获得独立性、个人化②。可以看出，有机团结是社会分工精细化的现代社会的产物。

马林诺夫斯基的功能主义理论强调三个系统层次，从下层到上层依次是生物系统、社会结构系统和符号系统，他们相互制约并为满足自身需求提供了必要条件。他强调制度分析的必要性，认为制度都具有某些普遍的特征或“要素”，这些要素可以作为比较不同制度的参照系。这些要素包括人事组成、规章、规范、物质设施、活动、和功能③。同时，他指出任何一个系统层次都存在着四种普遍的功能需要，即经济适应、政治权威、教育社会化和社会控制。这一功能框架为帕森斯的结构-功能主义理论奠定了基础。

帕森斯在孔德、迪尔凯姆、斯宾塞等古典主义思想学者关于结构分化对社会结构和功能论述的基础上，发展了他的分析功能主义理论。他把社会看作一个整体系统，他认为行动者之间的关系结构形成了社会系统的基本结构，所有社会系统结构无论怎样复杂，都可以按照结构形式的方案进行分析。这个方案有四个功能维度，即“维模”（Latency，pattern maintenance，共享价值和认同的长效机制的产生）、“整合”（Integration，系统内各单元之间关系的调整，冲突的管理和争端的解决）、“达标”（Goal Attainment，涉及集体目的的社会单元之间协调行动的管理）和“适应”

① 刘少杰主编. 西方社会学理论［M］. 北京：中央广播电视大学出版社，2010，第42页.

② 迪尔凯姆. 社会分工［M］. 渠东译，北京：生活·读书·新知三联书店，2000，第91页.

③ ［美］乔纳森·H. 特纳. 社会学理论的结构［M］. 邱泽奇，张茂元等译，北京：华夏出版社，2006，第31页.

（Adaptation，控制和转化非社会资源）"[1]。这就是著名的 AGIL 范式（AGIL paradigm），"经济系统"通过对流动资源的分配执行适应环境的功能，"政治系统"通过政府机构和非公共组织来执行目标达成功能，"社会系统"通过界定社会成员资格和解决争端来执行整合功能，"信仰系统"通过文化传播和发展来执行模式维护功能[2]。

功能主义将秩序和稳定视为首要价值，其核心在于分析、解释秩序如何创造与维护的问题。功能主义将整个社会视为一个大系统，将不同的组织视为这个大系统的子系统，因此，系统的均衡发展就成为功能主义者关注的头等重要的问题。结构是秩序的基础和框架，每个系统都有其内在的结构和组织模式。由于社会制度和结构直接影响着人们的行为，不同的行为者在这些社会结构和组织中因角色的不同而产生不同的行为。他们在结构中的行为就构成系统功能上的差异，进而反映了社会秩序的动态均衡情况。在现代社会，每一个系统都需要减少环境复杂性来维系存续，社会结构的稳定和制度的有序为人们的行为和彼此互动提供了相对稳定的预期，有助于社会秩序的保持[3]。

在功能主义理论家们看来，社会结构"最重要的成分是地位、角色、群体和制度"，政治体系需要具备能够行使相应政治功能的政治结构。结构是系统的基础，功能是系统发展情况的外在反映和内在动力，而制度构建或制度化情况又对结构和功能具有制约作用，因此成为社会结构稳定或均衡秩序的核心问题。同时，价值是构成社会秩序的先在条件。在功能主义者看来，社会系统中的四个子系统之所以能够充分发挥功能，关键在于社会拥有将其成员整合在一起的共同价值体系。所谓共同价值体系，主要是指由一系列价值模式组成的、并被社会成员广为认同的规范体系。共同价值决定着社会追求的目标，决定着制度的导向，体现为塑造社会成员和制度的文化体系。换言之，社会规范体现着该社会的共享价值取向。

---

① ［美］帕森斯. 现代社会的结构与过程［M］. 梁向阳译，北京：光明日报出版社，1988，第 132 页.

② 褚松燕. 在国家和社会之间 中国政治社会团体功能研究［M］. 北京：国家行政学院出版社，2014，第 54 页.

③ 褚松燕. 在国家和社会之间 中国政治社会团体功能研究［M］. 北京：国家行政学院出版社，2014，第 55 页.

整合是功能主义提出的另一个重要概念。对于整个社会来说，不同的子系统之间的力量均衡是社会稳定和秩序维持的核心。对于一个组织来说，协调内部要素和外部环境之间的关系以保持组织的生存与发展也是首要问题。因此，在不同的社会子系统之间的互动中进行社会利益、权力的分化组合，实现功能的协调，从而使各子系统连接在一起，构成整个社会大系统的动态秩序均衡状态，对社会发展起到建设性的促进作用，这就是整合的意义。整合的机制是制度化和社会化这两个核心过程。整合的过程中不可避免出现冲突，因此整合涉及到冲突的化解、紧张关系的舒缓、规则的达成与遵循等。如何实现整合？事实上，这就是社会化和制度化问题，整合是一个朝向动态平衡、社会秩序的有意建构性博弈。既然具有建构性，那么社会不同系统之间的沟通就非常重要。对于在不同系统中扮演不同角色的个人来说，要依靠共同价值的社会化过程，也即个人将文化模式、规则内化的过程。对于各种组织来说，整合是一个相容性问题。任何组织功能的发挥都蕴含着利益要素，各组织在发挥功能过程中的互动，体现为协调行动、功能冲突、利益矛盾等，这就需要某种制度化沟通机制的确立，使得不同的组织作为子系统不至于滑向反功能的、不利于社会秩序达成的方向①。

卢曼在批评帕森斯“过分关注自身的体系”的基础上，加强了对系统方面的关注，发展了自己的系统功能主义理论。他倾向于用这样的思路来分析系统过程：通过减少环境的复杂性来满足主导的功能必要条件。卢曼将社会系统分为三种基本类型，即互动系统、组织系统、社会系统。互动系统有几个固有的限制和弱点：一是在一段时间内只讨论一个论题，免得由于大家都想同时发言，造成系统崩溃；二是不同的谈话资源常常导致参加者在谁应该发言的问题上展开竞争、引起冲突，甚至系统解体；三是发言和交谈需要时间，因为它们是顺序进行的。因此，互动系统不会非常复杂。互动系统是最简单的，只涉及那些能够同时在场、相互觉察并能互相交谈的人。它们容易受到冲突和紧张的破坏，而且花费大量的时间。组织系统是复杂社会秩序中必不可少的。通过组织系统将人们组织起来，从而

① 褚松燕. 在国家和社会之间 中国政治社会团体功能研究［M］. 北京：国家行政学院出版社，2014，第 58 页.

降低环境的复杂性：一是在时间上，通过产生进出规则，对现在和未来的活动进行安排；二是在空间上，通过建立劳动分工来协调权威；三是在符号上，通过指出什么是恰当的，采用什么规则以及什么媒介（如报酬、货币）来引导行动。卢曼强调，复杂的社会秩序不需要同那些要维护的价值、信仰或规范保持一致，即使没有对行动者动机的承诺，组织系统也能够极其有效地运作。正是组织系统的这种力量，即对变化的环境条件的灵活性和适应性，依赖于行动者有限的、根据形式而变的义务以及交换的中性媒介（如货币）①。卢曼对社会系统的分析比较含糊，他还是指出了社会系统使用高度概化的信息代码，如货币和权力，来减少环境的复杂性。

（三）农村基层党组织功能实现的逻辑

马克思主义社会有机论与系统理论思想，将社会作为一个有机系统来研究。社会有机体中各个要素，通过一定的关系相互依存，相互影响。这不仅给功能主义提供了思想源泉，也为农村基层党组织如何实现其功能的研究提供了理论指导。有学者指出，功能主义分析框架对于中国政治发展和政治组织定位、功能发展的具体分析，都有其合理性，对现实都具有重大的指导意义②。政治组织的功能实现情况，既是一个集体行动有效性的问题，也是一个政治系统对系统环境的适应和调整能力的问题。社会系统中的个体和组织，以及相互之间的互动，这些行为主体为什么采取行动以及如何行动，都和利益相关。政治系统对系统环境的适应和调整，则涉及制度的价值取向和策略调整的问题。应对系统环境中各子系统之间的冲突，整合必不可少，关键是如何整合利益的问题。调整则意味着变革或者说促进社会进化，当然进化也是有社会系统本身的规律性。因此，农村基层党组织功能的实现，与农村社会系统及其分化有着重要的联系和影响。

1. 系统的分化

马克思主义最重要的理论思想是关于生产力与生产关系的矛盾运动的论述。随着社会生产力的不断提高，生产关系也随之发生变化。卢曼强

---

① ［美］乔纳森·H. 特纳. 社会学理论的结构［M］. 邱泽奇，张茂元等译，北京：华夏出版社，2006，第 53 页.

② 褚松燕. 在国家和社会之间 中国政治社会团体功能研究［M］. 北京：国家行政学院出版社，2014，第 62 页.

调，随着社会日益扩大和复杂化，系统之间不断发生清晰的互相分化，并且不可还原。组织间逐步形成清晰的界线，并存在着差异①。一是功能领域不同，如政治、法律、教育、经济、宗教、科学、社会等等。二是进出规则不同。不同组织有着自己设定的进出规则。三是对不同沟通媒介的依赖，如货币、真理、权力、情感等等。互动系统最为简单，其沟通速度较缓慢并遵循自身的动力学规律，人们在交谈中利用自己的资源。这种特性常常会妨碍组织的高效运作，导致组织的特定任务未被实施或未被很好地实施。同样的道理，组织系统也会发展出自身的结构和程序，利益冲突经常发生，这也会阻隔社会系统的行动力。

随着农村社会改革的不断深入，农村社会系统也不断分化和复杂化。农村居民不断向城市转移，或者呈候鸟式地在城乡之间流动，但是这两种流动方式都未能割裂他们与乡村的关系。而且，这种关系正在不断地发生变化。在农村居民的互动系统分化过程中，从分割的方式来看，形成了外出务工者城市互动系统、乡村内部互动系统、乡村与外部互动系统等，这些分化出来的这些子系统在最初时期可能并没有发生本质或层次上的变化。但是随着这些农村居民所掌握的权力、资源、财富的不同，逐步形成了互动系统的分层。互动系统分层后，在互动主题选择、不同谈话资源在互动中的竞争、发言和交谈的顺序和机会等方面，都体现了分层的特定秩序排列。同样地，农村社会中组织系统也不断分化，政治组织、经济组织、社会组织、宗教组织、宗族组织、教育、法律、家庭、科学等专门化组织，一些组织已经成熟，一些组织正逐步发育并发挥着重要功能作用。组织系统的分化为农村社会发挥功能的同时，也带来了组织之间的冲突，破坏社会系统的秩序和目标实现。

2. 社会整合

马克思主义认为，任务事物都具有两面性，包括社会矛盾，既有不利于社会稳定和社会发展的负功能，也有某些有利于社会整合和社会进步的正功能。社会系统分化打破了传统的农村社会边界，在一定程度造成了农村社会暂时性的失序，但是也为更大范围的社会有机整合提供了条件。为

① ［美］乔纳森·H. 特纳. 社会学理论的结构［M］. 邱泽奇，张茂元等译，北京：华夏出版社，2006，第54页.

了缓解系统分化带来的破坏性，范围更广、容量更大的系统能够通过两种方式推进整合。一是提供时间、物质及社会前提给行动选择；二是把一种秩序或结构强加给其每个子系统的环境。如组织系统将人们分派于空间、权威等中，给人们限定的时间，指定相关的沟通代码，规定任一互动系统的周边环境①。如农村基层党组织的中领导干部的任职级别、时间，规定工作任务。农村基层党组织可以做什么事情，农村集体经济组织可以做什么，社会组织可以做什么，等等。领导干部的上升通道和级别是其沟通媒介，经济组织的沟通媒介是货币，等等。除了这种整合方式，还有就是将人们分派于不同功能领域的不同组织的活动当中，也即人们同时属于几个组织系统。个体成员往往不会因为利益问题而卷入组织间的冲突，从而降低社会崩溃的强度和可能性。如农村基层党组织的支部书记通过合法途径兼任村委会主任，同时还可以担任农村集体经济组织的负责人；村委会成员是私营企业的负责人，还可能是社会组织的负责人，等等。组织的进出规则是缓解冲突的另一种根源，这些规则被应用于等级制、办公室、既定过程和报酬幅度等，减少了成员在组织外发生冲突的可能性。外部冲突被从内部冲突中分离出来，在更大的社会系统中降低了其影响力。还有，一些特定的组织如法律、警察、法院等，成为起到重要调停作用的专门组织力量。卢曼认为，在复杂的分化的社会系统中，减少情感投入会给人们更多的自由、更多的选择和更大的灵活性，因此，在复杂系统中将非人格化和中性化视为正常就显得非常重要。

农村基层党组织拥有其组织系统所不具备的权力资源，农村社会的整合需要农村基层党组织承担重要的功能作用。在农村社会系统分化的状况下，通过权力、权威为每个子系统划定明确的职能边界，以及给每个子系统分配角色和任务。对于各个子系统，如农村党组织本身、村委会、村集体经济组织、村社会组织等，需要加强制度建设，规定其进出规则。同时，成立专门的组织力量对组织间的冲突进行调停和整合。

3. 沟通媒介

卢曼的系统功能主义理论强调系统与外部环境的关系，以及用于降低

---

① ［美］乔纳森·H. 特纳. 社会学理论的结构［M］. 邱泽奇，张茂元等译，北京：华夏出版社，2006，第55页.

系统复杂性的机制。由于社会分化为不同的功能领域，不同的媒介被用来组织每个领域的系统资源①。如经济领域以货币为沟通媒介，主导经济组织内部和经济组织之间的互动。组织内的工人之间的关系，即进出规则，也是由货币主导的，即特定时间、地点和按劳取酬。同样的，政治领域的沟通媒介是权力，家庭的沟通媒介是情感，科学的沟通媒介是真理，诸如此类，不同功能领域有着不同的沟通媒介。沟通媒介也隐含着其反面，即媒介的反身性，如按劳取酬隐含的对立面是有劳无酬，权力的使用隐含的对立面是对决策的抗拒。

在农村社会中，系统的沟通媒介主要以权力、权威、货币、情感、面子等为主。但是随着社会系统不断分化，原有的沟通媒介可能失去效能。比如在互动系统中面子可能随着社会环境的变化而失效，尤其是在城市中的陌生人社会环境中，面子往往不再具有沟通媒介的作用，而货币在城市社会系统中可能更能发挥沟通的作用。农村居民到城市中打工，常常不需要顾及更多的面子，在住宿、吃饭和衣着等方面往往比较简单随意，能够凑合就行，目的就是为了挣多点钱回家。因此，在社会系统分化后的子系统的沟通过程中，需要更新或者选择替代的沟通媒介，使沟通更为有效，从而实现组织系统的目标。在这种情况下，农村社会中子系统的沟通媒介的更新和选择就显得非常重要。

4. 社会进化

卢曼强调社会系统产生变异、选择和稳定的那些过程。一是变异机制。沟通的本质容许被替代，所有的符号都暗含着它的反面，在沟通过程中总会有按照新的符号的方式的行动的机会，进而产生了新的变异。二是选择机制。某些新形式的沟通通过降低环境复杂性来促进系统产生对环境更灵活的反应，从而增加与环境的协调。如货币作为媒介的诞生极大地促进了系统对环境的适应，而中央集权的发展则通过更好地协调行动，进一步促进了系统对环境的适应。三是稳定机制。新的沟通代码和媒介的使用不仅保障了社会系统有序运行，同时还催生了诸如政治体制和经济秩序这些在一定时间内调节新沟通媒介使用的结构，这种互动作用为系统带来一

① ［美］乔纳森·H. 特纳. 社会学理论的结构［M］. 邱泽奇，张茂元等译，北京：华夏出版社，2006，第 57 页.

定程度的连续性和稳定性①。

卢曼强调，社会进化包含了几个方面的分化。一是三种系统的相互持续分化和内部分化。互动系统本身会不断扩大且互不相同，如工作、聚会、家庭、婚礼等场合的交谈内容就不相同。组织系统在数量上增加并且将不同的活动专业化。二是社会系统中持续分化出各个功能领域，如经济、政治、法律、宗教、家庭、科学和教育等，这些领域通过使用组织变得更专业化，增强对环境的适应性和灵活性。三是功能分化伴随着对不同沟通媒介的使用的持续增加。如经济领域使用货币，政治或政府领域使用权力，科学领域依靠真理，家庭领域借助爱情。四是社会价值不断变得抽象和一般化，进而不属于任何一个功能领域、程序、角色和个人。社会价值作为一种非常普遍的标准，可以有选择地被用来将角色组成程序，或者发动个体扮演角色。五是三种不同方式的分化，即分割、分层、功能分化。分割是最简单的分化方式，创造出与之前系统相似或相等的子系统。分层则是子系统在权力、财产及其他资源方面发生了变化，并按照等级秩序排列。功能分化是某些功能处于更优先的位置，比如经济优先于宗教，但是这种不平等并不是分层系统的不平等。功能分化的子系统都是其他系统环境的一部分，都需要与其他子系统进行平等互动，同时每个子系统都获得更多的自主权，更灵活地应付各自的环境②。

农村社会系统随着分化的不断发展，产生变异机制，然而这种变异无疑是缓慢的，导致了对社会系统的破坏。比如农村人情来往的异化，比如礼金的攀比、人不到礼要到等，不仅不能联络和融洽村民之间的感情，反而给村民们造成了人情压力。如果不加以外在的干预和控制，必然造成对社会系统的运行的伤害。选择机制在系统沟通变异的情况时发挥作用，决定如何选择新的沟通形式、沟通媒介以及新的干预组织力量的形成，以降低环境复杂性，从而更好地适应环境和进行调整。比如农村基层党组织提出对乡风文明的要求，规定不能违规办酒席，不能收取过多的礼金等。这强调农村社会的人情往来应以情感为沟通媒介，而不是货币礼金。另一个

① ［美］乔纳森·H. 特纳. 社会学理论的结构［M］. 邱泽奇，张茂元等译，北京：华夏出版社，2006，第 58—59 页.

② ［美］乔纳森·H. 特纳. 社会学理论的结构［M］. 邱泽奇，张茂元等译，北京：华夏出版社，2006，第 59—61 页.

机制就是稳定机制，就是要将农村社会系统运行的新的沟通形式、沟通媒介以及新的干预组织力量加以制度化，通过制度化形成系统运行结构，从而维持系统的持续性和稳定性。比如农村基层党组织建设中的党员发展制度、党员培训和学习制度、党员干部晋升制度等，这些制度保证了党员发展的可持续性，保证了党员干部的先进性和先锋作用，持续发挥对党员干部的激励作用。

农村社会进化有其规律性，从社会系统的分割、分层，到最后的功能分化需要有个过程。这个过程可能是快速的，也可能是缓慢的。农村基层党组织作为农村工作的全面领导者，需要对农村社会进化的状况进行全面把握和深入分析，并做出正确的选择。比如，社会系统分化产生了不同的需求，然而组织系统分化却还没有达到能够专门承担某种功能的程度，农村社会组织发育不足就是典型的表现。这就需要农村基层党组织利用权力干预，加快农村社会组织的培育，使更多的专门化组织能够承担起其专门的社会功能。如何将社会主义核心价值观有选择地将不同的角色整合成程序，发动个人积极扮演角色，充分发挥某一领域的功能，是农村基层党组织的重要任务。比如发展农村经济时，经济领域中不同的组织、不同的角色需要在促进农村居民共同富裕的价值观的引领下，完成农村经济现代化的进程。诚然，在当前乡村振兴战略背景下，经济发展是优先的，但是也不能忽视社会建设方面，如社会保障、公平公正、诚信、尊老爱幼、弱势群体保护等方面的建设。否则，就可能加剧农村社会的不公正程度，导致农村社会内部的不平衡。

5. 政治系统

马克思主义理论强调，经济基础决定上层建筑。政治系统作为社会的上层建筑，是由社会生产力、生产关系等经济基础所决定的，受到经济基础的影响和制约。以权力为沟通媒介的政治系统，能够实现解决冲突、缓和紧张、协调复杂系统中的行动的功能，社会就可以更好地应付自己的环境。有几个条件能够促进政治系统功能的发展。一是政治系统的决策作为正当的功能被接受，即政治系统的合法性。二是政治系统在争取为其他子系统作决策的权力时遇到的问题越多，那么政治系统的决策对日常行动、交易和系统内的常规活动的影响就越小，政治系统对环境的适应能力也就越弱。卢曼认为，政治系统的机制就是“吸纳”其环境的问题，使其成为政治系统内部的问题。政治系统实现其功能的程度取决于几个变量：一是把冲突定义为政治性的程度，而不是道德、个人及其他方面的冲突，和由此产生的对确定边界的需求；二是政治系统协调系统单位行动的能力；三是政治系统自身内部结构分化的程度。政治系统还发展出减少风险或风险感的机制，包括增强对自身的反省，制定法规规则，负责挑选与决策有关的政治代码，精英的独断决策，以及采用传统的道德代码①。如，进步与保守就是分化社会中重要的政治代码，而道德代码包括传统文化中的忠孝等。

农村基层党组织作为中国共产党的基层单元，是中国政治系统中重要的子系统。由于中国共产党受到全国人民的拥护和支持，农村基层党组织在农村社会中的合法性地位是毋庸置疑的，这保证了农村基层党组织的权力和权威作为重要沟通媒介在农村工作中的合法使用和影响力。然而，随着农村社会转型，社会系统分化造成了农村基层党组织对农村社会环境的适应能力不足。比如，长期以来，农村基层党组织以“全能型”的角色形象出现，为其他子系统作出决策。这种状况在农村社会转型之前可能还没有遇到太多的问题，但是在系统分化的条件下，全能角色却常常失效，造成农村基层党组织对农村社会的日常行动、交易和系统内的常规活动的影响力降低，没能充分发挥农村基层党组织对农村工作的全面领导作用和功能。政治系统的机制就是“吸纳”其环境的问题，使其成为政治系统内部的问题。农村基层党组织如何将经济领域、教育领域、社会领域、家庭领域、宗教领域、环境领域等系统环境的问题，“吸纳”为农村基层党组织建设的问题，这种问题转换和农村基层党组织功能边界界定的能力，是农村基层党组织充分发挥功能的关键。同时，农村基层党组织需要通过权力、权威以及资源优势，创新工作方法和手段，协调好农村社会中其他子系统单位的行动。加强农村基层党组织自身建设，合理的分工与合作，反省自身与坚持不断学习。在组织内部形成合理的结构，并通过制度化使结构趋向持续和稳定。再者，就是将创新、进步作为重要的政治代码，以大胆创新为导向，坚持民主集中的原则，充分吸取优秀传统文化中的养分，

① ［美］乔纳森·H. 特纳．社会学理论的结构［M］．邱泽奇，张茂元等译，北京：华夏出版社，2006，第62—64页．

以增强农村基层党组织对农村社会转型的系统环境的适应能力，更好地发挥实施乡村振兴战略中的作用和功能。影响农村基层党组织功能实现的逻辑图如下。

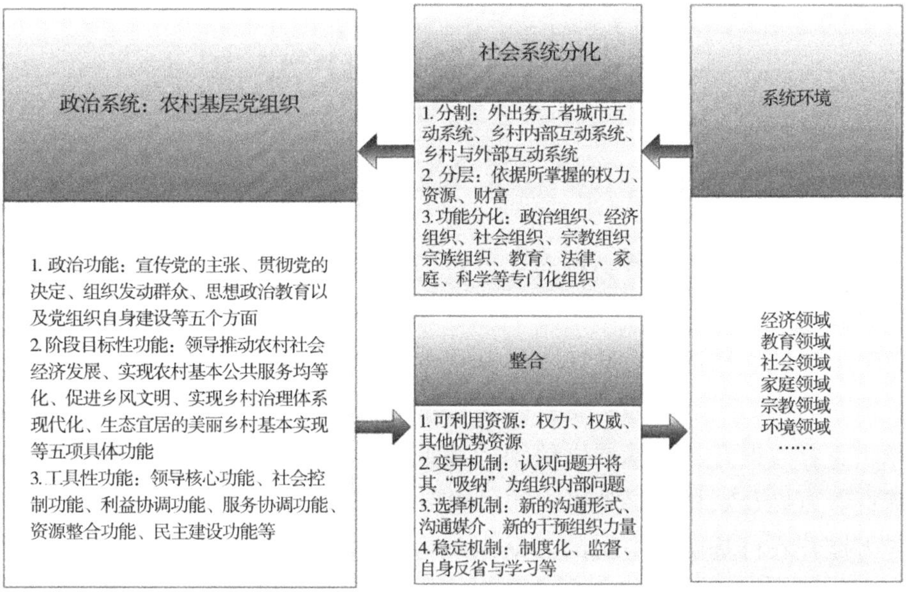

图 3-1　影响农村基层党组织功能实现的逻辑

第四章　西南地区农村基层党组织建设的基本状况调查

民族要复兴，乡村必振兴；乡村要振兴，建强农村基层党组织是关键。党的十八大以来，以习近平同志为核心的党中央高度重视农村基层党组织建设。推进西南地区农村基层党组织建设，牢牢把握西南地区乡村振兴战略的政治方向，是新时代西南地区农村乡村振兴的重要政治保障。要着力提升农村基层党组织的政治领导力，筑牢乡村振兴的政治基础；着力提升农村基层党组织的思想引领力，筑实乡村振兴的思想根基；着力提升农村基层党组织的群众组织力，夯实乡村振兴的组织基础；着力提升农村基层党组织的社会号召力，夯实乡村振兴的社会基础①。实践证明，西南地区农村基层党组织建设的关键在于，要把全面领导农村工作，作为各种组织的领导核心的村党支部建设好。要从战略和全局的高度，充分认识以村党支部为重点的西南地区农村基层党组织建设的紧迫性和重要性。在党中央关于加强农村基层党组织建设的精神和思想的指导下，全国农村包括西南地区农村近些年来不断加强基层党组织建设工作，取得了较好的成效，为全国范围内的脱贫攻坚和全面建成小康社会做出了重要贡献。在实施乡村振兴战略背景下，农村现代化建设进入了新阶段，对进一步加强西南地区农村基层党组织建设提出了新任务、新要求。西南地区农村基层党组织建设的基本状况如何呢，本研究通过实地考察和社会调查了解了所调研的西南地区村寨的基层党组织建设情

---

① 霍军亮. 新发展阶段农村基层党组织引领乡村振兴的四个着力点 [EB/OL]. 人民网－理论频道 http://theory. people. com. cn/n1/2022/0511/c148980－32419530. html. 2022 年 5 月 11 日.

况。以下主要从西南地区农村基层党组织的组织队伍建设、工作内容建设、工作场所建设、制度建设、资金资源保障和能力建设等六大方面进行分析，并对三个不同村寨的基本情况进行对比分析，以期在总体上把握和了解西南地区农村基层党组织建设状况的同时，发现不同类型的西南地区农村基层党组织建设的差异。

一、组织队伍结构失衡人才储备不足

西南地区农村基层党组织的组织队伍建设状况主要可以从村党支部设置、党小组设置、党员的数量、党员在农村居民中所占的比例、党员的性别结构、党员的年龄结构、党员的文化程度结构、党员的阶层结构、党员外出情况等方面进行考察。

在村党支部设置方面，所调查的三个村寨都由于党员数量超过了7人，均设置了村党支部。按照2019年发布的《中国共产党农村基层组织工作条例》的要求，"村党的总支部委员会一般设委员5至7名，其中书记1名、副书记1名、纪检委员1名。"①三个村的村党支部均设置了5名支部委员，包括书记1名、副书记1名、组织委员1名、宣传委员1名、纪检委员1名，设置比较完整。

在党小组设置方面，GM村共有14个村民小组，16家私营企业，没有村办集体企业，3个社会组织，社会组织分别为广场舞等现代性文娱类组织、山歌队等民族文化类组织、志愿者组织等社区事务类组织。其中所有14个村民小组均设置了党小组，私营企业、社会组织均没有设置党小组。DJX村共有9个村民小组，没有私营企业，有2家村办集体企业，分别是种植养殖经济合作社和休闲旅游餐饮住宿的村办集体经济组织，2个社会组织，社会组织分别为广场舞等现代性文娱类组织、志愿者组织等社区事务类组织。其中9个村民小组均设置了党小组，2家村办集体企业和1个社会组织设置了党小组。DH村共有6个村民小组，没有私营企业、村办集体企业和社会组织。所有6个村民小组均设置了党

① 中共中央. 中国共产党农村基层党组织工作条例［N］. 北京：人民出版社，2019，第1—8页.

小组。

在党员的数量和党员在村民中所占比例方面，GM 村共有 54 名党员，约占总村民数量的 3.6%；DJX 村共有 42 名党员，约占总村民数量的 3.2%；DH 村共有 26 名党员，约占总村民数量的 2.3%。从党员占村民总数的比例来看，均低于全国平均水平。

在党员的性别结构、党员的年龄结构、党员的文化程度结构、党员的阶层结构以及党员外出情况方面，GM 村 54 名党员中，大多数是男性，女性较少；年龄都偏大，年轻的较少；年龄较大的党员文化程度普遍偏低，同时缺少收入来源，基本上处农村社会的中下层；而年轻党员则文化程度普遍较高，如样本中 6 名党员就有 4 名具有“大专及以上”文化程度（见表 4-1），年轻党员主要在周边做生意，开店等，收入相对较高，也即拥有较高的社会地位。同时可以看出 GM 村的党员外出务工的情况较少。由于 GM 村进入城市规划范围，村寨以及周边的经济相对更加活跃，创业就业机会也相对较多，所以村民包括党员基本上都在村里以及周边工作，离乡外出务工的情况很少。

（GM 村党支部书记的访谈记录）

访谈者：是呢是呢，主要是第一块党组织情况恐怕也只有你最清楚了，其他人晓都晓不得。像我们村头现在有好多个党员呀？

受访者：我们这点目前党员有 54 个，年纪们倒是都偏大噢，年轻的没得几个的，你看像你们这些读书的，入了党组织关系又不在我们村里，年轻的想入党的倒是多嘛，但是一年的指标很少。党员年纪大的比较多，最大的都有八十四五岁了。

访谈者：啊这些党员男生多还是女生多啊？党员大多的家庭条件都咋样呢？

受访者：男生倒是多点，没得几个女生的，现在大家的生活都可以的嘛，没得讲哪家过得不行的。有些年纪大的或者有慢性病的，他没得什么事做，没得什么收入，村头是会给慰问金的啊，每年给五百块钱，我这里有党员花名册，你要一份不嘛？

访谈者：哈哈哈，倒是不要都可以，我了解一下数据就行噢，谢谢哈。我们村里的党员目前都以哪些职业为生呢？

受访者：老人就不做什么事咯嘛，在家养老咯嘛。年轻的呢多半都是在周边做生意啊，开个店呀这些的，都在附近，几乎没得外出的。

DJX 村 42 名党员中，有男性 27 名，女性 15 名。女性党员占到 35.7%，这个比例还是比较高的。年龄基本上在 30 岁到 60 岁之间。从样本中党员的文化程度分布来看，样本中 10 名党员，4 名党员是小学文化，3 名党员是初中文化，1 名党员是高中文化，2 名党员是大专及以上文化程度（见表 4-1），分布相对比较均匀。同时，党员家庭条件一般比较好，可以说大多数处于中上等的水平。在调查中一位村民组组长说，党员"一般家庭条件好的要比较多一点，一般党员的话积极性要高点，还是相比普通村民来说，他们要勤快一点，而且因为他们是党员，他们也要发挥党员带头模范作用。"当问及党员一般从事什么职业时，他说"党员的话，像我们农村的嘞，大部分的党员都还是在务农，有些还到外出务工，再加上有些党员在村里面做村干部呀，就这些。"但是村支书在回答这个问题却说，"党员的家庭情况都是一般的，大多数的党员都是外出务工，少部分党员是在家里务农，都和普通村民的家庭条件差不多。"这表明 DJX 村的贫富差距不是很大，但是相对来说党员的家庭条件会好一些。同时也说明 DJX 村党员外出务工的情况较多。

DH 村 26 名党员，有男性党员 23 名，女性党员较少仅有 3 名。年龄"在 35 岁以下的有 3 人，35 岁至 50 岁的有 11 人，50 岁至 60 有 3 人，60 岁以上有 9 人"（村支书的回答）。可以看出，DH 村党员整体上年龄偏大。从样本中党员的文化程度来看，样本中 16 名党员有 5 名"未上过学"，10 名党员为小学文化，1 名党员为初中文化，样本中没有高中以上文化程度的党员（见表 4-1）。这个数据显示 DH 村的党员的文化程度普遍较低，村支书在访谈中说"整体党员文化不高"也印证了这一点。在调查中村支书说，党员的"家庭条件一般的多，都是从事农业生产，外出务工的多"。我们可以从这里看出，DH 村大多数的村民都是从事农业，所以贫富差距并不大，阶层分化并不明显，村支书所说的家庭条件都一般就可以理解了。同时，DH 村党员中外出务工的也很多。

表 4-1　样本中农村党员的文化程度

			未上过学	小学	初中	高中	大专及以上	合计
村名	安顺市镇宁县SZ 乡 DH 村	计数	5	10	1	0	0	16
		所占百分比	31.3%	62.5%	6.3%	0%	0%	100.0%
	铜仁市碧江区WW 乡 DJX 村	计数	0	4	3	1	2	10
		所占百分比	0%	40.0%	30.0%	10.0%	20.0%	100.0%
	兴义市 ML 镇GM 村	计数	0	0	2	0	4	6
		所占百分比	0%	0%	33.3%	0%	66.7%	100.0%
合计		计数	5	14	6	1	6	32
		所占百分比	15.6%	43.8%	18.8%	3.1%	18.8%	100.0%

从区域性均衡状况来看，处于城市规划区域内的城郊村 GM 村，党员比例稍微高一点；党员年龄普遍偏大，年轻党员发展不足；党员文化程度偏低；由于 GM 村的私营企业、村办集体企业和社会组织发展相对较快，较年轻的党员做生意创业较多一些，使得社会的阶层分化更为明显。但是在党小组设置上并没明显的优势。DJX 村在积极努力创办集体企业的情况下，经济发展提升较快。党员性别比例相对均衡，党员也基本属于青壮年区间，党员的文化程度也是分布相对均匀，由于阶层分化并不十分明显，党员的家庭条件处于普通和中上等之间。DH 村以家庭分散经营农业为主，阶层分化不明显，党员年龄整体偏大，文化程度相对较低。同时，DJX 村和 DH 村外出务工的党员较多。

从领域性均衡状况来看，所调查的三个村寨的村小组都设置了党小组，但是私营企业和集体企业、社会组织中设置党小组还明显不足。仅有 DJX 村的村集体企业和社会组织设置了党小组。这一方面可能与西南地区农村的私营企业、村集体企业和社会组织培育不足有关系，比如 DH 村基本上没有这些经济组织和社会组织。但是也与基层党组织建设不力有关，比如 GM 村 16 家私营企业均没有设置党小组。

从群体性均衡状况来看，所调查的三个村寨的党员中基本上女性较少，男性较多；年龄偏大的较多，年轻的党员较少；文化程度低的较多，文化程度高的较少。当然这可能与农村发展党员的历史原因有关，以前发展的党员都老了，但是一个行政村发展党员的名额是有限制的，年轻党员发展速度较慢。也可能与西南地区整体文化水平有关系，尤其是女性党员。有文化的年轻人常常选择留在城市工作而非回乡，导致农村年轻党员发展对象明显不足。

二、工作形式化实际效果不明显

西南地区农村基层党组织的工作内容建设状况主要可以从党支部召开党支部会议的情况、党支部召开全体党员大会的情况、党员参加党员会议的意愿和参与情况、党员在党员会议上发表自己的意见的情况、党支部组织相关会议的实际效果的评价、党支部服务群众的工作内容等方面进行考察。

农村党支部召开支部委员会议和全体党员大会是村党支部的重要工作之一，一方面是组织生活的主要方式，另一方面是商讨和决策全村发展事业的重要环节。GM 村有部分党员经常参加支部委会议和全体党员大会，而有部分党员则参与得较少。在访谈中 GM 村党支部书记说，“党员大会们就是每个月都要开啊，我们有组织生活费啊，大家都积极参与的呢，要是有个别生病或者其他特殊情况就可以请假不参加了嘛。我们开会都是关系到村里面的发展了嘛，大家都积极得很，发表意见啊提出建议呀都积极认真对待呢。”这里可以发现，实际上 GM 村支部委员会议和全体党员大会还是会按照有关规定召开，只是有些党员参加得较少而已。在 DJX 村，村党支部委员会议都是按照“一个月开一次”的频率召开的（见表 4-2），全体党员大会也是按照这个频率召开（见表 4-3）。在访谈中一位村民组组长说，党员会“一般是一个月就要开一次会。不过开会也不是所有党员都来，一般只有三分之二的党员来开会，还有一些党员在外面务工，你也不可能叫他一个月回来一次就为了开这个会吧。”这里可以看出，DJX 村的党员大会基本上一个月会开一次，除了外出务工的党员不能参加外，在家的党员都会参加。当然村支部委员会议召开的频率就更高了。有支部委员就表示，“开会的次数就无法说了，不是在开会就是在开会的路上。”这话说得非常形象也基本上符合村党支部委会的实际工作状态。在 DH 村，村党支部委员基本上是“一个月开一次”（见表 4-2），但是全体党员大会则相对少一些，“一个季度开一次或更少”（见表 4-3）。在访谈中村党支部书记说得很明确，“支部党员大会每个季度（三个月）开一次，支部委员会每个月开一次，党小组会每月至少开一次。”这样的会议召开频率应该是符合相关对农村党支部的要求的。

从对所调研的三个村寨比较来看，三个村寨党支部委员会议基本上都是一个月开一次。全体党员大会在 GM 村和 DJX 村也基本上是一个月开一次，但是 GM 村常常会有党员请假不参加会议，DJX 村不参加会议的党员基本上是外出务工的党员。全体党员大会在 DH 村则是一个季度开一次，相对少一些。

表 4-2　村党支部委员会议召开的频率

			党支部委员会议召开的频率			合计
			一周开一次	一个月开一次	一个季度开一次或更少	
村名	安顺市镇宁县 SZ 乡 DH 村	计数	0	12	0	12
		所占百分比	0%	100.0%	0%	100.0%
	铜仁市碧江区 WW 乡 DJX 村	计数	0	9	0	9
		所占百分比	0%	100.0%	0%	100.0%
	兴义市 ML 镇 GM 村	计数	2	0	4	6
		所占百分比	33.3%	0%	66.7%	100.0%
合计		计数	2	21	4	27
		所占百分比	7.4%	77.8%	14.8%	100.0%

表 4-3　村党支部召开全体党员大会的频率

			召开全体党员大会的频率				合计
			几乎天天开	一周开一次	一个月开一次	一个季度开一次或更少	
村名	安顺市镇宁县SZ 乡 DH 村	计数	0	0	0	12	12
		所占百分比	0%	0%	0%	100.0%	100.0%
	铜仁市碧江区WW 乡 DJX 村	计数	1	0	8	0	9
		所占百分比	11.1%	0%	88.9%	0%	100.0%
	兴义市 ML 镇GM 村	计数	0	2	0	4	6
		所占百分比	0%	33.3%	0%	66.7%	100.0%
合计		计数	1	2	8	16	27
		所占百分比	3.7%	7.4%	29.6%	59.3%	100.0%

从党员参加党员会议的意愿和参与情况，以及党员在党员会议上发表自己的意见的情况方面来看，DJX 村的党员参加党员会议的意愿很强，样本中的党员都表示“愿意”参加党员会议（见表 4-4），而且都表示“都是准时参加”党内活动（见表 4-5）。同时 DJX 村的党员绝大部分都愿意在党员会议中发表自己的意见，样本中只有两个党员表示“一般”和“不太愿意”在党员会议中发表自己的意见（见表 4-6）。这都表明了 DJX 村党员参加会议的积极性和充分发挥的党员带头作用，即为农村社会发展和事务管理献计献策。同时，也表明了 DJX 村党支部发扬民主的良好氛围。

（DJX 村 XT 村民组组长的访谈记录）

访问员：党员的积极性高不高呢，在家的党员都愿意来开党务会或者村里的重大会议吗？

受访者：党员的积极性还是蛮高的，尤其是在家的党员，他们都比较关心村里的事务还有村里的党员发展情况。

访问员：哈哈哈，那我们村的党员觉悟还是蛮高的。那村里会就什么事要求党员来开会呢？

受访者：比如说评低保的事情，还有村里面要发展什么产业呀，也要开会来讨论来投票啊。

访问员：就是这些党员在会上会不会积极地发表自己的意见呢？

受访者：会的，这些党员，我感觉他们自己都很有主见，都会积极地发表自己对这些事的看法，以及自己的一些想法。再加上我们这里又比较民主，他们提出意见的话，我们如果觉得可行就会采纳。

在GM村的6名党员样本中，有2名党员表示“愿意”参加党员会议，4名党员表示“一般”（见表4-4）。从样本来看GM村党员参与党员会议的意愿不强。同时有4名党员表示“有时会参加”党员会议（见表4-5），也就是说参与会议的次数也不多。还有4名党员表示“不太愿意”在党员会议中发表自己的意见（见表4-6）。这些样本数据显示GM村的党员对于参加党员会议的积极性并不高，也有部分党员并不经常按时参加党员活动，即使参加党员会议也不太愿意表达自己意见和想法，不太有利于村党支部集思广益，充分发挥集体的智慧和力量助力乡村发展。虽然在访谈中村支部书记说大家都积极参加，认真对待，这是否与“有组织生活费”有关就不得而知了。参与会议发放相关费用的做法是否可取，也值得商榷和思考。

（GM村党支部书记的访谈记录）

访谈者：你觉得这些组织在我们党组织的思想宣传呀，或者在我们村头管理方面呢有没有起到真正的积极作用啊？

受访者：有嘛。可以的啊，都是很积极地响应的啊。

访谈者：我们村头的党员大会多久开一次呢？党员们参与表现如何呢？

受访者：党员大会们就是每个月都要开啊，我们有组织生活费啊，大家都积极参与的啊，要是有个别生病或者其他特殊情况就可以请假不参加咯嘛。我们开会都是关系到村里面的发展咯嘛，大家都积极得很，发表意见啊提出建议呀都积极认真对待呢。

在DH村的16名党员样本中，有10名党员表示“愿意”参加党员会议，5 名党员表示“一般”，1 名党员表示“不太愿意”参与党员会议（见表 4-4）。从样本来看 GM 村党员参与党员会议的意愿不太强。有 7 名党员表示“都会准时参加”规定的党内活动，同时有 8 名党员表示仅仅“有时会参加”党员会议，还有 1 名党员表示“很少参加”（见表 4-5），也即 DH 村党员参加党内活动并不积极，参与次数也不太多。样本中有 8 名党员表示“愿意”在党员会议中发表自己的意见，另外 8 名党员表示“一般”（见表 4-6）。在访谈中 DH 村党支部书记就表示，对于会议是“有要求，但是有的人来不了就不来了”“除了外出务工的党员，在家的都愿意”来参加会议。当被问到“咱们村里会议一般会就哪些事情进行讨论，参会人员是不是很积极地发表自己的意见”时，他回答，“讨论村里的重大决策，党史学习，党员发展情况等等。参会人员都会积极发言意见的”。结合上面的样本数据，可以发现，DH 村的党员对于参加党员会议的积极性并不很高，也有部分党员并不经常按时参加党员活动，即使参加党员会议表达自己意见和想法的情况也不太多。

表 4-4　是否愿意参加党员会议

			是否愿意参加党员会议			合计
			愿意	一般	不太愿意	
村名	安顺市镇宁县 SZ 乡 DH 村	计数	10	5	1	16
		所占百分比	62.5%	31.3%	6.3%	100.0%
	铜仁市碧江区 WW 乡 DJX 村	计数	9	0	0	9
		所占百分比	100.0%	0%	0%	100.0%
	兴义市 ML 镇 GM 村	计数	2	4	0	6
		所占百分比	33.3%	66.7%	0%	100.0%
合计		计数	21	9	1	31
		所占百分比	67.7%	29.0%	3.2%	100.0%

表 4-5　是否按规定准时参加党内活动

			是否按规定准时参加党内活动			合计
			都是准时参加	有时会参加	很少参加	
村名	安顺市镇宁县 SZ 乡 DH 村	计数	7	8	1	16
		所占百分比	43.8%	50.0%	6.3%	100.0%
	铜仁市碧江区 WW 乡 DJX 村	计数	9	0	0	9
		所占百分比	100.0%	0%	0%	100.0%
	兴义市 ML 镇 GM 村	计数	2	4	0	6
		所占百分比	33.3%	66.7%	0%	100.0%
合计		计数	18	12	1	31
		所占百分比	58.1%	38.7%	3.2%	100.0%

表 4-6　是否愿意在党员会议上发表自己的意见

			是否愿意在党员会议上发表自己的意见			合计
			愿意	一般	不太愿意	
村名	安顺市镇宁县 SZ 乡 DH 村	计数	8	8	0	16
		所占百分比	50.0%	50.0%	0%	100.0%
	铜仁市碧江区 WW 乡 DJX 村	计数	7	1	1	9
		所占百分比	77.8%	11.1%	11.1%	100.0%
	兴义市 ML 镇 GM 村	计数	2	0	4	6
		所占百分比	33.3%	0%	66.7%	100.0%
合计		计数	17	9	5	31
		所占百分比	54.8%	29.0%	16.1%	100.0%

对于村党支部组织召开的党员会议，从所调查的三个村寨来看，GM 村的 6 个党员样本对会议实际效果的评价分别有 2 名党员认为“效果良好，受益良多”“形式大于效果”和“很难评价”。样本数据显示 GM 村的党员会议的实际效果并不好。在 DJX 村 10 个党员样本中，有 5 名党员认为“效果良好，受益良多”，1 名党员认为“形式大于效果”，4 名党员表

示“很难评价”。也即可以认为 DJX 村党员会议有一定的实际效果，但也并不特别明显。在 DH 村的 16 个党员样本中，有 12 名党员认为党员会议“效果良好，受益良多”，同时有 4 名党员表示“很难评价”。(具体数据见表 4-7) 总的来看，三个村寨的村党支部组织的党员会议有一定的实际效果，但都并不突出。要真正地充分发挥村党支部的领导力和组织力，促进乡村振兴又快又好地实现，需要组织好和发挥好基层党员的力量，集思广益不断创新农村基层党组织的工作方式方法，将党员会议变成商量和解决农村农业农民“三农”问题的重要载体和途径，并将科学正确的决策贯彻执行。

表 4-7　对村支部组织的相关会议的实际效果的评价

<table>
<tr><td colspan="3" rowspan="2"></td><td colspan="3">对会议的实际效果的评价</td><td rowspan="2">合计</td></tr>
<tr><td>效果良好，受益良多</td><td>形式大于效果</td><td>很难评价</td></tr>
<tr><td rowspan="6">村名</td><td rowspan="2">安顺市镇宁县 SZ 乡 DH 村</td><td>计数</td><td>12</td><td>0</td><td>4</td><td>16</td></tr>
<tr><td>所占百分比</td><td>75.0%</td><td>0%</td><td>25.0%</td><td>100.0%</td></tr>
<tr><td rowspan="2">铜仁市碧江区 WW 乡 DJX 村</td><td>计数</td><td>5</td><td>1</td><td>4</td><td>10</td></tr>
<tr><td>所占百分比</td><td>50.0%</td><td>10.0%</td><td>40.0%</td><td>100.0%</td></tr>
<tr><td rowspan="2">兴义市 ML 镇 GM 村</td><td>计数</td><td>2</td><td>2</td><td>2</td><td>6</td></tr>
<tr><td>所占百分比</td><td>33.3%</td><td>33.3%</td><td>33.3%</td><td>100.0%</td></tr>
<tr><td colspan="2" rowspan="2">合计</td><td>计数</td><td>19</td><td>3</td><td>10</td><td>32</td></tr>
<tr><td>所占百分比</td><td>59.4%</td><td>9.4%</td><td>31.3%</td><td>100.0%</td></tr>
</table>

从比较三个村寨的区域性均衡状况来看，三个村寨党支部委员会议基本上都是一个月开一次。全体党员大会在 GM 村和 DJX 村也基本上是一个月开一次，但是 GM 村常常会有党员请假不参加会议的情况，DJX 村不参加会议的党员基本上是外出务工的党员。全体党员大会在 DH 村则是一个季度开一次，相对少一些。

从党员参与会议的积极性和参与情况，以及在党员会议上发表意见的情况来看，DJX 村的党员参加党员会议的意愿很强，绝大部分都愿意在党员会议中发表自己的意见，同时 DJX 村党支部也积极发扬民主的良好氛围。GM 村和 DH 村的党员对于参加党员会议的积极性并不高，也有部分党员并不经常按时参加党员活动，即使参加党员会议也不太愿意表达自己意见和想法，不太有利于村党支部集思广益。

同时，三个村寨的党员对于党员会议的实际效果的评价都不是很高。这说明虽然现在农村基层党支部都按照相关规定按时召开党员会议，也取得了一定的实际效果，但其效果并不突出。这需要村党支部积极思考如何解决党员会议实效问题。

三、工作场所建设基本完善

西南地区农村基层党组织的工作场所建设状况主要可以从村党支部工作场所、会议场所、党小组活动场所等方面的建设状况进行考察。

在调查中我们观察和了解到，三个村寨的党支部工作场所，环境都还较好，配备办公桌椅、电脑、网络等设备。同时都有党务会议室，实际上是与村务公议室共用的。会议室均配备桌椅、话筒和音箱设备。室外的村党支部挂牌都很标准，墙面宣传栏和院内公开栏都有标准设置，宣传栏和公开栏的布置都很美观，没有乱贴、乱挂、乱画等现象，院内整洁、干净、美观。根据村级组织活动场所规范建设“三室四有十亮”标准要求，“三室”即活动场所要设置党员活动室、村干部办公室、便民服务室，党员活动室（会议室）要配备会议桌椅、远教设备，相关制度上墙，使之成为村干部开会议事、党员定期过组织生活和开展活动的场所。村干部办公室可根据各村条件，分别设置党支部办公室、村委会办公室、村经济合作社办公室、村务监督委员会办公室等，也可整合为一间“村干部办公室”，配备办公桌椅、电话、文件柜等。便民服务室（值班室）也即便民服务中心（便民服务站）可与村干部值班室相结合。“四有”即有上墙制度、有公开栏、有党员教育设备、有办公设施，党员活动室（会议室）要有正面形象墙、村级组织工作规则、党员五星级管理亮分考核公布栏以及党组织星级评定牌子。村干部办公室需要村党支部主要职责和村民委员会主要职责等制度上墙。便民服务室（值班室）需要便民服务职责和村干部值班表上墙。“十亮”即亮村情概况、亮组织机构、亮轮值坐班、亮行为规范、亮创业承诺、亮先锋形象、亮联系群众、亮党员发展、亮后备人才、亮村务财务等，包括“村级组织”“村干部履职行为规范”“公开栏”“党员先锋形象栏”等 4 个版块。[①] 在调查中，GM 村党支部书记介绍，“我们这个楼早就有的，一直是村里头在用着呢，在 2010 年的时候进行了维修和改造，里面的东西都换了新的，装了电脑网络、音响等这些科技设施的。我们有专门的会议室的，还比较大的呢，等一下你们去看一下。我们平时开会装下百把个人都没问题的噢。这个呢也是我们村的门面，看起来得有点样子，老百姓来办个事情，坐下聊聊天都舒服的嘛。”DJX 村和 DH 村的村委会楼都是在 2010 年新建的，办公桌椅等设备也都配备完善，会议室也比较宽敞漂亮，还配套建设图书室和老年人活动室。只是看起来老年人活动室使用率不太高，堆放了一些牌子等杂物。我们了解到，早在 2006 年贵州省省委组织部、省发改委、省财政厅就联合制定了《全省村级组织活动建设工作的实施方案》，根据全省村级组织活动场所建设工作规划，要求在两年内彻底解决村级组织无活动场所或活动场所面积小于 30 平方米的问题，并对部分年久失修的村级组织活动场所进行改扩建。第一批村级组织活动场所新建项目达 1567 个，改扩建项目达到 623 个[②]。到 2010 年贵州省开始推进第二批村级组织活动场所规范化标准化的新建和改造。有数据称，贵州省第一轮村级组织活动场所于 2007 年圆满完成，全省共完成中央新建项目 4010 个、省新建项目 187 个和 883 个改扩建项目，建设资金总额达 2.83 亿元，活动场所面积平均 131 平方米。第一轮村级组织活动场所建设在一定程度上改变了贵州省大部分地区村级组织无处办公、无处开展活动的状况。第二轮村级组织活动场所建设将新建 2100 个行政村，改扩建 3469 个，将全面覆盖全省所有的村级组织[③]。在 2022 年 6 月 22 日，贵州省公布了第三批“全省党支部标准化规范化建设示范

---

① 永康市人民政府网．村级活动场所规范化建设标准清单［EB/OL］. http://www.yk.gov.cn/art/2015/9/21/art_1229190597_1445471.html. 2015 年 9 月 21 日.

② 贵州日报．贵州省扎实推进农村村级组织活动场所建设工作［EB/OL］. 中央政府门户网站 http://www.gov.cn/gzdt/2006-11/21/content_449138.htm. 2006 年 11 月 21 日.

③ 贵州日报．贵州省第二轮村级组织活动场所建设工作会议召开［EB/OL］. 中央政府门户网站 http://www.gov.cn/gzdt/2009-12/01/content_1477355.htm. 2009 年 12 月 01 日.

点”，有205个基层党支部入围。相信在“党的引领、阵地融合、资源融汇、治理联动、成果共享”五步工作法的指导下，西南地区农村基层党组织工作又可以上一个新台阶。如此看来，所调查的三个村寨都是在第二轮村级组织活动场所建设中新建或改造完成的。也可以表明，西南地区农村党支部工作场所、会议室等活动场所，在经过了规范化建设后，都达到了标准化要求，能够较好支持和保障农村基层党组织的各项工作需要。

在调查中也了解到，三个村寨的党小组基本上还没建设专门的工作和活动场所。在DJX村一位村民组组长跟我们说，“党小组都是没得办公室的，我们都是自己家里办公的嘛，有事开个（党）小组会就在自个的家里开，大家坐一起商量怎么个开展工作的。”事实上，贵阳市的一些城郊地区都开始建设党小组活动室了，比如贵阳市乌当区2015年就在基本完成村级组织办公服务场所规范化建设的时候，陆续开建党小组活动室。规范化建设和提升村级组织办公服务场所和建设农村党小组活动室建设，目的是增强党员的责任感，坚定党员的理想信念，提高为群众服务的能力。乌当区出台的《乌当区村级组织办公服务场所规范化建设方案》，明确规定村干部办公场所面积不得超过总面积的20%，办公服务场所一律不设置村干部办公室。主要强调办公场所的党组织服务性和学习性功能，并要求充分发挥好其效用。要求党小组要协助党支部做好党员的经常性教育，关心和了解党员思想、工作、学习、生活等情况，并及时向党支部汇报。要组织、指导、监督党员认真贯彻上级党组织和党支部的决议，按照实际情况和需要，给每个党员分配一定的工作。同时，定期组织好党员联系接待群众工作。定期到活动办公室，按照全程代理事项，为群众提供“一站式”服务①。但是在大多数的西南地区农村，村党小组基本上都没有专门的活动室。因此，总的来看，西南地区农村党支部办公服务场所都已经完成了规范化建设和改造，虽然还未能达到“三室四有十亮”的标准，但是基本上也是根据当地的实际情况，能够满足村党支部工作和服务的需求。农村党小组活动场所还待进一步建设。从比较所调查的三个村寨来看，在工作活动场所建设方面并无明显差异。

---

① 乌当区政府网．乌当区规范建设村级组织办公服务场所［EB/OL］．http://wudang.gywb.cn/html/2015-07/09/content_3441961.htm．2015年7月9日．

四、制度建设基本完备但执行不够到位

西南地区农村基层党组织的制度建设状况主要可以从村务联席会议制度、“五议两公开”制度、“三会一课”制度、廉政制度、“双述双评”制度、民主评议党员制度、外出党员管理制度等方面进行考察。

在调研中我们观察和了解到，三个村寨的党支部在制度建设方面基本上都是按照《中国共产党农村基层组织工作条例》的要求，建立了组织生活会制度，能够坚持每半年召开一次组织生活会，主要内容为开展批评和自我批评。虽然有些外出的党员不能准时参加，但也必须每半年向党支部汇报一次思想工作。组织生活会都有专人记录，并留有存档。坚持了三会一课制度，村党支部全体党员大会保证了每半年召开一次，在 GM 村和 DJX 村都是基本上每月就开一次。党支部委员会保证了每月召开一次，主要是研究贯彻上级党组织的决议和指示，讨论制定完成生产和工作任务的方法，以及党的建设和党员教育、干部选拔调整、发展党员等方面的问题。坚持党小组会议每月召开一次，主要是组织党员学习，研究如何贯彻执行村党支部决议和完成各项工作任务，以及党员思想汇报和工作等方面内容。坚持党课制度，每季度在党员大会之前都会上党课，主要是对党的基本思想、理论、政策，以及科学知识文化、法律法规、市场经济知识等方面进行学习和教育。制定和执行了党支部、村委会联席会议制度，一般每月召开一次。但是实际上经常召开，只要上级党组织政府有新的指示和工作任务安排，就会随时紧急召开联席会议。这也正如有的党支部委员会成员所说，“会议基本上是天天开的，现在农村工作事情非常多，有那么多的任务要完成。今天就开会说有什么任务，明天就要问任务完成得怎么样了，会多得很。”村党支部基本上都坚持了村两委负责人建议、村党支部会提议、村两委会商议、党员大会审议、村民代表会议或村民会议决议，决议公开、实施结果公开的“五议两公开”制度，同时建立和坚持执行了党员联系群众制度、村民代表推选制度、村民代表联系户制度、民主监督制度、责任追究制度、档案管理制度等各项具体工作制度。在农村党支部工作制度方面，包括党支部议事制度、党支部书记职责、发展党员制度、民主评议党员制度、外出党员管理和教育制度都建立了制度并有制度

档案。在调研中有位党支部书记跟我们说，“制度我们都有的，有些制度要上墙，那就该上墙的上墙，不要上墙的制度也要存档，有专人管档案的。”可以看出，目前西南地区农村党支部的制度建设还是比较完善的，基本上是根据《中国共产党农村基层组织工作条例》的要求，建立了基层组织工作制度体系。但是制度执行方面就不得而知了，比如农村地区比较常见的党员外出务工状况，对于外出党员的管理和教育，很多地方都不能完全执行到位。有位村党支部书记说，“好多的党员都外出打工了，每次开会还要打电话问问他们的意见，这个工作量大得很呢，电话打不通，信息不回，就要反反复复地联系他们呢。每半年要他们汇报思想工作的呢，也是一样的，外面工作忙嘛，我们也理解，打工也都不容易呢。”看得出来，外出党员教育和管理在农村党支部工作当中是被边缘化的，被认为搞不搞都并不是特别重要，外出的党员也不太愿意或者说并不十分关心村内的事务，如何更好地搞好村内经济，留住农村人才和党员人才，或许是完善和加强农村基层党组织建设的重要条件和努力方向。因此，总的来说，西南地区农村党支部的制度建设基本上比较完善，但是制度执行方面却并不是非常理想。

五、资金资源来源依赖财政支付缺乏集体经济支持

西南地区农村基层党组织的资金资源保障状况主要可以从村党支部委员的工资发放情况、村党支部和村小组的工作活动经费情况、村党支部可支配的农村建设资源状况等方面进行考察。

在调研中我们了解到三个村寨的村党支部委员的工资都是由县财政部门发放，另有一定的绩效工资和补助，总共加起来的工资水平在每月 4000 元左右。有位村支部书记在访谈中说，“大概 4000 块多一点吧，还可以了。现在国家政策力度大，我们的工资都是县财政部门发的，村里头呢也都放心，不是用的大家伙的钱发的我们的工资吧。我们的工资都会按时发放的，上头对我们村干部呢还是比较重视的。我们以前就只有几百块钱一个月呢，也干了那么多年的。现在国家管我们啦，（精力）就可以完全在村里的工作上头了，也没得时间去干其他的事情，村里头的事情多。大家们也干得放心踏实呢。”其他工作人员的工资水平稍微低一点，但是在调

研的时候由于涉及隐私没有具体的准确数据。从访谈资料可以看得出来，村党支部工作人员目前有了工资保障，能够全身心地投入到村党支部工作中去，感觉更有动力和信心把基层党组织的工作干好。在村党支部和村小组的工作活动经费方面，三个村寨的情况有所不同，GM 村的村级组织运转经费要高一些，每年达到近 4 万元，在 DJX 村的村级组织运转经费在 3 万元左右，而 DH 村的村级组织运转经费仅有 2 万多元。访谈中村党支部干部反映说，“村里的经费也不多，我们只能省着点用噢，不过比以前要好多了呢。现在账目都要清清楚楚，每年都要审计的，一点点问题都不能够出的。”通过查阅资料了解到，在 2017 年贵州省委组织部和省财政厅就联合下发了《关于加强村级组织运转经费保障工作的通知》（黔组通〔2017〕1 号），对村级组织办公经费标准和村干部的基本报酬标准都做出了明确规定和调整，保证村级组织办公经费每年 2 万元以上，村支部书记的基本报酬标准为县农村居民人均收入的 2 倍。这两项加上其他村干部报酬合计不低于 9 万元每年。同时对于符合一定条件的离任村干部进行生活补贴。[①] 2019 年贵州省财政厅下达了《2019 年村级组织运转及村党支部书记业绩考核奖励补助经费的通知》（黔财行〔2019〕11 号），还专门出台了《贵州省村级组织工作运行经费及村党组织书记业绩考核奖励经费管理暂行办法》，各地州市根据通知有关要求，对村级组织的补助制定相应标准。一般来说，村级组织运转经费财政补助标准在平均每村 2 万元左右；村党支部书记业绩考核奖励标准在每人每年 1200 元左右，年终考核合格后一次性发放。补助资金来源主要来自省、州、县三级财政，分别按照 4：3：3 比例负担解决。[②] 2021 年 3 月贵州省委组织部、省财政厅印发《关于建立正常增长机制进一步加强村级组织运转经费保障工作的通知》，明确“345”保障机制，激励优秀人才建功乡村振兴。“345”保障机制指的是：村支部书记的基本报酬按县农村人均收入的 3 倍核定，不低于 4 万元每年，村支部书记、

① 贵州日报．贵州全面提高村级组织运转经费保障标准［EB/OL］．新华网 http://www.xinhuanet.com/local/2017-01/22/c_129456601.htm．2017 年 1 月 22 日．

② 黔西资讯．州财政局下达 2019 年村级组织运转及村党支部书记（村主任）业绩考核奖励补助资金［EB/OL］．https://www.3haojob.com/ad/156429301839837686.html．2019 年 7 月 28 日．

村委会主任“一肩挑”的不低于5万元每年。① 贵州省一系列相关文件政策出台，体现了省委对于农村基层组织和基层党员干部的关心和重视，给广大的农村基层工作者吃了定心丸，注入了强心剂，让农村基层工作者在工作中更有激情，更加有盼头，能够全身心地投入到乡村振兴工作中去。

还有一个方面的资金资源保障就是村党支部与村委会所掌握的可支配的农村建设资源状况。在这个方面各村寨就存在着较大的差异。在GM村访谈中村党支部书记说，“只是讲呢有些年纪大的或者有慢性病的，他没得什么事做，没得什么收入，村里是会给慰问金的啊，每年给500块钱。”这是村里每年给年纪较大的又没什么收入的党员发放500元的慰问金。还有就是给参加党员大会的党员发放组织生活费，他说，“党员大会们就是每个月都要开啊，我们有组织生活费啊，大家都积极参与的啊。”还有就是土地的租金。在问到村里有没有村集体企业时，GM村党支部书记介绍说，“没得的，目前我们只有一块土地是租给企业用，每年收71万的租金，属于我们村的集体资金。”当问到村里办了哪些大事，资金都是从哪里来的问题时，村支部书记说，“我们去年（指2020年）们花了40多万修了一条基耕道，也就是从中那白到下那白那条沟，主要是用于农田灌溉，又能起到排洪作用，我们在沟上盖了水泥板，还可以是农民们去田间地头的便利通道。还有呢，就是我们水污染治理这一块，我们也是花了几十万嘞，上面这些一直到清水河的污水处理都是整好了，污水处理管网，都是全部建好了的，还有排洪沟，路灯安装这些，都是村里面去年办的大事。”“这些资金都是村里面集体的收入啊，我们每年得的那点钱就是拿来计划办村里面大家的事情。”GM村在2020年花了40多万修基耕道，又花了几十万元做污水处理等，都是用的集体收入，就表明GM村两委所掌握的可支配的农村建设资源还是十分可观的，这也是与GM村归属城镇街道，村内私营企业多，经济相对发达活跃有关。在DJX村调研的时候，了解到DJX村目前的村集体经济情况。“我们村主要是有梅花鹿养殖业、餐饮住宿还有一个停车场。梅花鹿养殖业的话，主要是卖鹿茸和鹿肉，现在发展

---

① 新华日报. 贵州提高村干部基本报酬，“一卡通”按月足额发放到人［EB/OL］. 新浪网 http://k. sina. com. cn/article_3881380517_e7592aa5020012w6f. html. 2021年2月22日.

还不错。但是餐饮住宿和停车场只有油菜花节的时候才会来客人，平时很多会有人到村里开的那个餐厅去吃饭，停车也是。但是现在有很多村民会在村里面的那个餐厅包席，喜事丧事都喜欢在那里包。”对于其他产业规划，“我们村里面打算在村里面的水湖投放鱼苗，然后开办一个钓鱼场。”所以看起来 DJX 村的集体经济收入主要就是梅花鹿养殖业和餐饮住宿这两种。虽然目前发展得还不错，但毕竟收入还是有限的。在村党支部书记说到村里的道路问题时，“我们村的道路修得不够平整，但是上面没有拨资金下来，村里面也没有钱修呀。”还有在谈到村里举办各种活动的时候，一位村民组组长说，“他们还鼓励我们多做点，多举办一些活动。像 2019 年我们村举办了摸鱼活动，举办得很成功，老百姓都很满意。摸得多的就会有一定的奖励，但是这两年国家经费有限再加上疫情，我们村干部就没有多少心思举办这类活动了。”这里村支书谈到了修路村里没有钱，村民组组长也谈到举办摸鱼活动没有钱，这些都表明了 DJX 村可支配的资金资源十分有限。在 DH 村，我们了解到村里虽然有“种植有蜂糖李、瓜蒌，养殖农户散养土鸡、关岭牛、黑山羊等”一些地方特色产业，但是“各自都达不到规模，未能带动群众致富，没有形成品牌”。DH 村没有集体经济企业，生产仅仅以农业经济合作社的形式出现，仍然是农户分散经营模式，未能形成较好的经济效益。在集体经济相对缺失的情况，DH 村党支部和村委会能够掌握和支配的资金资源就显得非常缺乏，村支部的工作活动开展往往就只能靠财政下拨的村级组织运转经费来支撑。所以从三个村寨的比较来看，GM 村处于相对发达城镇地区，所掌握的资金资源最多；DJX 村有两家集体经济组织，尚有一定的集体收入；而 DH 村则没有集体经济基础，所能支配的资金资源基本上完全依赖财政拨付的村级组织运转经费。

六、能力建设明显不足难以适应新时代需求

2019 年 1 月 10 日中共中央印发了《中国共产党农村基层组织工作条例》，强调农村基层党组织要全面领导乡镇、村的各类组织和各项工作，这就对农村基层党组织的能力建设提出了新的要求。强调要“坚持党要管党、全面从严治党，以提升组织力为重点，突出政治功能”，要求农村基层党组

织有出色的组织能力，着力提升农村基层党组织的群众组织力，夯实乡村振兴的组织基础，也是新时代农村现代化的基本要求。同时，“治理有效”是乡村振兴的保障①，要求农村基层党组织不断创新社会治理模式与治理机制，促进农村社会治理有效。因此，在调查中我们主要从领导能力、组织能力、创新能力三个方面来考察西南地区农村基层党组织的能力建设状况。

（一）领导组织能力缺乏

调查数据显示，在GM村的46个调查样本中，有44人认为村党支部的领导能力“一般”，占样本量95.7%，另有2人（占4.3%）认为“较强”；在DJX村的47个调查样本中，有6人（占12.8%）认为村党支部的领导能力“较差”，有31人（占66.0%）认为“一般”，有9人（占19.1%）认为“较强”，还有1人（占2.1%）认为“非常强”；而在DH村的42个调查样本中，有1人（占2.4%）认为村党支部的领导能力“较差”，有41人（占97.6%）认为“一般”。从数据来看，总体上村民对于村党支部的领导能力评价一般，在DH村和GM村村民对村党支部的领导能力的评价特别集中，而在DJX村则相对分散一些，分别有一至两成的村民认为村党支部的领导能力较差和较强。从数据看，调查中村民对于村党支部的领导能力和组织能力并没有清楚地区分，导致了数据完全一致。

表4-8 对村党支部的领导能力的评价表

			对村党支部的领导能力的评价				合计
			较差	一般	较强	非常强	
村名	安顺市镇宁县SZ乡DH村	计数	1	41	0	0	42
		所占百分比	2.4%	97.6%	0%	0%	100.0%
	铜仁市碧江区WW乡DJX村	计数	6	31	9	1	47
		所占百分比	12.8%	66.0%	19.1%	2.1%	100.0%
	兴义市ML镇GM村	计数	0	44	2	0	46
		所占百分比	0%	95.7%	4.3%	0%	100.0%

① 金台资讯. 提升农村基层党组织的社会治理能力［EB/OL］. https://baijiahao.baidu.com/s? id=1707237379525992198&wfr=spider&for=pc. 2021年8月5日.

续表

		对村党支部的领导能力的评价				合计
		较差	一般	较强	非常强	
合计	计数	7	116	11	1	135
	所占百分比	5.2%	85.9%	8.1%	7%	100.0%

（二）创新能力明显不足

从村党支部的创新能力来看，在GM村的46个调查样本中，有14人认为村党支部的创新能力“较差”，占样本量的30.4%，有32人（占69.6%）认为“一般”，没有人认为村党支部的创新能力“较强”或“非常差”；在DJX村的47个调查样本中，有2人（占4.3%）认为村党支部的创新能力“非常差”，有8人（占17.0%）认为“较差”，有30人（占63.8%）认为“一般”，还有7人（占14.9%）认为“较强”，而在DH村的42个调查样本中，有1人（占2.4%）认为村党支部的创新能力“非常差”，有10人（占23.8%）认为“较差”，有31人（占73.8%）认为“一般”，没有人认为村党支部的创新能力“较强”。因此看来，对村党支部创新能力的评价低于对村党支部领导能力和组织能力的评价，总体上集中在较差和一般。同样的，GM村和DH村村民的评价相对集中，DJX村村民的评价则相对分散。

表4-9 对村党支部的创新能力的评价表

			对村党支部的创新能力的评价				合计
			非常差	较差	一般	较强	
村名	安顺市镇宁县SZ乡DH村	计数	1	10	31	0	42
		所占百分比	2.4%	23.8%	73.8%	0%	100.0%
	铜仁市碧江区WW乡DJX村	计数	2	8	30	7	47
		所占百分比	4.3%	17.0%	63.8%	14.9%	100.0%
	兴义市ML镇GM村	计数	0	14	32	0	46
		所占百分比	0%	30.4%	69.6%	0%	100.0%

续表

		对村党支部的创新能力的评价				合计
		非常差	较差	一般	较强	
合计	计数	3	32	93	7	135
	所占百分比	2.2%	23.7%	68.9%	5.2%	100.0%

我们也通过访谈了解村两委的工作能力方面的情况，可以从具体相关的访谈资料进行分析。

（GM 村党支部书记的访谈资料）

访谈者：好嘛，大家都积极正能量哈，那书记你能用几句话评价一下我们村两委的工作能力嘛？

受访者：相对于上一届村两委来讲，我们现在注入了新鲜的血液，吸纳了年轻的干部进来，现在我们村委里面已经有四个大学生，而且都偏年轻化，现在正需要这种年轻人才，有干劲。乡村要振兴，人才要振兴，光是喊口号不行啊。

访谈者：那么现在这些年轻人相对你们老干部来说肯定是没得接地气的基层管理经验，老百姓们配不配合他们的工作呢？

受访者：他们是老百姓选举出来的，老百姓肯定是相信他们才选他们啊，再说了，年轻干部也不可能乱来什么嘛，肯定听从上级领导的指示和安排来做事情嘛。一点一点地做给老百姓看，不让老百姓失望，老百姓肯定是相信他们的啊。

访谈者：那我们年轻干部有没有为村里面的发展提出什么创新的新想法或者新思想之类的呀？

受访者：有，但是我们也正在规划，而且我们一月八号才换届选举完，很多东西现在还在规划阶段，还没得到落实。但是春节期间他们也是在积极地做事情。

从对 GM 村党支部书记的访谈中我们可以看出，在农村基层党组织工作中，年轻人尤其是年轻的大学生还是非常缺乏，吸纳了年轻的大学生就代表着农村基层党组织工作能力的提升。无论是农村基层党组织的老党员老干部，还是农村老百姓都对年轻人寄予了非常高的期望，希望这些都在

“积极做事情”的年轻人的创新思想和发展思路给农村带来新的变化和更好的发展。

（DJX 村民组组长的访谈资料）

访问员：哦，那我觉得很不错呢。可以再问您一下，您对村两委的工作能力的评价吗？

受访者：他们的工作能力都比较强，他们的积极性也蛮高的，能够切实为老百姓服务。

访问员：可以举一些具体的实例吗？就是他们做了什么事情让您觉得他们的工作能力比较强？

受访者：就比如说在秋冬发补助啊，以及这些低保评审呀，我们这些干部都是速战速决的。上面政策下达后，我们马上就会召开会议研究它，还有嘛就是村支两委就会积极发展村里面的产业，比如说今年我们发展了稻加鸭产业，就是水稻田里面养鸭子，还有我们养了旱稻鱼。玉米加大豆我们也种植了三百亩。

访问员：村民也是非常赞同你们做这些产业吗？

受访者：我们村民也是非常支持我们村干部做的这些决议，去年的那一任村领导班子，今年选举又是他们几个啊，选举的时候都是全票通过。所以说村民对村里面的工作还是十分支持的。

（DJX 村支部委员的访谈资料）

访问员：现在想请您评价以下我们村两委的工作能力。您觉得他们的工作能力怎么样？

受访者：好啊（哈哈哈哈笑了几声）。

访问员：可以举点具体的例子吗？我不太理解这个“好”，他们做了什么，让您觉得好？

受访者：就是电脑操作技术方面比较欠缺，其他方面还是比较好的，比如他们会帮助村民做一些实事呀，宣传上面政策呀，这些都可以。但是电脑方面都不太行，刘××书记会，但书记又不怎么愿意。

从在 DJX 村的访谈来看，村两委在传达和落实上级政策和任务，如秋冬发补助、低保评审等各项工作方面都能快速反应和按时完成。同时也能根据当地的自然环境等条件，努力想办法发展农村集体经济产业，如稻加鸭、旱稻鱼、玉米加大豆等产业的尝试和发展。但是从总体看来，DJX 村的产业发展方面都是围绕种植、畜禽养殖等，规模化效应不明显，并且没能形成产业链，或者说都处于产业链的最底端，还处在原始生产阶级，并没有太多的创新内容。

在 DH 村所了解的情况也和 DJX 村的情况差不多。虽然访谈中 DH 村的党支部书记跟我们说，“我们村两委干部能力都很强，如带头发展产业以身示范，做出榜样，能很好地发动群众，团结群众。”但是从产业发展角度来看，也是采用“养殖农户散养土鸡、关岭牛、黑山羊等”的形式发展农村经济产业，“处于产业链发展靠后的地位”。

在调查中当问到“所在的村基层党组织目前最大的问题或困难的地方是哪些”时，村民们的回答主要集中在“党员整体文化水平不高，素质不强”和“党员年龄老化，缺少年轻人加入”，在 DH 村两项的回答比率分别为 36.8%和 45.6%，在 DJX 村两项的回答比率分别为 40.6%和 35.6%，在 GM 村两项的回答比率分别为 34.3%和 29.9%。(具体见表 4-10)

(DH 村村支部书记的访谈资料)

访问员：您觉咱们村党组织的自身建设还需要从哪些方面加强，要怎么样才能带领全村搞得更好?

受访者：党性意识不够强，党员老龄化，整体党员文化不高。应该多发展优秀青年党员，比如毕业大学生、农村致富能手、复退军人、外出经商人员、35 岁以下青年、返乡农民工等，这样有文化有活力的队伍才能带领全村搞得更好。

(DJX 村村支部委员的访谈资料)

访问员：那您觉得我们党组织建设方面还有哪些方面需要加强?

受访者：我们村的好多年轻人都不愿意入党了，还有像你们在外面读书的学生都是在学校入党了。我认为我们村还是要多发展年轻党员，年轻人学东西比较快。比如现在我们村委会都是三四十岁的人，没有几个会使用电脑，如果年轻人积极入党，肯定会对我们村的发展有所帮助。

（DJX 村村民组组长的访谈资料）

访问员：你觉得我们村的党组织建设还需加强哪些方面？比如自身建设方面？

受访者：加强一些理论知识的学习，比如一些自身水平不太高的党员，我们还要监督他学习。

访问员：哇，我们村真的做得不错耶。那我还想问一下，就是我们村的村干部会不会进行培训学习呀？

受访者：要，不过现在因为疫情的原因，上面要求学习的内容都是在 App 上进行的。我们也会在村里开会进行学习培训呀，有时候也还会组织村干部和包村干部在村里面去开党会，开群众会，宣传一些理论知识，让他们加强学习。

（GM 村村支党书记的访谈资料）

访谈者：那么村里面的党组织建设方面，书记认为还有没有哪些方面是需要加强的呀？

受访者：自身建设该加强的呢，就是把党组织建设里面该完善的完善，特别是党员学习要加强，保持进步。然后，就是上面传达的这些思想，比如我们脱贫攻坚成果需要巩固，才能和乡村振兴衔接好咯，我们基层组织建设肯定要起一定的带头作用啊，比如环境卫生治理上啊，乡风文明引导上啊，各方面都要提出合适可行的建议。让老百姓不反感你，让他认可这个事情。这些事情做好噢，对他的生活，他的宜居环境有提高有改善，让他们受益啊，让他们的生活层次提高啊。现在不是光讲吃得饱、穿得暖了，还要让他们生活得好，生活质量要提高，他们的满意度要高，他们生活得健康，这才是我们做得好的目标。

表 4-10　所在村的村基层党组织目前最大的问题或困难

			目前村基层党组织建设最大的问题或困难[a]						总计
			党员整体文化水平不高，素质不强	党员年龄老化，缺少年轻人加入	党员组织活动经费有限	党组织建设缺乏专职人才	党组织活动场所不够	其他	
村名	安顺市镇宁县 SZ 乡 DH 村	计数	25	31	9	2	1	0	68
		所占百分比	36.8%	45.6%	13.2%	2.9%	1.5%	0%	
	铜仁市碧江区 WW 乡 DJX 村	计数	41	36	10	5	5	4	101
		所占百分比	40.6%	35.6%	9.9%	5.0%	5.0%	4.0%	
	兴义市 ML 镇 GM 村	计数	46	40	14	22	12	0	134
		所占百分比	34.3%	29.9%	10.4%	16.4%	9.0%	0%	
总计		计数	112	107	33	29	18	4	303

百分比和总计以响应为基础。
a. 值为 1 时制表的二分组。

在调查中问到“农村基层党组织建设需要在哪些方面进行创新”时，在 DH 村选择“政策宣传形式力度”的占到 66.7%，回答“党员服务理念”的占 17.6%，回答“组织活动方式”的占 13.7%。这表明 DH 村在对上级组织的政策宣传方面还存在明显的不足，其他两个方面也需要加强。在 DJX 村主要集中在“党员服务理念”和“农村基层群众联系方式”两项，所占比率分别为 36.7%、31.6%，选择“组织活动方式”的也高达 20.4%。在 GM 村选择稍分散一些，但是也主要集中在“党员服务理念”（33.8%）和“农村基层群众联系方式”（33.8%）两项。（具体见表 4-11）这些数据表明，创新“党员服务理念”和“农村基层群众联系方式”仍然是农村基层党组织建设最迫切的问题。一些地方农村仍然没有完全转变“管控”思维，工作理念和工作方式保留着原来的“从上往下看”的角度，服务意识并未完全形成。也可能存在应付和不作为的思想状况，对政策宣传不到位，简单地认为自己传达过或者在村委会所在地张贴出来就算是政策宣传，事实上很多村民可能因为文化程度低、没有参加会议等原因没能清楚地了解政策精神，从而导致政策执行不顺畅等问题的出现。

表 4-11　所在村的农村基层党组织建设需要哪些方面进行创新

			农村基层党组织建设需要哪些方面进行创新[a]						总计
			党员服务理念	党支部工作条例	农村基层群众联系方式	组织活动方式	政策宣传形式力度	其他	
村名	安顺市镇宁县 SZ 乡 DH 村	计数	9	1	0	7	34	0	51
		所占百分比	17.6%	2.0%	0%	13.7%	66.7%	0%	
	铜仁市碧江区 WW 乡 DJX 村	计数	36	4	31	20	7	0	98
		所占百分比	36.7%	4.1%	31.6%	20.4%	7.1%	0%	
	兴义市 ML 镇 GM 村	计数	46	6	46	12	24	2	136
		所占百分比	33.8%	4.4%	33.8%	8.8%	17.6%	1.5%	
总计		计数	91	11	77	39	65	2	285

百分比和总计以响应为基础。
a. 值为 1 时制表的二分组。

总的看来，在党中央高度重视农村基层党组织建设，调动大量资源向农村地区输入的情况下，通过精准扶贫、脱贫攻坚政策的实施，到现在大力推进乡村振兴战略，西南地区农村基层党组织建设得到长足的发展，农村党支部的能力得到了快速的提升。西南地区农村党支部成为宣传和落实党中央新时代党的建设总要求和新时代党的组织路线的坚强战斗堡垒，全面领导农村工作的能力不断增强，组织群众、发动群众、团结群众的能力得到空前的提升。但是在西南地区，党员整体文化水平低，党员老龄化，年轻有文化的党员缺乏仍然是农村基层党组织队伍建设最大的问题。一些地方仍然存在比较严重的“管控”思维倾向，难以实现农村基层党组织向

“服务型”组织转变，就可能导致工作以自我为中心、方式简单、不以实效为目标等问题。最突出的问题体现在领导推动农村经济产业发展等方面，仍然存在依赖土地租金、农业产业生产低端化等现象，创新能力有待提升。

第五章 西南地区农村基层党组织围绕乡村振兴中心任务的功能实现状况

党的十九大提出实施乡村振兴战略，并强调了乡村振兴促进农村现代化的总要求①，强调解决农村地区发展不平衡、不充分的突出问题是实现中华民族伟大复兴的必然要求②。“加强农村基层党组织对乡村振兴的全面领导”是乡村振兴战略顺利实施的重要保证。要实现党中央提出的产业兴旺、生态宜居、乡风文明、治理有效、生活富裕的乡村振兴战略的要求和目标，农村基层党组织就需要在推动农村社会经济发展、实现农村基本公共服务均等化、促进乡风文明、实现乡村治理体系现代化、生态宜居的美丽乡村基本实现等方面承担起重要的具体功能，这是农村基层党组织在乡村振兴战略实施阶段的重要的目标性功能。当前，西南地区农村基层党组织围绕乡村振兴的中心任务的功能实现状况如何？本研究通过实地考察和社会调查，主要从推动经济产业发展的功能实现状况、推动生态保护与人居环境改善的功能实现状况、推动乡风文明的功能实现状况、推动社会治理的功能实现状况、推动共同富裕的功能实现状况等五个方面进行分析，并对三个不同村寨的基本情况进行对比分析，以期发现不同类型的西南地区农村基层党组织围绕乡村振兴的中心任务

① 习近平. 决胜全面建成小康社会 夺取新时代中国特色社会主义伟大胜利——在中国共产党第十九次全国代表大会上的报告 [N]. 新华社，2017 年 10 月 18 日.

② 中共中央、国务院. 中共中央 国务院关于实施乡村振兴战略的意见 [N]. 2018 年 1 月 2 日. 中华人民共和国农业农村部网站 http://www.moa.gov.cn/xw/zwdt/201802/t20180205_6136402.htm.

的功能实现状况的差异。

一、推动经济产业发展的功能实现亟待加强

在实施乡村振兴战略背景下，西南地区农村经济产业发展正面临着转型升级。作为西部地区，贵州山区农村的传统农业向现代农业转型是一场农村产业革命，是对农村不平衡、不充分发展的一场深刻变革①。农村经济产业发展必须立足所在地区的资源禀赋，以及区域产业链发展等具体环境，从传统农业向“一二三”产业融合、城乡融合的发展模式转变。在调查中我们主要从西南地区农村经济产业发展的基本状况、农村经济产业发展优势、农村经济产业发展特点等方面进行考察。

（一）经济产业发展的仍以传统低端产业为主

所调研的三个村寨中的经济产业主要集中在种植业、畜牧渔业、林果业、农产品加工业、休闲旅游业、餐饮住宿、承包租赁业（指土地或厂房出租获得收入）等七大类（具体数据见表 5-1）。同时在问到“村里经济产业是否形成规模化生产方式”时，回答的人很少（具体数据见表 5-2），这说明三个村寨的经济产业都没有形成规模化生产。在问到“村里经济产业是否形成了产品品牌”时，仅 DH 村有 16 位村民认为其林果业形成了产品品牌（具体数据见表 5-3）。在访谈中也了解到 DH 村的蜂糖李在当地还是有点名气，但是并未注册品牌，自然也谈不上品牌效应。当问到“村里经济产业是否和周边区域的产业形成产业链”时，也只有 DH 村的 21 人次认为林果业与周边区域的产业形成产业链（具体数据见表 5-4），但是几乎没有人认为村里的经济产业是区域产业链中的龙头产业（具体数据见表 5-5）。在问到“村里哪种经济产业最有发展前景”时，整体上认为种植业、林果业、休闲旅游业、餐饮住宿最具有发展前景（具体数据见表 5-5），在三个村寨中存在一定的差异。

① 李建军主编．贵州农村产业调整与变革研究［M］．贵阳：贵州大学出版社，2019，第 2 页．

表 5-1 所在村主要有哪些产业

			村名			总计
			DH 村	DJX 村	GM 村	
主要有哪些产业[a]	种植业	计数	43	44	44	131
		所占百分比	35.8%	24.4%	20.4%	
	畜牧渔业	计数	34	45	40	119
		所占百分比	28.3%	25.0%	18.5%	
	林果业	计数	42	38	46	126
		所占百分比	35.0%	21.1%	21.3%	
	农产品加工业	计数	0	0	20	20
		所占百分比	0%	0%	9.3%	
	其他工业______	计数	0	0	4	4
		所占百分比	0%	0%	1.9%	
	休闲旅游业	计数	0	18	2	20
		所占百分比	0%	10.0%	9%	
	餐饮住宿	计数	0	35	10	45
		所占百分比	0%	19.4%	4.6%	
	承包租赁业(指土地或厂房出租获得收入)	计数	1	0	46	47
		所占百分比	8%	0%	21.3%	
	其他服务业	计数	0	0	4	4
		所占百分比	0%	0%	1.9%	
总计		计数	120	180	216	516

百分比和总计以响应为基础。

a. 值为 1 时制表的二分组。

表 5-2　村里经济产业是否形成规模化生产方式

			村名			总计
			DH 村	DJX 村	GM 村	
是否形成规模化生产方式[a]	种植业	计数	2	3	0	5
		所占百分比	50.0%	50.0%	0%	
	畜牧渔业	计数	0	3	0	3
		所占百分比	0%	50.0%	0%	
	林果业	计数	2	0	0	2
		所占百分比	50.0%	0%	0%	
	承包租赁业(指土地或厂房出租获得收入)	计数	0	0	2	2
		所占百分比	0%	0%	100.0%	
总计		计数	4	6	2	12

百分比和总计以响应为基础。

a. 值为 1 时制表的二分组。

表 5-3　村里经济产业是否形成了产品品牌

			村名			总计
			DH 村	DJX 村	GM 村	
是否形成了产品品牌[a]	种植业	计数	1	1	0	2
		所占百分比	5.9%	33.3%	0%	
	畜牧渔业	计数	0	1	0	1
		所占百分比	0%	33.3%	0%	
	林果业	计数	16	0	0	16
		所占百分比	94.1%	0%	0%	
	休闲旅游业	计数	0	1	2	3
		所占百分比	0%	33.3%	100.0%	
总计		计数	17	3	2	22

百分比和总计以响应为基础。

a. 值为 1 时制表的二分组。

表 5-4　村里经济产业是否和周边区域的产业形成产业链

			村名		总计
			DH 村	GM 村	
是否和周边区域的产业成产业链[a]	种植业	计数	8	4	12
		所占百分比	27.6%	33.3%	
	林果业	计数	21	2	23
		所占百分比	72.4%	16.7%	
	其他工业__________ ______	计数	0	2	2
		所占百分比	0%	16.7%	
	承包租赁业（指土地或厂房出租获得收入）	计数	0	4	4
		所占百分比	0%	33.3%	
总计		计数	29	12	41

百分比和总计以响应为基础。

a. 值为 1 时制表的二分组。

表 5-5　村里经济产业是否在区域产业链中处于龙头地位

			村名	总计
			GM 村	
是否在区域产业链中处于龙头地位[a]	种植业	计数	2	2
		所占百分比	100.0%	
总计		计数	2	2

百分比和总计以响应为基础。

a. 值为 1 时制表的二分组。

表 5-6　村里哪种经济产业最有发展前景

			村名			总计
			DH 村	DJX 村	GM 村	
您认为村里哪种产业最有发展前景[a]	种植业	计数	0	40	34	74
		所占百分比	0%	41.2%	28.3%	
	畜牧渔业	计数	0	10	0	10
		所占百分比	0%	10.3%	0%	
	林果业	计数	20	0	16	36
		所占百分比	100.0%	0%	13.3%	
	农产品加工业	计数	0	0	14	14
		所占百分比	0%	0%	11.7%	
	其他工业____ ______	计数	0	0	6	6
		所占百分比	0%	0%	5.0%	
	休闲旅游业	计数	0	15	36	51
		所占百分比	0%	15.5%	30.0%	
	餐饮住宿	计数	0	32	6	38
		所占百分比	0%	33.0%	5.0%	
	其他服务业	计数	0	0	4	4
		所占百分比	0%	0%	3.3%	
	电子商务	计数	0	0	4	4
		所占百分比	0%	0%	3.3%	
总计		计数	20	97	120	237

百分比和总计以响应为基础。

a. 值为 1 时制表的二分组。

（二）不同村寨的经济产业发展不平衡

以下比较三个村寨的经济产业发展的状况。DH 村的经济产业仅有种植业、畜牧渔业、林果业三类（具体数据见表 5-1），都属传统农业产业。在访谈中 DH 村的村支部书记介绍，“村里主要种植有蜂糖李、瓜蒌，养殖农户散养土鸡、关岭牛、黑山羊等”，农民的收入主要靠“在家务农和外出打工”。村支部书记认为DH村的农民收入“达到了全县人均收入，还好”。经济产业“各自都达不到规模”“没有形成品牌”。虽然有部分村民认为DH村的蜂糖李种植有一定的名气，在一定程度上也是与周边区域的产业“形成产业链的关系”，但仍然是“处于发展靠后的地位”，是产业链的底端。所在村支部书记也认为村里的经济产业“未能带动群众致富”，同时也希望以蜂糖李、瓜蒌等种植业的规模化生产来带动农户越来越富裕，也想到发展农村旅游产业，做“吃喝玩乐为一体”的农村经济。从经济产业发展受阻的原因上来看，村干部也将原因归咎于“农户抱着传统思想，不愿把土地流转出来，使产业达不到规模”。从总体上来看，DH村的经济产业基本上是种植业、畜牧渔业、林果业等传统农业产业，而且是以分散式经营为主，没有形成规模化生产方式，没有形成品牌效应，农产品以原产品形式进入市场，处于产业链的最底端。同时因为地理位置、自然环境、农户传统观念等因素影响，农村基层组织也缺乏主动性和创新能力不足，一些构想也都不具有创新性，在行动上都尚未能尝试更多新型产业的发展。

（DH村村支部书记的访谈资料）

访问员：咱们村的村民主要以哪种形式就业？村民的年收入水平如何呢？

受访者：在家务农、外出务工。（村民的年收入）达到全县人均收入，还好。

访问员：咱们村内主要的产业有哪些？

受访者：种植有蜂糖李、瓜蒌，养殖农户散养土鸡、关岭牛、黑山羊等。

访问员：各自处于什么状况，是否形成了产品品牌？

受访者：各自都达不到规模，未能带动群众致富，没有形成品牌。

访问员：村内的产业和周边区域的产业是否形成产业链的关系，村内的产业在这个区域的产业链关系中处于什么地位？

受访者：形成了产业链的关系，处于发展靠后的地位。

访问员：您认为村里当前的主导产业是否有发展前景，能否使村民越来越富裕？您认为咱们村产业未来的长远发展方向是什么，您有什么构想？

受访者：村里主导产业蜂糖李、瓜蒌加大规模，壮大村集体经济，农户入股模式能带动农户越来越富裕。村产业未来的长远发展方向是，利用好资源发展农村旅游产业，推动服务产业，带动农业，做到吃喝玩乐为一体的农村经济。

访问员：村内是否存在着与产业经济发展相关的矛盾？在哪方面有过矛盾的话，请举例陈述矛盾的起因、发展和处理办法等全部经过。

受访者：产业经济发展相关的矛盾是土地流转，农户没有认清农业发展会带来更大的收益，抱着传统思想，不愿把土地流转出来，使产业达不到规模。今后发展和处理办法是，一定要做出盈利的产业才能带动群众做大做强。

DJX村的经济产业除了种植业、畜牧渔业、林果业三类传统农业产业外，还有休闲旅游业、餐饮住宿两类产业（具体数据见表5-1）。在访谈中，我们也可以看到，DJX村在做的集体经济产业是梅花鹿养殖、餐饮住宿、稻加鸭。另外就是在种植油菜的同时，举办油菜花节，推动乡村旅游产业发展，建的一个停车场主要是为油菜花节服务的，同时也可以通过收取停车费创收。稻加鸭项目就是在稻田里养殖水鸭，增加稻田亩产附加收入。当前DJX村的梅花鹿养殖产业发展不错，主要是卖鹿茸和鹿肉。“餐饮住宿和停车场只有油菜花节的时候才会来客人”，这是季节性经营产业。村里的餐厅平时也会有人消费，同时也会在那里停车，这个餐厅也成为村里人“包席”的重要场所，“喜事丧事都喜欢在那里包”。从数据统计来看，DJX村的经济产业也都没有形成规模化生产（具体数据见表5-2），也没有形成产品品牌（具体数据见表5-3），同时也没有和周边区域产业形成产业链（具体数据见表5-4）。DJX村的村民对他们的种植业、畜牧渔业、休闲旅游业、餐饮住宿四类产业充满期待和信心，认为这些产业是具有发展前景的（具体数据见表5-6）。在访谈中，村支部委员也很骄傲地说，“你在WW乡各个村里面去看看，有几个的产业活了，只有我们的梅花鹿养殖还办着的，说明我们办得好，我们还是要继续办下去的”“首先这个梅花鹿养殖和餐饮住宿还是要继续开展下去的，我们村里面打算在村里面的水湖投放鱼苗，然后开办一个钓鱼场。”同时，村里还要做稻加鸭，养鸽场，套种食用菌等经济作物，以及村里的门面出租等等。从这些资料可以看出，DJX村虽然也是处于山区中的西南地区农村，也没有太多的地理位置、自然环境的优势，但是DJX村基层组织主动性强，具有较强的创新能力和进取精神，不断努力在经济产业领域进行创新行动，才能够形成当前梅花鹿养殖、餐饮住宿、稻加鸭、油菜节乡村旅游项目、养鸽场、套种食用菌、门面出租等一系列经济创收产业。虽然当前这些集体经济产业的效益可能并不是特别理想，但毕竟DJX村有了一些集体经济产业，也有一些经济产业发展的构想，这是村基层党组织给村民们带来的希望和信心，同时也得到了村民的广泛支持。

（DJX村村支部委员的访谈资料）

访问员：我们村的村民主要是靠做什么维持生计呀？

受访者：这你还不知道吗？农民嘛能做什么，主要靠种田和外出打工。外出打工的人嘛，要比在家种田的村民生活过得好一点。

访问员：那您觉得村民的年收入大概达到什么水平了？

受访者（村支委好像误解了我的问题）：现在都是小康了，2020年全面进入小康社会了。

访问员：那我们村的村民的年收入大概是在什么阶段呢？

受访者：年收入呀，大概是在一万五。

访问员：好的，那我们村里的主要产业有哪些呀？

受访者：我们村主要是有梅花鹿养殖、餐饮住宿还有一个停车场。梅花鹿养殖的话，主要是卖鹿茸和鹿肉，现在发展还不错。但是餐饮住宿和停车场只有油菜花节的时候才会来客人，平时也会有人到村里开的那个餐厅去吃饭，停车也是。但是现在有很多村民会在村里面的那个餐厅包席，喜事丧事都喜欢在那里包。

访问员：那您认为我们村的梅花鹿养殖和餐饮住宿有发展前景吗？

受访者：当然有了，没有的话还办这些吗？你在WW乡各个村里面去看看，有几个的产业活了？只有我们的梅花鹿养殖还办着的，说明我们办得好，我们还是要继续办下去的。

访问员：那您对我们村的产业发展有什么规划吗？

受访者：首先这个梅花鹿养殖和餐饮住宿还是要继续开展下去的，我们村里面打算在村里面的水湖投放鱼苗，然后开办一个钓鱼场。

访问员：那村民对当前村里面关于产业发展规划有什么不同的意见吗？

受访者：没有的，村民还是蛮信任我们的，村民的积极性也高，都十分赞同我们做这些。

访问员：那就没有一个村民持不同的意见吗？

受访者：有的话，我们会入户去做村民的思想工作。

（DJX村村民组组长的访谈资料）

访问员：我问一下，就是我们村的村民主要是以哪种形式就业呀？

受访者：村民嘞，就是我们农村人嘞，就是由于地理位置的局限性，我们村的主要劳动力嘞，就是青壮年主要是以外出务工为主，就是剩一些年纪偏大的人留在家里面，打点零工，务农啊。

访问员：哦，你觉得我们村的村民年收入大概达到哪种水平了？

受访者：年收入的话一年一万二左右。

访问员，你觉得你们村的村民生活得怎么样？

受访者：这两年就是有国家政策的大力支持，我们村的生活环境有所改善，而且村村都通公路了，而且每个组都安装有路灯。现在不像以前出门主要靠手电筒了，到处都是亮晃晃的，再不需要手电筒了。

访问员：（一直在哈哈大笑）对不起，你这种表达方式真的好好笑。那我们的产业有哪些呀，主要的产业？

受访者：目前我们村的主要产业就是梅花鹿养殖、稻加鸭。

访问员：现在处于一种什么状况呀，就是发展得怎么样啊？

受访者：稻加鸭还有个把月可以出售了，养了快两个月了。

访问员：那还有其他的产业吗？

受访者：其他产业的话，就是克兰寨我们还有两个门面出租，还有养鸽场因为经营不善，现在已经搁置了。村里面现在正在请一些有能力的村民将它盘活。

访问员：那你觉得我们村的稻加鸭有没有什么发展前景呢？

受访者：我们还是觉得有发展前景的，因为这个还是比较新颖的产业点嘛，除了能够确保水稻的产量以外，我们还能减少农药的使用量，因为鸭子进入水稻田之后会吃掉很多的虫子。在水稻的产量以外，我们的鸭子也是可以进行售卖，也可以增加一笔收入，就是能够增加亩产值。

访问员：哦，那我们村的产业未来发展方向是怎么样的？

受访者：这个嘞，我们这几年也在摸索，我们每年都会开会进行商讨研究，我们根据我们村的地理优势或者说因地制宜，找准产业发展路子，找适合我们村里的产业发展。这两年我们还是打算围绕着我们村的这个坝子做文章，比如我们种植水稻、玉米、油菜花呀，适当可以套种一些经济作物，比如食用菌呀。

访问员：哦，可以的。就是村民对你们关于产业发展的做法有什么不同的意见吗？

受访者：我们这里的村民还是比较支持的。比如说我们需要流转的时候啊，需要做工作的时候，他们都是很配合的。

访问员：都没有村民不赞同你们的做法吗？

受访者：没得。

访问员：那我们觉得我们村的村民服从性还是比较强的。

受访者：村里面宣传工作做得比较扎实，还有其实村里面也是比较配合村民的。

GM村的经济产业除了种植业、畜牧渔业、林果业三类传统农业产业外，还有农产品加工业、其他工业、餐饮住宿业、承包租赁业（指土地或厂房出租获得收入）等四类产业（具体数据见表5-1）。在访谈中，我们也可以看到，GM村凭借着城市规划的地理位置优势，村民可以就近务工和“摆摊开个小店卖点小吃”等方式获得收入。同时，村里有16家私营企业吸纳大量的村民就业。因此村民的收入“能达到12600元/年人均这样的水平”，也使得“村民都过得可以的啊，他们对生活的满意度都很高”。但是GM村的集体经济收入实际上也比较单一，就是“只有一块土地是租给企业用，每年收的71万租金属于我们村的集体资金”。从数据统计来看，GM村的经济产业也都没有形成规模化生产（具体数据见表5-2），也没有形成产品品牌（具体数据见表5-3）。虽然从数据看GM村的经济产业也没有和周边区域产业形成产业链（具体数据见表5-4），但是“形成产业链”这个问题也不一定准确，像GM村里面的这些私营企业，比如建材市场、配送中心、家具厂、配件城等等，应该都会和周边区域产业形成产业链，尤其配送中心属于州里面的龙头产业。GM村的村民认为村里发展种植业、林果业、农产品加工业、休闲旅游业最有发展前景，尤其是发展休闲旅游业（具体数据见表5-6）。在访谈资料中也可以看出，GM村基层组织也有一些经济产业发展规划，比如想凭借附近已经发展起来的茶马古道、马岭河峡谷的旅游资源发展GM村，建立乡村旅游产业的构想。从总体来看，GM村作为城镇规划内的农村，其主要的经济产业已经发生了转型，村民的职业以在村里或周边企业上班、摆摊开店做生意为主，但是村集体经济来源相对比较单一，仅以土地出租为主。GM村凭借着地理位置的优势足以使村民们有着比较满意的生活，但是对于更进一步的发展还是缺乏充分主动性和创新力，认为乡村旅游可以解决所有的问题，这种构想和观点也是片面的。在GM村基层党组织的领导和推动下，也许创办更多的集体经济产业，为村民们带来更多的发展红利，才是GM村经济产业发展的方向。

（GM村村支部书记的访谈资料）

访谈者：那我们村里目前最主要有哪些形式的就业呢？

受访者：目前大多数村民都在附近就业，比如在市内开店做生意啊，或者在周边的私人企业做事情上班，可能出去外面打工的只有百分之二十左右哦，都占少部分了。你看铁马市场这里，它把这块土地买了，来办厂开店，那不仅能够解决周边一部分的就业问题，而且他这点外来人口多，人流量大，还有一些村民自己在旁边摆摊开个小店卖点小吃啊这些，也能挣钱。

访谈者：那村民们的收入大概能达到什么样的水平呢？

受访者：能达到12600元/年人均这样的水平，差点的嘛也能到

8000多元/年人均，这是具有正常劳动力的哈，没得正常劳动力或者智力的人是国家发得有低保的。而且像×××不仅有低保，而且村里面还帮她找了一个班上，一个月还有两三千的工资，加起来低保还超过8000多了呢（应该是指家庭人均年收入超过8000元，这也是农村居民家庭人均年收入达到小康水平的标准）。只要是有劳动能力的边缘户或者低保户，我们村头都会给他想办法解决就业问题。像罗××家，他受伤了，失去劳动能力，这种因病收入降低了的，去年才纳入低保户，他老婆又是那种比较老实的人，没什么谋生能力，那我们就给他老婆安排去扫地，当环卫工人们，收入就有保证了嘛。

访谈者：我们整个村的村民现在生活过得怎么样呢？

受访者：现在村民都过得可以的啊，他们对生活的满意度都很高呢。每年我们都要去问的啊，到了十月份左右或者年末，我们都要全部走访；而且每个月我们都有动态管理呢，哪个有困难或者突发困难，我们该解决的马上解决，该上报的上报，该纳入低保的就纳入低保啊，有啥问题随时都是检测管理到呢，没得什么差什么缺，更不可能存在说冷到饿到，而且你还要让他过得好。

访问者：我们村头主要靠什么产业来增加农民的收入呢？

受访者：我们村的村民主要生活来源就是进城务工啊，在周边做点生意呀，还有在我们村里的私人企业基本上都能吸纳村里的劳动力。

访问者：我们村目前有没得属于自己的集体企业呢？

受访者：没得的，目前我们只有一块土地是租给企业用，每年收的71万租金属于我们村的集体资金。现在没得办法嘛，我们没得发展什么产业门路，除非是以后时间满了，我们能有什么好的想法，就可以把土地拿回来自己搞嘛。不过现在他们用这块土地来做建材市场，给我们村解决劳动力就业问题也还是比较多的，像门卫啊、环卫啊、分拣东西啊都是我们村的人在帮他们做。

访问者：那么本村人会不会因为在里面帮外地人做事情有不甘心啊不服气之类的情绪？

受访者：没得没得，挺和谐呢。

访问者：那这些外来人员在这里办厂做生意，对我们村的发展有没有实质性的支持或贡献呢？

受访者：这个肯定大啊，有了这些外来资金外来企业，我们的劳动力问题才能解决啊，老百姓可以就近就业，虽然工资肯定没得去老远的地方打工挣得多，但是离家近啊，能照顾到老人小孩，而且现在工资都按计件，你多劳多得啊，对哪个都公平，其实这里给的工资也还不错，老百姓也还都挺满意呢。

访问者：那除了在这些私人企业务工以外，我们村民有没有去发展其他比如种植养殖、畜牧之类的产业啊？

受访者：种植倒是有，只是规模不大，都是自发的；养殖也有，就十几二十头牛啊，不能养多，因为我们这里属于禁养区，我们这里属于马岭街道办，不准大规模地养，这样会污染环境。养一部分，增加点收入这种是可以的。

访问者：我们这里以前不是有工业生产吗？是什么时候停的呢？

受访者：你是说那个宜化啊，应该是停了好几年了，2019 年就停产了嘛。

访问者：我们村里面有没有什么产业是属于村里的龙头产业？或者是带动周边产业链的产业有没得呢？

受访者：村里面倒是没得啥龙头产业，只是旁边那个配送中心呢，虽然地点是在我们村里面，但是属于州里面的龙头产业，也吸纳了很多我们村里的劳动力。

访问者：那书记认为我们村接下来适合发展什么产业，能够更好地提高我们村民的生活质量呢？

受访者：下一步呢，我们依托十一二组上来那条茶马古道，看能不能把那一片开发起来，建立旅游产业，既能保护好生态，又能增加收入，我们想往这方面发展。看下一步乡村振兴的规划，看看我们这片是被规划拿来搞什么，要是规划搞乡村旅游的话，我们交通便利、景观资源也优秀，而且还能和马岭河峡谷配套，是很有条件的。

访问者：如果要去实现这一步构想，你们认为老百姓有没有这样的意愿呢？

受访者：这个我们会去给他们讲啊，我们党员啊这些会入户去做宣传，我们已经去和老百姓们讲过这些构想，他们也很想这样发展。

我们已经把想法提出来了，现在等着上面规划和批示嘛。根据上面的规划来整咯嘛。包括我们 GM 村里面的健身广场啊这些都是经过上报了现在批准了我们就马上开始搞咯嘛。

访问者：那你们在村里面做事情，老百姓的思想这一块，你们觉得工作好做不？

受访者：好做呢，因为大家都是为了集体的发展，整个村发展就带动老百姓的收入，大家都有一份，所以他们都很支持的。只要我们的构想和要做的事情，符合他们对好生活的要求，他们还是很支持很希望发展呢。

访问者：那我们现在的发展构想有没有考虑过会不会影响目前周边已经发展起来了的私人企业？

受访者：不影响啊，没得冲突的，我们是旅游发展，反而可以带动他们的知名度，比如他们的家具厂啊配件城啊，旅游的人一来了，就能带动他们的人气嘛。

访问者：嗯嗯，虽然目前我们村还没有属于自己的乡村产业，但已经有了下一步的发展规划，而且新的发展构想是把发展起来的产业也考虑进去了的，不会因为新发展而对老企业产生冲击或坏的影响，是一个良性的发展预设。

二、推动生态保护与人居环境改善的功能实现有待加强

“绿水青山就是金山银山”习近平总书记这句被广泛传播的经典名言，充分体现了党中央对于生态环境保护的思想理念。乡村振兴战略中也提出了农村“生态宜居”的要求。早在 2014 年，中央农村工作会议就提出新农村建设要做好农村生态环境的治理和保护，加快人居环境改善①。2014 年，国务院办公厅发布了《国务院办公厅关于改善农村人居环境的指导意

① 本书编写组编. 新时代党和政府的“三农”好政策解读［M］. 芜湖：安徽师范大学出版社 2019 年版，第 85 页.

见》，提到改善农村人居环境的具体实施内容①。2018年在全国开展了农村人居环境整治三年行动。2021年中共中央办公厅、国务院办公厅又发布了《农村人居环境整治提升五年行动方案（2021—2025年）》，认为“我国农村人居环境总体质量水平不高，还存在区域发展不平衡、基本生活设施不完善、管护机制不健全等问题，与农业农村现代化要求和农民群众对美好生活的向往还有差距。”要以“以农村厕所革命、生活污水垃圾治理、村容村貌提升为重点，巩固拓展农村人居环境整治三年行动成果，全面提升农村人居环境质量，为全面推进乡村振兴、加快农业农村现代化、建设美丽中国提供有力支撑”②。在调查中我们主要从西南地区农村生态环境基本状况、饮用水安全、厕所革命、污水处理、生活垃圾治理、村容村貌、管护制度等方面进行考察。

（一）生态环境保护需进一步加强

为了了解西南地区农村生态环境基本状况，我们在问卷中设计了关于森林绿化状况、违规乱砍滥伐状况、违规捕猎野生动物状况、河道修建和维护状况、水库修建和维护状况、水污染状况、空气质量状况、饮用水的水质状况、噪音污染状况、土壤污染状况等10个方面，按照非常好、比较好、一般、比较差、非常差五个等次进行评价。在DH村的评价数据中可以看到（具体数据见表5-7），村民们对生态环境各个项目的评价基本集中在非常好、比较好、一般三个等次。其中“河道修建和维护状况”“水库修建和维护状况”“水污染状况”三个项目评价为“非常好”的较少，有少量村民样本评价为“比较差”和“非常差”的情况。因此我们可以认为DH村在这三个方面还稍逊一筹，需要进一步加强保护。在访谈中，DH村党支部书记介绍说，“我们村森林覆盖率为70%左右，没有乱砍滥伐树木现象，没有捕猎野生动物等情况”“咱们村的河道、水库的修建、管理和维护也都管理得很好”“村里不存在其他关于水资源、空气质量、噪音等方面的污染问题隐患。”因此我们可以认为DH村的生态环境保护基本状

① 国务院办公厅. 国务院办公厅关于改善农村人居环境的指导意见［N］. 2014年5月16日.

② 中共中央办公厅、国务院办公厅. 农村人居环境整治提升五年行动方案（2021—2025年）［N］. 2021年12月6日.

况良好，其中河道、水库、水污染方面的保护工作稍有欠缺还需要进一步加强。

表 5-7　DH 村生态环境基本状况

		非常好	比较好	一般	比较差	非常差	合计
1. 森林绿化状况	计数	23	12	8	0	0	43
	所占百分比	53.5%	27.9%	18.6%	0%	0%	100.0%
2. 违规乱砍滥伐状况	计数	10	21	10	0	0	41
	所占百分比	24.4%	51.2%	24.4%	0%	0%	100.0%
3. 违规捕猎野生动物状况	计数	8	21	12	0	0	41
	所占百分比	19.5%	51.2%	29.3%	0%	0%	100.0%
4. 河道修建和维护状况	计数	1	22	16	3	0	42
	所占百分比	2.4%	2.4%	38.1%	7.1%	0%	100.0%
5. 水库修建和维护状况	计数	1	22	17	2	0	42
	所占百分比	2.4%	52.4%	40.5%	4.8%	0%	100.0%
6. 水污染状况	计数	4	25	11	0	1	41
	所占百分比	9.8%	61.0%	26.8%	0%	2.4%	100.0%
7. 空气质量状况	计数	16	15	10	0	0	41
	所占百分比	39.0%	36.6%	24.4%	0%	0%	100.0%
8. 饮用水的水质状况	计数	10	21	10	0	0	41
	所占百分比	24.4%	51.2%	24.4%	0%	0%	100.0%
9. 噪音污染状况	计数	13	18	10	0	0	41
	所占百分比	31.7%	43.9%	24.4%	0%	0%	100.0%
10. 土壤污染状况	计数	12	19	10	0	0	41
	所占百分比	29.3%	46.3%	24.4%	0%	0%	100.0%

在 DJX 村的评价数据中可以看到（具体数据见表 5-8），村民们对生态环境各个项目的评价也主要集中在非常好、比较好、一般三个等次。其中“违规乱砍滥伐状况”“河道修建和维护状况”“水库修建和维护状况”三个项目评价为“非常好”较少，有少量村民样本评价为“比较差”和“非常差”的情况，尤其是“河道修建和维护状况”评价为“比较差”的

比率将近20%。因此我们可以认为在DH村这三个方面还稍逊一筹，需要进一步加强保护。在访谈中，DJX村对森林管理、禁止乱砍滥伐，森林覆盖率达到80%以上；空气质量好，水资源保护也还不错。结合数据和访谈资料一起来分析，总体上DJX村的生态环境保护状况良好，但仍然会存在砍伐树木的现象，水库、河道的修建和维护存在不足。为什么农村都实行河长负责的管理制度，村民们仍然认为河道管理存在问题呢？在调查中我们发现，所谓河长负责制，河长主要负责巡查河边有没有垃圾、有没有人非法捕捞、有没有明显的水污染情况和决堤危险等。虽然这些看起来都很完善，但这些情况最多只能保证维持河道的现状，而不可能做整个河道的修理整治，让河道河水河边变得更好、更美，从而常常达不到人们对美丽乡村的想象的标准。

（DJX村村支部委员的访谈资料）

访问员：好的，现在我们聊一下生态保护与人居环境方面的内容。我们村的森林覆盖率是在什么水平呀？有村民会乱砍滥伐吗？

受访者：我们村好像达到了百分之八十吧，我们村的森林保护还是做得蛮好的，前几年书记说了要保护生态之后，我们这就很少有人乱砍滥伐了。而且现在很多村民都是用电做饭，用不着柴了。不过还是少部分老年人认为用电浪费钱，他们还是会到山上自己捡一些枯枝的，这也没有涉及乱砍树木，所以我们也准许的。

访问员：那我们村的河道有没有进行统一管理和维护呢？

受访者：有的，现在都是河长制，是由河长负责。我们村的这条河就是由我们村的副书记负责，他会时不时去检查一下河里不是有人乱扔垃圾，有没有人在捕鱼呀。今年六月左右我们村不是发大洪水了吗，河堤被洪水冲垮了嘛，洪水一消退，河长就组织大家打扫河旁边的马路卫生以及河堤的修建，这一点还是做得蛮好的。

访问员：我们村存在像水污染和空气污染这类污染吗？

村支委：我们村没有什么工厂，而且垃圾也有专门的垃圾池，就不存在这些污染了。你们小时候水污染是比较严重的，大家都把自己的生活垃圾倒在河边上，污染还是蛮大的。现在我们DJX村的村民组都有两个垃圾池，所以就没有把垃圾倒在河边了。

（DJX 村村民组组长的访谈资料）

访问员：那现在我们继续聊一聊关于我们村的生态方面的情况。你知道我们村的森林覆盖率是多少吗？

受访者：我们村的话，可能达到百分之八十五以上，甚至已经达到百分之九十了。

访问员：哇，可以嘞。那我们村存在乱砍滥伐吗？

受访者：不存在的，我们这几年都监管特别严格。

访问员：那有人捕猎野生动物这些吗？

受访者：这个我们村也是不存在的，这几年出台了野生动物保护法，乡里面的干部经常会下来巡逻，我们村里面也会向村民讲解捕猎野生动物的危害以及后果。

访问员：那像我们村的河有没有统一管理和维护呢？

受访者：因为我们这里都有河长制，都是责任到人，我们定期不定期都会展开巡逻。一旦发现的话，我们就上交处理，该罚款的罚款，有些情况严重的，该拘留的拘留。

访问员：还要拘留呀？

受访者：那是肯定的啊，这个的话是捕鱼的数量比较多，都明确了禁止了一些捕猎手段，他还是要使用的话，那只能拘留了。

表 5-8　DJX 村生态环境基本状况

		非常好	比较好	一般	比较差	非常差	合计
1. 森林绿化状况	计数	3	32	12	0	0	47
	所占百分比	6.4%	68.1%	25.5%	0%	0%	100.0%
2. 违规乱砍滥伐状况	计数	5	21	17	4	0	47
	所占百分比	10.6%	44.7%	36.2%	8.5%	0%	100.0%
3. 违规捕猎野生动物状况	计数	7	25	15	0	0	47
	所占百分比	14.9%	53.2%	31.9%	0%	0%	100.0%
4. 河道修建和维护状况	计数	2	23	13	9	0	47
	所占百分比	4.3%	48.9%	27.7%	19.1%	0%	100.0%

续表

		非常好	比较好	一般	比较差	非常差	合计
5. 水库修建和维护状况	计数	6	21	17	2	1	47
	所占百分比	12.8%	44.7%	36.2%	4.3%	2.1%	100.0%
6. 水污染状况	计数	16	21	9	1	0	47
	所占百分比	34.0%	44.7%	19.1%	2.1%	0%	100.0%
7. 空气质量状况	计数	22	24	1	0	0	47
	所占百分比	46.8%	51.1%	2.1%	0%	0%	100.0%
8. 饮用水的水质状况	计数	22	22	3	0	0	47
	所占百分比	46.8%	46.8%	6.4%	0%	0%	100.0%
9. 噪音污染状况	计数	22	22	3	0	0	47
	所占百分比	46.8%	46.8%	6.4%	0%	0%	100.0%
10. 土壤污染状况	计数	21	23	3	0	0	47
	所占百分比	44.7%	48.9%	6.4%	0%	0%	100.0%

在GM村的评价数据中可以看到（具体数据见表5-9），村民们对生态环境各个项目的评价差异比较明显，对“森林绿化状况”“违规乱砍滥伐状况”“噪音污染状况”三项的评价主要集中在“非常好”“比较好”“一般”三个等次，这表明在这个方面的生态环境保护表现较好。在“违规捕猎野生动物状况”方面则有82.6%的村民认为只有“一般”，看来这种违规情况时有发生。在“河道修建和维护状况”“水库修建和维护状况”“水污染状况”“土壤污染状况”四个方面，村民的评价倾向于“比较差”的评价，所占比率分别为56.5%、52.2%、60.9%、52.2%，都超过了一半。这说明这四个方面的生态环境问题还是比较严重的。另外对“空气质量状况”“饮用水的水质状况”这两项的评价也较差，“比较差”和“非常差”的评价比率都大于“比较好”和“非常好”的评价比率，这也说明这两个方面的生态环境问题也比较突出。从数据来看，可以将GM村的这10项生态环境方面分为四个等次，“森林绿化状况”“违规乱砍滥伐状况”“噪音污染状况”三项还算比较好，其次就是“违规捕猎野生动物状况”方面，再次就是“空气质量状况”“饮用水的水质状况”这两个方面已经存在突出问题了，最后是“河道

修建和维护状况”“水库修建和维护状况”“水污染状况”“土壤污染状况”这四个方面问题比较严重了。从访谈GM村村支部书记的资料也可以看出，以上排在前面的“森林绿化状况”等四个方面都还是比较好的。但是由于GM村以前有家叫宜化的化肥厂，虽然目前已经停工搬离了，之前造成的水污染、土壤污染问题到目前仍然没有让生态恢复到较好的状况，水里没有鱼虾，水也不能饮用。由于GM村地处城市规划的范围内，企业较多，人口、房屋密集度也相对较高，因此空气质量也并不怎么好。至于河道和水库的修建和维护方面，应该也和DJX村的情况差不多，虽然有河长负责制管理，但没有大规模的对河道、河堤等进行修建、美化，所以达不到村民们对美丽乡村的预期标准。

（GM村村支部书记的访谈资料）

访问者：接下来我想了解的是我们村里目前的一个生态状况，比如森林覆盖率能达到什么水平呀？

受访者：森林覆盖率能达到90%以上，现在也根本不存在什么乱砍滥伐的情况了，又不烧火煮饭，也不用建房子房梁那些，砍来搞什么嘛。

访问者：嗯嗯，山林保护好了，野生动物肯定也会多起来，村里面有没有就是捕杀野生动物之类的情况呢？

受访者：没得没得。不敢，乱捕乱杀是犯法的嘛，哪个敢哦？以前还有人背起电瓶去打渔呀这些，现在根本没得哪个敢去搞这种事情噢。

访问者：那我们村里面的河道水库啊有没有统一的管理维护部门或者系统啊？

受访者：有，河道水库都有啊，我们是河长制啊，每一个村每一段河流都设得有专门的河长，负责监督排查，我们（村支书）就是河长啊，马岭河湾塘河这一段都属于我们管啊。就是河流经过哪个村，就由哪个村自己安排人员进行监督和管理。而且我们每周都要把检查的情况上报，比如哪里河埂垮了，哪里出现什么安全隐患、或者什么险情，都要立马上报，上面就会派人来处理啊。

访问者：那马岭河它是属于风景区管理还是流经的村自己监督

管理？

受访者：流经我们村的都是我们自己监督管理啊，比如下那白那一段，我们经常都下去看的啊，都要去检查。比如夏天的时候，很多人都会拿起东西下去野餐啊烧烤啊，我们都要下去打招呼，一个是安全问题，二个是卫生问题，你们带下的东西制造的垃圾，要自己收起走，不准乱丢在下面沙滩上或者河头。

访问者：那我们有没有专门规划哪些区域给村民们下去休闲呢？还是说他们自发地想在哪里就在哪里？

受访者：没得什么规划的，也没得什么路下去河边的，都是人多自己踩出来的路。

访问者：河流水库我们都有统一监督管理，但是还不存在什么休闲旅游的规划修建。那么村民们家庭用水呢？都是从哪里来的？有没有安全统一的管理系统？

受访者：村民生活用水是由统一的自来水公司统一处理木浪河的水供应的。都是经过统一的安全检验达标才供应给村民的。

访问者：目前村民的用水、土地资源有没有受到什么污染或者存在安全风险呀？

受访者：现在目前是没得啥安全隐患的。以前嘛是因为化肥厂生产，排放在空气中的氨气确实呛鼻伤人，宜化（以前化肥厂的名称）停工搬走后，我们的空气慢慢变好了。

访问者：宜化虽然搬走了，但是有没有遗留的污染问题没去彻底恢复解决呢？

受访者：现在还有点，你看上那白那个水井呢，里面没得鱼虾的啊，包括下那白那个水，到现在都还没有达标，不能喝的，可能还是需要一些时间才能恢复。

访问者：那是怎么恢复呢？生态自净吗？还是说已经采取了什么帮助恢复的措施？

受访者：现在倒是采取了恢复措施，就是上面拿土来覆盖，但是还是有一定的过程，当时的生态是被破坏了的，现在是慢慢开始恢复了嘛，水开始清亮了，但是肯定还存在有害物质的，你看以前我们龙潭里面的水大得很，有一部分水是由于处于上面的宜化用水渗透下去从地下里面冒起来，水再大还不是没得鱼虾的；现在水小啊，但是水开始清亮了啊，开始干净了嘛，水质生态也开始变好了。

表 5-9 GM 村生态环境基本状况

		非常好	比较好	一般	比较差	非常差	合计
1. 森林绿化状况	计数	6	32	6	2	0	46
	所占百分比	13.0%	69.6%	13.0%	4.3%	0%	100.0%
2. 违规乱砍滥伐状况	计数	14	30	2	0	0	46
	所占百分比	30.4%	65.2%	4.3%	0%	0%	100.0%
3. 违规捕猎野生动物状况	计数	0	8	38	0	0	46
	所占百分比	0%	17.4%	82.6%	0%	0%	100.0%
4. 河道修建和维护状况	计数	0	2	12	26	6	46
	村名中的 %	0%	4.3%	26.1%	56.5%	13.0%	100.0%
5. 水库修建和维护状况	计数	2	8	12	24	0	46
	所占百分比	4.3%	17.4%	26.1%	52.2%	0%	100.0%
6. 水污染状况	计数	0	6	6	28	6	46
	所占百分比	0%	13.0%	13.0%	60.9%	13.0%	100.0%
7. 空气质量状况	计数	6	4	22	14	0	46
	所占百分比	13.0%	8.7%	47.8%	30.4%	0%	100.0%
8. 饮用水的水质状况	计数	2	6	22	12	4	46
	所占百分比	4.3%	13.0%	47.8%	26.1%	8.7%	100.0%
9. 噪音污染状况	计数	38	8	0	0	0	46
	所占百分比	82.6%	17.4%	0%	0%	0%	100.0%
10. 土壤污染状况	计数	10	2	8	24	2	46
	所占百分比	21.7%	4.3%	17.4%	52.2%	4.3%	100.0%

总的来看，西南地区农村生态环境基本情况还是比较好的，其中只有河道和水库的修建和维护方面由于缺少美化修建，达不到村民们对于美丽乡村的预期而评价稍低。在调研的三个村寨中 DH 村和 DJX 村都算是比较好，但是 GM 村由于地处城市规划区域的城市近郊，工业和服务业相对聚集，加上之前受化工工业的污染，因此存在空气质量、饮用水的水质、水

污染、土壤污染等方面的问题还比较严重，需要进一步加强保护和治理。

（二）饮用水安全基本能够保障

饮水工程是基本民生工程。国务院多次强调农村饮水安全，努力让所有农村居民喝上干净水，为群众创造最基本的生存条件，是政府应尽职责。有关部门和地方要加大资金投入和政策支持，针对农村特别是中西部自然条件差、人口居住分散的情况，要注意摸清底数，对遗漏的地区，也要科学提出目标，如期完成①。李克强在十三届全国人民代表大会第二次会议上所做的政府工作报告指出，在2019—2020年两年内要加快实施农村饮水安全巩固提升工程，今明两年要解决好饮水困难人口的饮水安全问题，提高6000万农村人口供水保障水平②。

所调研的三个村寨均安装了统一的自来水管网（具体数据见表5-10），饮水安全和便利都得到了有力保障。在DH村访谈时，我们了解到DH村“家里的饮用水是矿山泉水引过来的”，而且经过检测“达标安全”。DJX村的情况也差不多，以前是几个家庭合作打井抽水，目前村里打了一口大水井抽到山上的蓄水池，再流向各家各户，水量充足方便，同时一年两检确保饮水安全。而GM村已经属于城市区域，“村民生活用水是由统一的自来水公司统一处理木浪河的水供应的，都是经过统一的安全检验达标才供应给村民的”。因此可以看，目前西南地区农村的饮水工程基本已经完成，都建成了统一的自来水管网，能够保证村民的用水便利和安全。

（DJX村村支部委员的访谈资料）

访问者：我们村村民家里的饮用水是从哪里引过来的呢？

受访者：以前都是几家村民合作在河边或者水田里打一个水井再用抽水机抽到一个蓄水池里。现在我们村集体出资在村附近的水边上

---

① 人民日报. 李克强在水利部考察时强调 解决农村饮水安全 惠及亿万群众 建设重大水利工程 支撑经济发展［N］. 人民日报2014年11月26日，第1版.

② 人民网. 李克强：今明两年要解决好饮水困难人口的饮水安全问题［EB/OL］. 人民网 http://lianghui.people.com.cn/2019npc/n1/2019/0305/c425476-30958562.html. 2019年3月5日.

打了一个非常大的水井，同样也是先抽到山上的蓄水池里。

访问者：那我们这饮用水会不会达不了标呀？

受访者：我们这个饮用水是经过检测已经达标了的，而且我们这个水是一年两检，上半年要检一次，下半年也要检一次。

（DJX 村民组组长的访谈资料）

访问员：那我们村的饮用水是从哪里引过来的呀？

受访者：我们主要是地下水，前两年都是一个组的农户合作，自己建立水库，建设蓄水池，然后自己就有那个饮用水了。这两年脱贫攻坚，有国家政策支持之后，政府这里也修得有供水池，农户可以有选择性地使用，如果是自己修建水库的话，可以选择不使用这个集中供水池。

访问员：哦，那还挺好的，那会有专业人员来检查是不是达标了吗？

受访者：有的，有专业人员来这里采样检测，确保不发生饮水安全问题。

访问员：那这水是一年几检呢？

受访者：一年有两次，上半年检一次，下半年检一次。

表 5-10　村里是否有统一的自来水管网

			是否有统一的自来水管网		合计
			有	没有	
村名	安顺市镇宁县 SZ 乡 DH 村	计数	43	0	43
		所占百分比	100.0%	0%	100.0%
	铜仁市碧江区 WW 乡 DJX 村	计数	46	1	47
		所占百分比	97.9%	2.1%	100.0%
	兴义市 ML 镇 GM 村	计数	46	0	46
		所占百分比	100.0%	0%	100.0%
合计		计数	135	1	136
		所占百分比	99.3%	7%	100.0%

（三）厕所革命不够彻底

厕所革命最早是由联合国儿童基金会提出的，指的是发展中国家对厕所进行改造的举措。2014 年习近平总书记在江苏调研时就指出厕所革命对于农民生活质量提升的重要意义①。中国的厕所革命成为乡村振兴中的重要工作，有利于推动农民传统卫生习惯的改变和更新卫生观念，减少与粪便有关的传染病的发病率，保障农民的健康。

通过调查数据表我们发现，西南地区农村农户样本中 83.8%的家庭使用室内厕所，室外厕所占 16.2%（具体数据见表 5-11），室内厕所往往对卫生的要求更高一些，也避免了外出如厕的安全隐患，使用起来也更便利。冲水厕所占了 50.7%，旱厕占 49.3%（具体数据见表 5-12）。一般来说，冲水厕所更加干净卫生，旱厕仍然有粪便在厕所堆积的过程，会散发出臭味和滋生细菌，带来的卫生隐患较大。在粪污资源化利用方面，69.9%的家庭“自家沤肥种地”，29.4%的家庭“直接冲水冲掉”。可以看出大多数家庭有沤肥种地的需要，传统旱厕成本低，而改冲水厕所后如果还要沤肥的话，就需要在自家建设地下沼池，再加上一些农户担心浪费水，这些因素都是推动厕所革命的阻隔因素。我们在调查中也了解到，由于国家在大力推动改水改厕工程，有专项财政支持，基本上所有家庭都进行了厕所改造，但是有少部分家庭却没有使用新的厕所，还是继续使用原来的传统旱厕。

从所调研的三个村寨对比来看，在 DH 村，室内厕所和室外厕所的比率分别为 53.5%和 46.5%，基本上是各占一半（具体数据见表 5-11）。旱厕的比率高达 90.7%，冲水厕所仅有 9.3%（具体数据见表 5-12）。需要用厕所粪污“自家沤肥种地”的家庭比率高达 93.0%，仅有 7.0%的家庭将厕所粪污“直接冲水冲掉”（具体数据见表 5-13）。这些数据表明，DH 村虽然进行了改厕工程，但是基本上是从传统旱厕改为现在的标准旱厕。这种厕所革命的方式是不彻底的，虽然说是因地制宜，照顾到了村民们沤肥种地的需求，但是毕竟旱厕还是存在较大的卫生隐患。在访谈中村党支部书记也向我们介绍，DH 村的“厕所有室内也有室外”“有冲水厕所也有

① 习近平. 主动把握和积极适应经济发展新常态［EB/OL］. 新华网 http://www.xinhuanet.com//politics/2014-12/14/c_1113636703.htm. 2014 年 12 月 14 日.

旱厕”，厕所粪污都是各家各户“分散处理”“基本上都是当有机肥使用”。因此可以看出来，DH 村基本上就是改造成标准旱厕，分散处理粪污做有机肥使用，这种厕所革命是不够彻底的方式。

在 DJX 村，95.7% 的家庭的厕所是室内厕所，室外厕所仅占 4.3%（具体数据见表 5-11）。冲水厕所占了 61.7%，旱厕的比率为 38.3%（具体数据见表 5-12）。需要用厕所粪污“自家沤肥种地”的家庭比率为 40.4%，将厕所粪污“直接冲水冲掉”的家庭占 57.4%（具体数据见表 5-13）。从访谈中也了解到，DJX 村所有家庭都进行了多次厕所改造，每个村民组都统一修建了排污管网和污水处理池。而且大多数家庭也挖了化粪池，用于冲水厕所的粪污储存和处理，之后作为有机肥使用。从比较来看，DJX 村的厕所革命比 DH 村的情况好一些，基本上都将厕所设在了室内，更加安全方便。同时超过了六成的冲水厕所改造，直接将粪污冲掉的家庭比率也达到近六成，更加减少了粪污堆积带来的卫生疾病隐患。

（DJX 村村支部委员的访谈资料）

访问者：那我们村村民的厕所是一个什么情况，您了解吗？

受访者：经过四改之后，我们村大部分的村民家里的厕所都是冲水厕所，旱厕也有，不过比较少，因为有一些村民种菜种庄稼需要施农家肥。

访问者：除了一些村民使用厕所粪便施肥，其他村民的厕所粪污是怎么处理的呢？

受访者：村里面现在都有集中的污水处理系统，像是生活污水，厕所的粪便都是集中排放到污水处理管道的。

（DJX 村民组组长的访谈资料）

访问员：我们做得好好啊。我们村的村民的厕所都是室内厕所吗？有旱厕吗？

受访者：旱厕嘞，农村还有一些，之前脱贫攻坚的时候，我们这里搞了五改，大部分家庭都改了，但是还有一些农户嘞不愿意，因为农村嘛都要种菜，需要施粪。有些是改了，但还是愿意使用他原来的旱厕。

访问员：这些厕所的粪便是怎么处理的？

受访者：自己处理的话，就施肥去了。我们现在个个村民组都修建的有污水处理池，现在嘞每家每户都在挖化粪池，统一经过化粪池过滤处理。还有一些多余的话就排到污水处理厂去。

在GM村，所有的家庭的厕所都是室内厕所（具体数据见表5-11）。冲水厕所的比率高达78.3%，旱厕的比率仅有21.7%（具体数据见表5-12），冲水厕所的比率在三个村寨中最高。需要用厕所粪污“自家沤肥种地”的家庭比率为78.3%，将厕所粪污“直接冲水冲掉”的家庭占21.7%（具体数据见表5-13）。在访谈中我们也了解到，GM村改水改厕工程比较早一些，由于工业聚集和城市化发展相对较快，也没有作为改厕重点区域，所以基本上保持几年前的状况。总的来看，GM村的农民家庭的厕所都是室内厕所，冲水厕所的比率近8成，在三个村寨中也最高。GM村很多家庭还是保留化粪池，作为沤肥之用。也有一部分家庭不再种菜种地了，将原来的化粪池弃用了的情况。

总的看来，三个村寨的厕所革命呈现梯队状况，围绕着安全、卫生、沤肥之需三个问题依次展开。DH村不太完全考虑安全卫生更注重沤肥作用，因此旱厕比率最高。DJX村更加考虑了安全因素，同时兼顾卫生和沤肥作用，冲水厕所比率超过6成，不做沤肥的家庭也达到近6成。GM村由于城市化发展相对较快，全部家庭为室内厕所，冲水厕所的比率近8成，虽然大部分家庭保留了粪便沤肥利用的习惯，但是实际上有相当一部分家庭不再需要沤肥。

表5-11 您家厕所是否是室内厕所

			是否是室内厕所		合计
			是	不是	
村名	安顺市镇宁县SZ乡DH村	计数	23	20	43
		所占百分比	53.5%	46.5%	100.0%
	铜仁市碧江区WW乡DJX村	计数	45	2	47
		所占百分比	95.7%	4.3%	100.0%
	兴义市ML镇GM村	计数	46	0	46
		所占百分比	100.0%	0%	100.0%

续表

		是否是室内厕所		合计
		是	不是	
合计	计数	114	22	136
	所占百分比	83.8%	16.2%	100.0%

表 5-12　您家厕所是冲水厕所还是旱厕

			是冲水厕所还是旱厕		合计
			冲水厕所	旱厕	
村名	安顺市镇宁县 SZ 乡 DH 村	计数	4	39	43
		所占百分比	9.3%	90.7%	100.0%
	铜仁市碧江区 WW 乡 DJX 村	计数	29	18	47
		所占百分比	61.7%	38.3%	100.0%
	兴义市 ML 镇 GM 村	计数	36	10	46
		所占百分比	78.3%	21.7%	100.0%
合计		计数	69	67	136
		所占百分比	50.7%	49.3%	100.0%

表 5-13　您家厕所粪污是否进行资源化利用

			粪污是否进行资源化利用			合计
			自家沤肥种地	村里统一利用	直接冲水冲掉	
村名	安顺市镇宁县 SZ 乡 DH 村	计数	40	0	3	43
		所占百分比	93.0%	0%	7.0%	100.0%
	铜仁市碧江区 WW 乡 DJX 村	计数	19	1	27	47
		所占百分比	40.4%	2.1%	57.4%	100.0%
	兴义市 ML 镇 GM 村	计数	36	0	10	46
		所占百分比	78.3%	0%	21.7%	100.0%
合计		计数	95	1	40	136
		所占百分比	69.9%	7%	29.4%	100.0%

（四）生活污水处理仍然不达标

从调查数据来看，在调查三个村寨中，DH 村和 DJX 村建设了统一的污水管网处理系统（具体数据见表 5-14），但是 DH 村主要以“分散处理”的方式处理生活污水，DJX 村则主要是“纳入污水管网统一处理”（具体数据见表 5-14）。而在 GM 村没有建统一的污水管网处理系统，同时也是将生活污水“直接排放在外面”。在访谈中，我们也了解到 DH 村实际建的统一的污水管网系统，主要是简易的排水渠，没有做地下管道，而且其系统中的污水处理池也比较简单，只做简单的净化，就直接排放出去。其生活污水处理也是分散处理。在 DJX 村，各村民组“都有集中的污水处理系统，像是生活污水、厕所的粪便都是集中排放到污水处理管道的。”村里建有污水处理厂，生活污水都排到污水处理厂进行处理，才能再次排出去。在访谈中，GM 村一位 71 岁的老者说，村里现在没有污水处理系统，各家各户都是自行排放到河里去，村里头的排水沟非常脏并发出难闻的臭味。对于这些问题，村民们都是反映给村民组组长，但是都没有进行整改和处理，就是没有人带头来做这个事情，村民们也碍于情面，没有强烈抗议只是抱怨几句，这些事情就一直拖下来，没有得到妥善地解决处理。

因此，总的看起来，西南地区农村的生活污水处理问题，大多数的农村是建设了污水管网处理系统的。但是有些村寨人口居住相对分散，而且一直以来都认为生活污水自然净化处理就可以，所以在建设污水管网处理系统时也并没有高标准高要求地进行建设，同时在建成后排污系统使用率也并不高。特别要说的是，对 GM 村这类城中村来说，这些污水管网处理系统等公共基础设施被归为城市系统建设，在各种申报和审批过程中就更为复杂或者不被重视。在人口居住更为集中的情况下，导致明明相对发达、更加富裕的 GM 村，反而存在着更为严重的生活污水处理问题。脏乱差也是城市化过程中城中村、城郊村比较典型的突出问题。

（GM 村 71 岁村民李某的访谈资料）

访问员：请您讲一讲村头排水系统的问题哈。

受访者：污水处理的业没得，排水嘛就是我刚刚给你讲的嘛，哪里地势低就排到哪里去，最后就到河里去了嘛。(本村有马岭河流经) 粪污一下去，就顺到沟头的水下去了嘛，等冲到河里的时候你还看得到什么名堂嘛？只是排出来的时候流过村头有点困难，像旁边那里，你走还不敢从那个沟边走哦，看到就恶心，怕你回来饭都吃不下！

访问员：这个已经是影响到大家正常生活的状况了，都没得人向上面反映吗？

受访者：反映了的啊，向两个组长都反应了，人家不来整，你要去逼他来整嘛？这点事情嘛，就弄一小节，也就两三万块钱，就是没得哪个来整。

访问员：那是不是村里有大的规划，要等把整个村的排污系统一起处理，所以就先不管这一个小地方呢？

受访者：要整还是不整我们在这里讲都是空的，我就给你这样讲，你二姐在大队，这些东西按道理她是懂的，但是她家照样的直接排到背后，都没经过化粪池。这些东西她都晓得的嘛，你在这里讲这些，都是空的嘛。有些一家一家的房子都是整得漂漂亮亮的嘛，但是这个厕所的东西就直接淌进沟头，哎哟，讲起都怕你吃不下饭咯。

访问员：我看到村里不是请得有人专门扫地打扫卫生咯嘛。

受访者：人家光是扫地，人家会帮你家家户户地清理厕所？

访问员：意思是寨子头这些不是说没得问题、没得矛盾，大家都是这样看到的时候抱怨两句，到底是没得人敢去向上一级报告呢，还是说报告了也没得人来管一下嘛？

受访者：都是这里几家这样，那里几家又那样，你去讲嘛好像又伤害到哪家了，就是没得哪个要提起来大家都团结一起去整咯嘛。

表 5-14　村里是否建有统一的污水管网处理系统

			是否建有统一的污水管网处理系统		合计
			建了	没有建	
村名	安顺市镇宁县 SZ 乡 DH 村	计数	39	3	42
		所占百分比	92.9%	7.1%	100.0%
	铜仁市碧江区 WW 乡 DJX 村	计数	43	1	44
		所占百分比	97.7%	2.3%	100.0%
	兴义市 ML 镇 GM 村	计数	0	46	46
		所占百分比	0%	100.0%	100.0%
合计		计数	82	50	132
		所占百分比	62.1%	37.9%	100.0%

表 5-15　村里的生活污水的处理方法

			生活污水的处理方法				合计
			分散处理	集中处理	纳入污水管网统一处理	直接排放在外面	
村名	安顺市镇宁县 SZ 乡 DH 村	计数	41	1	0	0	42
		所占百分比	97.6%	2.4%	0%	0%	100.0%
	铜仁市碧江区 WW 乡 DJX 村	计数	4	1	42	0	47
		所占百分比	8.5%	2.1%	89.4%	0%	100.0%
	兴义市 ML 镇 GM 村	计数	0	0	2	44	46
		所占百分比	0%	0%	4.3%	95.7%	100.0%
合计		计数	45	2	44	44	135
		所占百分比	33.3%	1.5%	32.6%	32.6%	100.0%

（五）生活垃圾治理仍需加强引导

从调查数据来看，DH 村的生活垃圾几乎都是“自家处理”，而在 DJX

村和 GM 村都是“村里统一处理”（具体数据见表 5-16）。但是在访谈中我们了解到，其实 DH 村“村里有垃圾箱垃圾车，村里自己拖运到统一的有收集处置设施和无害化处理场地”进行处理的。但是村民们更习惯在自家进行处理，不太习惯将生活垃圾放到垃圾箱去，从而丢到垃圾箱的垃圾并不多。在 DJX 村和 GM 村，村里都有“统一收集转运处置设施”（具体数据见表 5-17），而且处理方式都是“工厂回收处理”（具体数据见表 5-18），并且都是“无害化处理”。但是在 DH 村，仅有 37.2%的样本村民认为村里的垃圾是“无害化处理”，而有 62.8%的样本村民认为不是无害化处理（具体数据见表 5-19）。这就表明了在 DH 村的垃圾处理并没有按照规范要求进行处置。2021 年 12 月中共中央办公厅、国务院办公厅印发了《农村人居环境整治提升五年行动方案（2021—2025 年）》，对于农村生活垃圾的收集、转运、处理提出了具体要求，旨在提升农村生活垃圾治理水平①。因此在西南地区农村生活垃圾治理中，几乎都按照要求建设了生活垃圾收运处置体系，但是还有一些地方因为农民的生活习惯问题，没有将生活垃圾放入村内设置的垃圾箱，使得生活垃圾收运处置设备使用率不高。加强对西南地区农民生活卫生习惯的引导是农村人居环境整治工作的重要内容。

（DJX 村民组组长的访谈资料）

访问员：那我们村的生活垃圾是怎么处理的呢？

受访者：生活垃圾的话，我们村的每个村民组都修建有垃圾池。农户就把垃圾扔在垃圾池里面，然后垃圾车就会定期来清理垃圾池里的垃圾，集中倒在特定的地点。

访问员：那会让这些垃圾转化成资源吗？

受访者：这个就是上面的事情，那我们就是不知道了，我们这边的垃圾由他们拉去就让他们自己处理了。他们应该有专业人员，我估计他们应该会采用科学的方法处理这些生活垃圾。

访问员：那我们村有监督生活垃圾处理的人吗？

受访者：有的，一般村监会会行使这个责任的，会去巡逻，发现

---

① 中共中央办公厅、国务院办公厅. 农村人居环境整治提升五年行动方案（2021—2025 年）[N]. 新华社，2021 年 12 月 6 日.

哪里有垃圾反映给相应的责任人，比如包村干部、包组干部啊。包村包组干部就会通知保洁员现场去打扫。一旦发现问题，我们都是立马整改的。

表 5-16　您家里的生活垃圾如何处理

			生活垃圾如何处理			合计
			随便乱扔	自家处理	村里统一处理	
村名	安顺市镇宁县 SZ 乡 DH 村	计数	2	41	0	43
		所占百分比	4.7%	95.3%	0%	100.0%
	铜仁市碧江区 WW 乡 DJX 村	计数	3	0	44	47
		所占百分比	6.4%	0%	93.6%	100.0%
	兴义市 ML 镇 GM 村	计数	0	0	46	46
		所占百分比	0%	0%	100.0%	100.0%
合计		计数	5	41	90	136
		所占百分比	3.7%	30.1%	66.2%	100.0%

表 5-17　村里是否有生活垃圾统一收集转运处置设施

			是否有统一收集转运处置设施		合计
			有	没有	
村名	铜仁市碧江区 WW 乡 DJX 村	计数	46	1	47
		所占百分比	97.9%	2.1%	100.0%
	兴义市 ML 镇 GM 村	计数	46	0	46
		所占百分比	100.0%	0%	100.0%
合计		计数	92	1	93
		所占百分比	98.9%	1.1%	100.0%

表 5-18 村里生活垃圾的处置方式

			生活垃圾的处置方式			合计
			露天堆肥	露天焚烧	工厂回收处理	
村名	铜仁市碧江区 WW 乡 DJX 村	计数	1	1	45	47
		所占百分比	2.1%	2.1%	95.7%	100.0%
	兴义市 ML 镇 GM 村	计数	0	0	46	46
		所占百分比	0%	0%	100.0%	100.0%
合计		计数	1	1	91	93
		所占百分比	1.1%	1.1%	97.8%	100.0%

表 5-19 村里生活垃圾处理是否无害化处理

			是否是无害化处理		合计
			是	不是	
村名	安顺市镇宁县 SZ 乡 DH 村	计数	16	27	43
		所占百分比	37.2%	62.8%	100.0%
	铜仁市碧江区 WW 乡 DJX 村	计数	42	3	45
		所占百分比	93.3%	6.7%	100.0%
	兴义市 ML 镇 GM 村	计数	44	2	46
		所占百分比	95.7%	4.3%	100.0%
合计		计数	102	32	134
		所占百分比	76.1%	23.9%	100.0%

(六) 村容村貌尚待提质改造

为了了解西南地区农村村容村貌状况，我们在问卷中设计了关于入村道路、村内道路、入户道路、村内路灯、公共活动广场、公共活动场馆、村民的房屋、公共卫生、村民家庭卫生、村民个人卫生、村内绿化、村内有当地民族人文特色、村内标志性建筑等人文景观、村内标志性树木等自然景观等 14 个方面，按照非常好、比较好、一般、比较差、非常差五个等次进行评价。从 DH 村的村容村貌状况来看，村民们对于入村道路、村内道路、入户道路三项的评价基本集中在“一般”（比率分别为74.4%、74.4%、76.7%），对于村内路灯的评价则集中在“比较差”（83.7%）。后面的选项缺失值比较多，但是从数据来看总体上评价不高。（具体数据见表5-20）在访谈中DH村村党支部书记说，像公共环境绿化美观、村内具有当地人文特色、村内标志性建筑等“这些都没有，只有树木得到很好的保护”，同时还对“个人卫生、家庭卫生、公共卫生等都有提倡”。实际上我们在实地调查中也看到，DH村的入村道路还是修建了的，村内道路也都有修建，只是做了简单硬化，没有做美化处理。入户道路就各有样貌，因为由各家自己来修，有些村两委就没有去管，基本都维持原样，甚至有些不太方便出行了。所以说DH村的村容村貌基本都是维持长期以来的原貌，改变的地方不是特别多，没能完全体现新农村的新颖之处。同时DH村作为布依族居民聚居的村寨，在村寨布局和房屋建造方面并没有太多少数民族人文特色，也缺乏标志性的建筑、树木等人文景观和自然景观。

表5-20　DH村村容村貌状况

		非常好	比较好	一般	比较差	非常差	合计
1. 入村道路	计数	0	9	32	2	0	43
	所占百分比	0%	20.9%	74.4%	4.7%	0%	100.0%
2. 村内道路	计数	0	9	32	2	0	43
	所占百分比	0%	20.9%	74.4%	4.7%	0%	100.0%
3. 入户道路	计数	0	8	33	2	0	43
	所占百分比	0%	18.6%	76.7%	4.7%	0%	100.0%
4. 村内路灯	计数	0	0	3	36	4	43
	所占百分比	0%	0%	7.0%	83.7%	9.3%	100.0%
5. 公共活动广场	计数	0	0	3	3	0	6
	所占百分比	0%	0%	50.0%	50.0%	0%	100.0%
6. 公共活动场馆	计数	0	0	3	3	0	6
	所占百分比	0%	0%	50.0%	50.0%	0%	100.0%
7. 村民的房屋	计数	0	0	7	13	0	20
	所占百分比	0%	0%	35.0%	65.0%	0%	100.0%

续表

		非常好	比较好	一般	比较差	非常差	合计
8. 公共卫生	计数	0	0	4	2	0	6
	所占百分比	0%	0%	66.7%	33.3%	0%	100.0%
9. 村民家庭卫生	计数	0	0	5	1	0	6
	所占百分比	0%	0%	83.3%	16.7%	0%	100.0%
10. 村民个人卫生	计数	0	0	4	1	0	5
	所占百分比	0%	0%	80.0%	20.0%	0%	100.0%
11. 村内绿化	计数	1	2	8	1	0	12
	所占百分比	8.3%	16.7%	66.7%	8.3%	0%	100.0%
12. 村内有当地民族人文特色	计数	1	1	5	0	0	7
	所占百分比	14.3%	14.3%	71.4%	0%	0%	100.0%
13. 村内标志性建筑等人文景观	计数	0	1	3	1	0	5
	所占百分比	0%	20.0%	60.0%	20.0%	0%	100.0%
14. 村内标志性树木等自然景观	计数	0	1	3	1	0	5
	所占百分比	0%	20.0%	60.0%	20.0%	0%	100.0%

在 DJX 村，村民们对于入村道路、村内道路、入户道路、村内路灯、村民的房屋、村内公共卫生、村民家庭卫生、村民个人卫生等 8 项的评价还是比较高的，主要集中在“比较好”（所占比率分别为 59.6%、57.4%、63.8%、59.6%、78.7%、78.7%、72.3%和 63.8%）。而对于公共活动广场、公共活动场馆、村内绿化、村内有当地民族人文特色、村内标志性建筑等人文景观、村内标志性树木等自然景观等 6 项的评价则主要集中在“一般”和“比较差”，且评价为“比较差”的比率更高一些（具体数据见表 5-21）。从访谈资料分析来看，DJX 村在道路方面都进行了修建，村民们也感到比较满意。尤其是路灯，晚上都“亮晃晃的”，让村民们感受了与城市市民同等的待遇，很是骄傲。大多数村民都是外出打工挣了钱回来会把房子重新修建一番，村民们的房子都还可以。在乡里的重视下，村里也加强了卫生方面的工作，督促大家维护好公共卫生、家庭卫生和个人卫生。但是我们也注意到，每次领导来村里考察都要求大家搞卫生，这多少有点应付上级检查之嫌，从日常抓起，制度化治理才能真正使大家养成

良好的卫生习惯。公共活动场所、篮球场等运动健身场所、器材每个村寨都有修建，关键看是否符合当地村民们的需要。在数据中看出村民们对于这些场所、器材并不十分满意，这可能就达不到村民的预期。比如篮球场可能大多数时候适合跳广场舞，在农村平时打篮球的人并不会很多，虽然“贵州村 BA”一度十分火爆，但也并不是所有的村都有这样的氛围。再有，小型的社区健身器材的利用率并不高，器材放置处只是孩子们玩耍的场所，成年人认为“有这时间不如到地里去干活”了。另外就是民族文化特色，虽然 DJX 村是侗族居民聚居村寨，但是房屋基本上都已经是现代风格的砖水泥结构的房子了，也缺少侗族的标志性建筑等人文景观，标志性的自然景观只有村内的一棵古树了。总的来看还是缺少一些民族特色和标志性的景观，从而减少了村民们对于村寨的乡村记忆的亮点。

（DJX 村民组组长的访谈资料）

访问员：你觉得我们村的道路啊、灯啊、公共场所建设得怎么样？

受访者：都还算可以，现在每个村寨基本上都修有文化娱乐场所、篮球场这些健身区域啊。这个路灯嘛，每个组都安得，现在的晚上就像白天一样，哪里都亮晃晃的，现在老百姓都不用担心晚上串门会出现什么危险了。村民的生活水平得到了明显的提升。

访问员：你觉得我们村的公共场所的绿化情况怎么样？

受访者：这农村谈不上什么绿不绿化，农村就是一个很小的地区，又不是像城里面积大呀涉及到绿化啊，一般农村就是几百个平方米那么大。

访问员：我们村有什么标志性的建筑物吗？或者树木。

受访者：村里面有啊，就是那个大树，百年古树。一般林业站会对村里面这些百年古树不定期地进行查看。再加上这些老百姓自发地觉得这些古树是不能砍伐的，他们觉得这些树木还是有点神圣。

访问员：我们村对个人卫生、家庭卫生以及公共环境卫生有什么管理措施吗？

受访者：我们一般都会进行宣传，要爱护卫生啊，不管是家里面还是外面的卫生，我们大家都要爱护。而且我们每年都会进行评比活动，比如说评比出来最清洁家庭啊，还有展示牌子，哪家卫生搞得干净啊，我们要去实地查看，如果确实是卫生搞得干净啊，那这个最清洁家庭的牌子就转移到这一家。

访问员：村民对当前你们关于生态环境以及卫生的做法有什么不同的意见吗？

受访者：意见倒是没有，就是有时候会有些怨言，有些农户家里确实比较忙，来不及打扫卫生啊。但是这两年瓦屋乡政府比较重视我们村的发展，所以领导下来考察的次数要多一点。每次喊农户打扫卫生嘞，但有些农户确实忙得很，没有时间打扫，多少有点怨言。意见倒是没得，都还是蛮支持的。

表 5-21　DJX 村村容村貌状况

		非常好	比较好	一般	比较差	非常差	合计
1. 入村道路	计数	8	28	9	2	0	47
	所占百分比	17.0%	59.6%	19.1%	4.3%	0%	100.0%
2. 村内道路	计数	9	27	10	1	0	47
	所占百分比	19.1%	57.4%	21.3%	2.1%	0%	100.0%
3. 入户道路	计数	8	30	9	0	0	47
	所占百分比	17.0%	63.8%	19.1%	0%	0%	100.0%
4. 村内路灯	计数	7	28	6	6	0	47
	所占百分比	14.9%	59.6%	12.8%	12.8%	0%	100.0%
5. 公共活动广场	计数	3	8	15	21	0	47
	所占百分比	6.4%	17.0%	31.9%	44.7%	0%	100.0%
6. 公共活动场馆	计数	3	13	12	19	0	47
	所占百分比	6.4%	27.7%	25.5%	40.4%	0%	100.0%
7. 村民的房屋	计数	5	37	4	1	0	47
	所占百分比	10.6%	78.7%	8.5%	2.1%	0%	100.0%
8. 公共卫生	计数	6	37	4	0	0	47
	所占百分比	12.8%	78.7%	8.5%	0%	0%	100.0%

续表

		非常好	比较好	一般	比较差	非常差	合计
9. 村民家庭卫生	计数	5	34	7	1	0	47
	所占百分比	10.6%	72.3%	14.9%	2.1%	0%	100.0%
10. 村民个人卫生	计数	4	30	9	4	0	47
	所占百分比	8.5%	63.8%	19.1%	8.5%	0%	100.0%
11. 村内绿化	计数	1	4	16	26	0	47
	所占百分比	2.1%	8.5%	34.0%	55.3%	0%	100.0%
12. 村内有当地民族人文特色	计数	1	4	11	28	3	47
	所占百分比	2.1%	8.5%	23.4%	59.6%	6.4%	100.0%
13. 村内标志性建筑等人文景观	计数	1	6	10	28	2	47
	所占百分比	2.1%	12.8%	21.3%	59.6%	4.3%	100.0%
14. 村内标志性树木等自然景观	计数	1	4	13	28	1	47
	所占百分比	2.1%	8.5%	27.7%	59.6%	2.1%	100.0%

在GM村，村民们评价比较高的项目主要是入村道路、村内道路、入户道路、村民的房屋、村民的家庭卫生和个人卫生，主要集中在“比较好”和“一般”，评价为“一般”的所占的比率更高一点。对于村内路灯、公共卫生、公共绿化、民族文化特色、标志性人文景观和自然景观的评价都不高，主要集中“一般”和“比较差”，也有少部分“非常差”的评价。对于村内公共活动广场和公共活动场馆的评价最差，主要集中在“非常差”和“比较差”两个等次。（具体数据见表5-22）在实地调查中我们观察和了解到，GM村相对来说在道路建设方面是比较好的，这也是当地城市规划和工业发展的必须要具备的条件。只是在村内的道路中有些路灯的位置可能是死角，也可能存在坏了不能及时维修的情况。同时相对来说村民经济来源更丰富，房屋也建得比较好一些，对于家庭卫生和个人卫生也更加注意一些。但是公共卫生方面，由于人流量大，流动人口相对较多，管理起来更加复杂，所以导致公共卫生并不能完全如人意。在公共绿化和公共活动场所方面，更多地受限于原来的区域规划。更多地追求出租土地的经济效益，公共场地规划不足的原因造成目前公共场所建设用地困难。同时，公共场所、场馆建设也更多地依赖上级政府的审批和资金支

持，村内自主权下降，也是其中的重要原因。在民族文化特色、标志性人文景观和自然景观方面，基本上也是缺失的。虽然GM村是布依族居民聚居村寨，但是“比如像那些土话、布依话咯嘛，感觉慢慢地他们都快被汉化了，好多人都不会讲”。加上城市化相对较早一些，村寨建筑的保护工作没能在早期及时启动，因此整个村寨缺少了民族文化特色。在访谈中村里一位71岁的老者主要谈到了村里修沟渠的事情，村里花了15万，钱主要是村里出租土地的租金。老者还主要谈了村集体资金的来龙去脉，本来百把万的钱，给了村里旁边一个易地扶贫搬迁点20几万，村里就得71万了。修沟渠既能灌溉田地，也能让村民们骑车去地里干活了，更加方便干净。

（GM村村民71岁老者的访谈资料）

访谈者：近几年我们村里面有没有在改善我们生活条件方面做大事情啊？

受访者：就是那条沟渠嘛。也倒是可以，顺着大沟整了上面，水泥打好，村里面拿钱整的咯嘛，村里面现在有钱，拿了15万来整。村里面从去年开始就有一年71万元，就是铁马市场巴龙井那一头，是原来化肥厂买的，买了没有建厂，后来他拿来堆煤，宜化迁走的土地原来是哪个队的就还哪个队。我们马岭镇的哪个村都有钱，像哇嘎那些有厂，龙井那些房子整完了，就得到钱嘛，像菜市场那些都给他们村头带来收入，就是只有我们GM村没得。政府报上去市里面，就讲拿这点钱给我们GM村，就像提留地一样拿给GM村，可能一年有个百把万。后来呢有个人是册亨的，在州里面不晓得是干啥工作的，就晓得这个事情，说是分给我们村分多了，不晓得是按人口嘛还是啥子比例算，得不到这么多。后来呢就是他们迁进来水泥厂来批发水果，这些人是马岭易地搬迁的，等于说八个镇的人，原来住的地方在山脚的，怕滑坡，或者住在坡高的地方，生活环境不好的，就搬来这里 。条件贫困的人来这里就不要钱，但是有些自己想来呢，就要给一点点钱，可以搬来住政府的易地搬迁的房子。但是他们来这里没得什么事情做，也没得地种（就是解决不了就业问题），那么就还有28万左右就拿给册亨那些易地搬迁过来这里的人咯嘛。就是这样，我们整个

GM 村就得 71 万左右咯嘛，这些钱呢，寨子头要是没得什么大的事情或者要发展的东西，哪个给你动这个钱呢？要做什么，都是做了再拿去报。

访谈者：那我们这点修这条沟，主要是有什么作用呢？

受访者：沟呢是原来的老沟，只是弯弯拐拐的，有些地方填得深一处浅一处的，我们是把它修平了搪上底，水就不到处漏。再一个呢，以前那个泥巴老沟，都若干年奥，有些地方宽呢又宽狠了，过上过下的没得个踩处。这个沟呢，一个是把中那白那个龙潭头的水引下来呢好灌田咯嘛，二个呢去上面田头的路梗子，让人家越整越小了无法进去，这会修了个沟，还在沟上盖起水泥板，给你三轮车摩托车都去得到了嘛。沟也可以了，路也干干净净呢。

访谈者：那就是一条直沟只管得到沟边的水田灌溉吗？其他家的田地是不是也没受啥益？

受访者：咋个没受益嘛？你去田头的路，那些田埂好走得很吗？现在你骑个车就可以去田头了。

访谈者：那可以的嘛，还是解决了不少问题呢，那除了这条沟，我们寨子头还做了哪些方便我们生活的事情呢？比如寨子头呢，路灯是哪时候安的嘞？你们觉得这个路灯光线够不够亮？

受访者：亮了嘛，只是有几盏是旧的，是走别处取来的。

表 5-22　GM 村村容村貌状况

		非常好	比较好	一般	比较差	非常差	合计
1. 入村道路	计数	2	20	24	0	0	46
	所占百分比	4.3%	43.5%	52.2%	0%	0%	100.0%
2. 村内道路	计数	2	20	24	0	0	46
	所占百分比	4.3%	43.5%	52.2%	0%	0%	100.0%
3. 入户道路	计数	4	16	26	0	0	46
	所占百分比	8.7%	34.8%	56.5%	0%	0%	100.0%
4. 村内路灯	计数	2	10	22	12	0	46
	所占百分比	4.3%	21.7%	47.8%	26.1%	0%	100.0%

续表

		非常好	比较好	一般	比较差	非常差	合计
5. 公共活动广场	计数	0	2	10	24	10	46
	所占百分比	0%	4.3%	21.7%	52.2%	21.7%	100.0%
6. 公共活动场馆	计数	2	2	6	22	14	46
	所占百分比	4.3%	4.3%	13.0%	47.8%	30.4%	100.0%
7. 村民的房屋	计数	14	24	4	4	0	46
	所占百分比	30.4%	52.2%	8.7%	8.7%	0%	100.0%
8. 公共卫生	计数	4	16	20	6	0	46
	所占百分比	8.7%	34.8%	43.5%	13.0%	0%	100.0%
9. 村民家庭卫生	计数	2	20	22	2	0	46
	所占百分比	4.3%	43.5%	47.8%	4.3%	0%	100.0%
10. 村民个人卫生	计数	0	8	36	2	0	46
	所占百分比	0%	17.4%	78.3%	4.3%	0%	100.0%
11. 村内绿化	计数	0	4	18	20	4	46
	所占百分比	0%	8.7%	39.1%	43.5%	8.7%	100.0%
12. 村内有当地民族人文特色	计数	0	0	18	24	4	46
	所占百分比	0%	0%	39.1%	52.2%	8.7%	100.0%
13. 村内标志性建筑等人文景观	计数	0	0	18	22	6	46
	所占百分比	0%	0%	39.1%	47.8%	13.0%	100.0%
14. 村内标志性树木等自然景观	计数	2	4	26	10	4	46
	所占百分比	4.3%	8.7%	56.5%	21.7%	8.7%	100.0%

总的来看，西南地区村民们对村寨的道路建设、房屋建设评价相对较高，对于家庭卫生和个人卫生状况还比较满意，对公共卫生以及路灯等设施则只是一般或者不太满意，同时对公共活动广场、场馆建设的评价最差。同时村民们对村内绿化、民族文化特色、标志性建筑等人文景观和自然景观的情况评价不高，但是村民们也似乎不太在意这几个方面。众所周知，在新农村建设和精准扶贫政策支持，农村的建设主要集中在道路、改水改厕、路灯、公共活动场所场馆等硬件建设方面。所以从调查来看，西南地区农村的这些硬件建设还未能完全到位，离村民们的需求和要求还有

一定的差距，因此加大对西南地区农村硬件建设的投入仍然很有必要。与此同时，还需要进一步挖掘西南地区农村的文化特色等优势，优化提升西南地区农村的人居环境质量。

（七）管护制度需要加强执行

为了了解西南地区农村生态保护和人居环境管护制度建设状况，我们在问卷中设计了关于森林保护、水资源保护、生活污水处理、生活垃圾处理、公共设施保护、公共卫生、家庭卫生、个人卫生等 8 个方面制度建设问题，按照“有”“没有”“不知道”三个选项回答。

在 DH 村的调查数据来看，仅有“森林保护”方面有 69%的村民样本认为有村级层面的相关制度，还有 31%的样本回答“不知道”。在“水资源保护”方面，仅有 31.7%的样本回答“有”，有 22%的样本回答“没有”，还有 46.3%的样本回答“不知道”。对于数据中回答“不知道”的情况，如果大部分人说有，那就应该是有这种制度，但是制度宣传力度不够或者执行力度不够，没能让村民们在生活看到制度的执行，导致有一部分人“不知道”有这种制度存在。在 DH 村，除了上面这两项，还可以认为有相关的制度外，其他 6 个方面的问题，绝大多数的样本都认为“没有”或者回答“不知道”，那么从数据来看可以认为没有这些方面的相关村级制度（具体数据见表 5-23）。虽然在访谈中 DH 村党支部书记说，在生活垃圾处理方面有村级的监督制度，在个人卫生、家庭卫生、公共卫生方面也有相关制度或提倡。但是结合数据来分析，在 DH 村除了着重强调森林保护，稍微重视水资源保护外，其他几个方面即使有相关制度，也是停留在纸面上的制度，在村民们的日常生活中并不能发挥其功能和作用，可以认为不存在这些方面的制度。

表 5-23　DH 村生态保护和人居环境管护制度建设状况

		有	没有	不知道	合计
1. 森林保护	计数	29	0	13	42
	所占百分比	69.0%	0%	31.0%	100.0%
2. 水资源保护	计数	13	9	19	41
	所占百分比	31.7%	22.0%	46.3%	100.0%

续表

		有	没有	不知道	合计
3. 生活污水处理	计数	2	17	22	41
	所占百分比	4.9%	41.5%	53.7%	100.0%
4. 生活垃圾处理	计数	4	15	22	41
	所占百分比	9.8%	36.6%	53.7%	100.0%
5. 公共设施保护	计数	1	17	23	41
	所占百分比	2.4%	41.5%	56.1%	100.0%
6. 公共卫生	计数	1	16	24	41
	所占百分比	2.4%	39.0%	58.5%	100.0%
7. 家庭卫生	计数	1	16	24	41
	所占百分比	2.4%	39.0%	58.5%	100.0%
8. 个人卫生	计数	0	17	24	41
	所占百分比	0%	41.5%	58.5%	100.0%

在 DJX 村，只有在“个人卫生”方面村民样本中有 46.8%的人认为“没有”，有 42.6%的人回答“不知道”，那我们就可以认为 DJX 村是没有“个人卫生”方面的制度安排的。除了“个人卫生”方面的其他 7 个方面，村民们绝大多数人认为是“有”相关村级制度的（具体数据见表 5-24）。在访谈中 DJX 村一位村支部委员说，“村里不允许乱砍滥伐……只有少部分老年人认为用电浪费钱，他们还是会到山上自己捡一些枯枝的，这也没有涉及乱砍树木，所以我们也准许的”。河道管理和维护也是“河长制”，在 DJX 村“由村副书记负责，他会时不时去检查一下河里不是有人乱扔垃圾，有没有人在捕鱼呀”。在生活垃圾处理等也有相关制度，村支书会进行监督。个人卫生、家庭卫生等方面也有相关村规民约，并且还搞了“清洁家庭”评选活动，定期评选，“清洁家庭”奖牌根据评选结果在村民家庭间流动。因此看来，DJX 村在生态保护和人居环境管护制度建设方面还是比较完整的，同时制度宣传力度和执行力度也比较到位。

（DJX 村村支部委员的访谈资料）

访问员：那像我们的垃圾处理、河道管理有没有村级层面的监督制度呢？

受访者：有的，村支书会对这些进行监督。

访问员：好的。那我们村在提倡个人卫生以及家庭卫生方面有什么举措吗？

受访者：有的，我们一般都是在村小组里面张贴村规民约，而且会让党小组进行宣传要爱护卫生、不要乱扔垃圾啊呀。而且我们村还有一个清洁家庭评选活动，会给家庭卫生做得比较好的家庭颁发奖牌。

（DJX 村村民组组长的访谈资料）

访问员：哇，可以嘞。那我们村存在乱砍滥伐吗？

受访者：不存在的，我们这几年都监管特别严格。

访问员：那有人捕猎野生动物这些吗？

受访者：这个我们村也是不存在的，这几年出台了野生动物保护法，乡里面的干部经常会下来巡逻，我们村里面也会向村民讲解捕猎野生动物的危害以及后果。

访问员：那像我们村的河来没有统一管理和维护呢？

受访者：因为我们这里都有河长制，都是责任到人，我们定期不定期都会展开巡逻。一旦发现的话，我们就上交处理，该罚款的罚款，有些情况严重的，该拘留的拘留。

访问员：还要拘留呀？

受访者：那是肯定的啊，这个的话是捕鱼的数量比较多，都明确了禁止一些捕猎手段，他还是要使用的话，那只能拘留了。

……

访问员：那我们村有监督生活垃圾处理的人吗？

受访者：有的，一般村监会会行使这个责任的，会去巡逻，发现哪里有垃圾反映给相应的责任人，比如包村干部、包组干部啊。包村包组干部就会通知保洁员现场去打扫。一旦发现问题，我们都是立马整改的。

……

访问员：我们村对个人卫生、家庭卫生以及公共环境卫生有什么管理措施吗？

受访者：我们一般都会进行宣传，要爱护卫生啊，不管是家里面还是外面的卫生，我们大家都要爱护。而且我们每年都会进行评比活动，比如说评比出来最清洁家庭啊，还有展示牌子，哪家卫生搞得干净啊，我们要去实地查看，如果确实是卫生搞得干净啊，那这个最清洁家庭的牌子就转移到这一家。

表 5-24 DJX 村生态保护和人居环境管护制度建设状况

		有	没有	不知道	合计
1. 森林保护	计数	42	0	5	47
	所占百分比	89.4%	0%	10.6%	100.0%
2. 水资源保护	计数	42	0	5	47
	所占百分比	89.4%	0%	10.6%	100.0%
3. 生活污水处理	计数	43	1	3	47
	所占百分比	91.5%	2.1%	6.4%	100.0%
4. 生活垃圾处理	计数	44	1	2	47
	所占百分比	93.6%	2.1%	4.3%	100.0%
5. 公共设施保护	计数	41	0	6	47
	所占百分比	87.2%	0%	12.8%	100.0%
6. 公共卫生	计数	44	0	3	47
	所占百分比	93.6%	0%	6.4%	100.0%
7. 家庭卫生	计数	41	0	6	47
	所占百分比	87.2%	0%	12.8%	100.0%
8. 个人卫生	计数	5	22	20	47
	所占百分比	10.6%	46.8%	42.6%	100.0%

GM 村的情况与 DJX 村相似，村民们认为在森林保护、、水资源保护、生活污水处理、生活垃圾处理、公共设施保护、公共卫生等 6 个方面都有相关制度。仅仅没有对家庭卫生、个人卫生两个方面做特别的相关制度要求（具体数据见表 5-25）。从表 5-22 中的数据也可以看出，GM 村的家庭卫生和个人卫生方面还是比较好的，可能因为这个原因村里也没有必要多做要求。一般来说对家庭卫生、个人卫生方面做出要求，主要针对农村中

村民们长期以来没有养成良好的卫生习惯，才会有针对性地提出相关要求和制定相关制度。所以 GM 村没有针对这两个方面制定制度也是可以得到解释的。当然有制度有依，还得有制度必执行才行。结合上面对于 GM 村的生活污水“直接排放在外面”和公共卫生并不好等状况，GM 村的制度执行力度还有待加强。

表 5-25　GM 村生态保护和人居环境管护制度建设状况

		有	没有	不知道	合计
1. 森林保护	计数	46	0	0	46
	所占百分比	100.0%	0%	0%	100.0%
2. 水资源保护	计数	44	0	2	46
	所占百分比	95.7%	0%	4.3%	100.0%
3. 生活污水处理	计数	42	4	0	46
	所占百分比	91.3%	8.7%	0%	100.0%
4. 生活垃圾处理	计数	46	0	0	46
	所占百分比	100.0%	0%	0%	100.0%
5. 公共设施保护	计数	44	2	0	46
	所占百分比	95.7%	4.3%	0%	100.0%
6. 公共卫生	计数	44	0	2	46
	所占百分比	95.7%	0%	4.3%	100.0%
7. 家庭卫生	计数	16	16	14	46
	所占百分比	34.8%	34.8%	30.4%	100.0%
8. 个人卫生	计数	4	24	18	46
	所占百分比	8.7%	52.2%	39.1%	100.0%

总的来看，西南地区农村的生态保护和人居环境管护制度建设在大多数地方能够有相对完整的制度，也有一部分农村的制度建设不到位。在制度宣传方面有些村寨宣传得并不到位，使得村民们不知道有相关制度存在。同时制度执行是西南地区农村存在的主要问题。在村寨中的熟人社会，刚性的正式制度的执行往往会受到人情、面子等非正式制度的阻碍，制度得不到有力的执行，就使得制度空置或者农村基层组织的空转，造成

人力、资金、组织等各项资源的浪费，而得不到农村人居环境质量提升的实效。因此在完善相关制度的前提下，加强制度的执行力度和监督力度，才能真正提升西南地区农村人居环境质量。

三、推动乡风文明的功能实现仍然不足

乡村振兴，乡风文明是保障①。西南地区的地方特色文化是中华民族传统文化的重要组成部分，西南地区人们创造的这些习俗、文化、文明，都是经历了漫长的历史过程的，有其重要的历史价值。在实施乡村振兴战略背景下，中央提出乡风文明建设的要求，是对广大农村地区的文明提出了新要求，对乡风文明赋予了更多的现代价值内涵。在西南地区农村社会快速转型的时期，不同西南地区风俗习惯、文化、文明也随着现代市场文化的渗透，产生了双向流动和激烈碰撞②。继承西南地区传统优秀文化，破除旧俗陋习，创建西南地区农村乡风文明，是促进乡村振兴的必然要求。在调查中我们主要从西南地区农村开展社会主义核心价值观文化的主题性教育、保护地方特色优秀传统文化、移风易俗以及对乡风文明状况的评价等四个方面进行考察。

（一）社会主义核心价值观文化的主题性教育尚需向全体村民普及

调查中对于西南地区农村开展学习和践行社会主义核心价值观、习近平新时代中国特色社会主义思想、“听党话、感党恩、跟党走”宣讲等主题性教育活动的频率、规模以及形式进行了考察。

从表 5-26 的数据来看，总体上有 14.5%的村民样本认为村里的主题性活动是“经常开展”的，有 64.1%的村民认为“偶尔开展”，还有 21.4%的村民认为“从不开展”主题性教育活动。其中，在 DH 村 66.7%的样本认为“经常开展”，没有样本回答“从不开展”；DJX 村 95.7%的样本认为“偶尔开展”，各有 1 个样本认为是“经常开展”和“从不开展”；

① 中共中央办公厅、国务院办公厅．农村人居环境整治提升五年行动方案（2021—2025 年）［N］．新华社，2021 年 12 月 6 日．

② 熊春林编著．农村文化发展之谋［M］．北京：国家行政学院出版社，2012，第 12—13 页．

GM 村则是没有样本回答“经常开展”，47.8%的样本认为是“偶尔开展”，52.2%的样本认为是“从不开展”。（具体数据见表 5-26）从这里可以看出，DH 村开展主题性教育活动的频率相对最高，DJX 村次之，而 GM 村开展主题性教育活动的频率则最低。

表 5-26　开展主题性教育活动的频率

			开展主题性教育活动的频率			合计
			经常开展	偶尔开展	从不开展	
村名	安顺市镇宁县 SZ 乡 DH 村	计数	16	8	0	24
		所占百分比	66.7%	33.3%	0%	100.0%
	铜仁市碧江区 WW 乡 DJX 村	计数	1	45	1	47
		所占百分比	2.1%	95.7%	2.1%	100.0%
	兴义市 ML 镇 GM 村	计数	0	22	24	46
		所占百分比	0%	47.8%	52.2%	100.0%
合计		计数	17	75	25	117
		所占百分比	14.5%	64.1%	21.4%	100.0%

从西南地区农村开展主题性教育活动的组织规模看，三个村寨的样本基本上都是回答在“1—50 人”（具体数据见表 5-27），也即大部分主题性教育活动都是组织 50 人以下的代表参加的，很少组织针对所有人的大型教育活动。

表 5-27　开展主题性教育活动的组织规模

			开展主题性教育活动的组织规模			合计
			0 人	1—50 人	50—100 人	
村名	安顺市镇宁县 SZ 乡 DH 村	计数	0	22	0	22
		所占百分比	0%	100.0%	0%	100.0%
	铜仁市碧江区 WW 乡 DJX 村	计数	0	46	1	47
		所占百分比	0%	97.9%	2.1%	100.0%
	兴义市 ML 镇 GM 村	计数	24	22	0	46
		所占百分比	52.2%	47.8%	0%	100.0%

续表

		开展主题性教育活动的组织规模			合计
		0人	1—50人	50—100人	
合计	计数	24	90	1	115
	所占百分比	20.9%	78.3%	9%	100.0%

从西南地区农村开展主题性教育活动的主要形式来看，总体上还是以"群众会""广播""入户宣传"和"党代会"为主。在DH村主要的活动形式是"群众会"，在DJX村则主要是"群众会""广播"和"入户宣传"，在GM村"入户宣传"则是最主要的形式，同时"党代会"和"群众会"比较多一些。

表5-28 开展主题性教育活动的主要形式

			开展主题性教育活动的主要形式[a]					总计
			群众会	广播	讲座	党代会	入户宣传	
村名	安顺市镇宁县SZ乡DH村	计数	23	0	0	· 1	0	24
		所占百分比	95.8%	0%	0%	4.2%	0%	100.0%
	铜仁市碧江区WW乡DJX村	计数	47	43	3	3	11	107
		所占百分比	43.9%	40.2%	2.8%	2.8%	10.3%	100.0%
	兴义市ML镇GM村	计数	10	2	6	12	26	56
		所占百分比	17.9%	3.6%	10.7%	21.4%	46.4%	100.0%
总计		计数	80	45	9	16	37	187

百分比和总计以响应为基础。
a. 值为1时制表的二分组。

从访谈资料中可以了解到，西南地区农村的主题性教育活动主要还是在党员会议上通过学习和传达中央等上级有关精神进行教育的，因此在村级层面上主要是党员会议，一般是一个月开展一次，参与党员会议的人数也不多，在50人以下。在这里也解释了GM村有52.2%的样本认为"从不开展"主题性教育活动的原因，同时也说明了GM村在村民组层面上所做主题性教育活动不足。针对全部村民的主题性教育活动主要是通过广播宣传中央文件以及上级相关精神，也有通过放电影的形式开展爱国主义教育等。在村民组层面上，主要是包组干部、包村干部、村民组组长下到各个村民组来，组织相关的党小组、群众会，开展主题性学习教育活动。这样看来，西南地区农村的主题性教育活动还是通过村级层次和村民组层次两个不同层级来开展的，村级层次主要是党员会议、党代会，村民组层次主要是党小组会议和群众会。在村级层面开展教育活动通常一个月一次，频率相对较高。而在村民组层面活动开展则没有规律，有些村寨开展得多，有些村寨则开展得少。同时针对全体村民的教育活动则相对较少。

（DH 村村支部书记的访谈资料）

访问员：村内学习和践行社会主义核心价值观、习近平新时代中国特色社会主义思想、“听党话、感党恩、跟党走”宣讲等主题性活动开展得如何？

受访者：主题性党日活动开展较好。

访问员：比如有多少次？

受访者：每个月都有开展。

访问员：组织人员的规模是多大？

受访者：组织人员有 15 名党员左右。

访问员：活动形式主要包括哪些？

受访者：活动形式主要包括宜居乡村环境整治活动，红色基地党史教育，关爱老党员等。

（DJX 村村支部委员的访谈资料）

访问员：我们村会不会经常开展爱国以及中央思想精神的主题活动？

受访者：经常会开展的，我们村都是一个月开展一次，有时候是一个月开展两次。一般会给村民放一些爱国主题的电影，有时候也会用广播宣读习近平主席的最新思想。

（DJX 村民组组长的访谈资料）

访问员：我们村会学习践行社会主义核心价值观这些吗？

受访者：会啊，我们会集中到村里面播放播放视频，然后我们还会给农户开坝坝会。

访问员：一年多少次呢？

受访者：有时候两个月一次，有时候一个月一次。

访问员：一般组织的规模有多大呢？是喊村里面的所有村民来看嘛还是？

受访者：没，我们在村里面看的话，主要是党小组，还有村长和党员来看。组织农户来看的话，我们主要是动员包组干部和包村干部下到各个村民组开群众会啊，然后再进行传达。

（二）保护地方特色优秀传统文化力度不够

在调查中我们考察了三个村寨在保护民族歌舞、民族服饰、民族建筑、民族节日活动等地方特色优秀传统文化方面的状况。从数据分析来看，DH 村主要对民族节日活动（50.0%）、民族歌舞（25.8%）、民族服饰（24.2%）进行保护（具体数据见表 5-29）。在访谈中 DH 村支部书记说，村里也有一些挖掘、继承、创新优秀传统乡土文化的方法和举措，如民族服饰、民族节日活动，都有待发展。从这里可以看出，DH 村在这些方面可能主要是保留了地方的民族节日活动传统，在民族歌舞、民族服饰方面也是村民们自发地保护，在村级层面并未发展出相关的制度、活动或者产业来促进这些传统文化的保护，村级工作处于相对被动的状况。

在 DJX 村，调查样本中有 95.7%的人选择了“民族建筑”（具体数据见表 5-29）。在访谈中我们了解到，DJX 村的大姓刘姓重修了刘氏宗祠，应该说是 DJX 村最具地方民族特色的建筑。同时在之前的内容中我们谈到，DJX 村的村民房屋基本上都是现代风格，缺少了民族特色。因此村民们心中的“民族建筑”保护可能就是这个刘氏宗祠了。DJX 村党支部书记也谈到，虽然村里都是侗族，但是都不了解侗族有什么文化。这方面的认知也给 DJX 村优秀传统文化保护带来了困难。在对一位村民组组长的访谈中了解到，DJX 村陈家寨村民组里有一个农具展览馆，主要针对年轻人对传统农具的认识了解来开展。

（DJX 村村支部委员的访谈资料）

访问员：那我们村会不会挖掘一些优秀的传统乡土文化呀？

受访者：会的，在我们村刘姓是一个比较大的姓，而且我们村以前有修建得刘氏宗祠，但是 1995 年发生了一场火灾，导致祠堂被烧毁，后面就一直没有管它，也没有提起再修缮祠堂。但是新的村干部被选举出来之后，大家就提议修缮一下我们的刘氏宗祠。今年过年你到祠堂祭拜吗？如果到的话，你就知道里面被翻新得有多漂亮了！

访问员：我家年年过年都是去祠堂祭拜，我看到了，真的比以前漂亮多了。那其他方面还有吗？

受访者：其他方面好像没有了，因为村民虽然都是侗族，但是以前我们都不了解侗族有什么文化。

（DJX 村村民组组长的访谈资料）

访问员：我们村有挖掘继承传统优秀文化的举措吗？

受访者：有，我们陈家寨村民组里有一个农具展览馆，那里有些老农具呀，那些老农具现在年轻人都认不到。一般上面的领导会来看，会有导员介绍。

在 GM 村，主要对民族节日活动（35.0%）、民族歌舞（33.3%）、民族服饰（30.0%）进行保护（具体数据见表 5-29）。在对 GM 村党支部书记的访谈中了解到，本身 GM 村的传统文化已经“快被汉化了”，但是由于有一个易地扶贫搬迁点，移民群体“唱山歌，一晚唱到亮”“还有专门的对歌”，还有少数民族的蜡染、服饰、手工制作等都保留得很好。因此 GM 村也正规划着将少数民族移民搬迁点的传统文化打造成村里面的特色，发展少数民族文化产业，带动旅游业发展，形成少数民族文化产业与旅游业相互促进的良好局面。在促进经济发展和就业的同时，也保护了少数民族优秀传统文化。

（GM 村村支部书记的访谈资料）

访问者：哈哈，我知道书记也非常忙，一直抓着您在这问东问西的也太不好意思了，那接下来我挑点重要问题了解一下嘛。比如像我们村头有没有可以挖掘的民俗文化呀？像少数民族的特色的服饰呀歌舞呀建筑呀风俗之类的？

受访者：这些倒是少，比如像那些土话、布依话咯嘛，感觉慢慢地他们都快被汉化了，好多人都不会讲，我觉得这种东西还是需要给它保护起来，需要有人传承，毕竟它也是一种文化遗传嘛。移民点他们也有他们的对山歌呀这些活动呢，我们也是支持鼓励他们把这些保护好啊，发扬下去，这是他们的特色。像他们结婚呀这些，就会唱山歌，一晚唱到天亮哦。他们还有专门的对歌呢，可能选得有代表，这种的唱得好，专门有人在那对歌，有一部分人有这种能力的，他们自己就组织起来专门做这个事情。

访问者：他们对歌这些只是在他们民族内部吗？和外面的人他们会不会有这种交流方式？

受访者：肯定是他们自己民族的人才唱嘛，唱给别的人听，像我们，你只是听到他在唱，但是晓不得是什么意思，听不懂嘛。我们感觉他们唱的都是一样的，他们自己听得起劲得很。而且感觉他们搞得很隆重的，他们很注重这个事情。

访问者：那你认为可不可以把他们这些活动打造成我们村里面的一个什么特色呢？

受访者：他们的特色呢就是蜡染和他们的服饰，还有织布的那些技术咯嘛，都可以发展成旅游产品的啊。我们就是有这种思路，就是让你们下面乡村旅游带动产业发展，再加上少数民族的手工制作来丰富这个产业内容，利用旅游来带动手工业发展。技能解决劳动就业，又能提高收入。我们村要发展旅游还是很有优势呢，是有东西拿得出来的。

表 5-29　保护少数民族优秀传统文化

			保护少数民族优秀传统文化[a]				总计
			民族歌舞	民族服饰	民族建筑	民族节日活动	
村名	安顺市镇宁县SZ乡DH村	计数	16	15	0	31	62
		所占百分比	25.8%	24.2%	0%	50.0%	100.0%
	铜仁市碧江区WW乡DJX村	计数	1	1	44	0	46
		所占百分比	2.2%	2.2%	95.7%	0%	100.0%
	兴义市ML镇GM村	计数	40	36	2	42	120
		所占百分比	33.3%	30.0%	1.7%	35.0%	100.0%

续表

		保护少数民族优秀传统文化[a]				总计
		民族歌舞	民族服饰	民族建筑	民族节日活动	
总计	计数	57	52	46	73	228

百分比和总计以响应为基础。
a. 值为 1 时制表的二分组。

总的来说，西南地区农村在保护民族歌舞、民族服饰、民族建筑、民族节日活动等少数民族优秀传统文化方面都有所行动。但是由于一些村寨民族文化内容逐渐消散，村民们对于少数民族的优秀传统文化逐渐变得不再熟悉。需要农村基层组织根据当地具体情况，充分挖掘、继承、创新优秀传统乡土文化，才能起到保护少数民族优秀传统文化的作用。

（三）移风易俗举措单一缺乏创新

在调查中我们了解了西南地区农村在移风易俗方面采取哪些切实的举措。从数据分析来看，总体上“文明家庭评比”“孝顺儿媳评比”这两项回答频数较高，分别为 90 人次和 61 人次的回答，另外“成立红白理事会”有 20 人次回答，“成立道德评议会”有 6 人次回答（具体数据见表 5-30）。因此从数据看，西南地区农村主要采取了“文明家庭评比”“孝顺儿媳评比”以及“成立红白理事会”的活动或办法促进农村移风易俗。

从对三个村寨的比较来看，DH 村几乎在这个题项上没有回答（具体数据见表 5-30）。虽然在访谈中 DH 村村党支部书记说有这些举措，并且说“有违规操办宴请、滥办酒席情况，成立红白喜事理事会、加大召开群众会、院坝会，宣传使用村规民约制度，让群众知晓什么宴请酒席可办，什么宴请酒席不可办。”但是从数据来看却没有，这可以表明 DH 村实际上只是对于违规操办宴请酒席的问题进行强调，其他移风易俗方面并没有重视和采取有效的举措。违规操办宴请酒席是上级三令五申强调要坚决禁止的，所以 DH 村基层组织也必须执行上级的相关精神，但是没有明确强调的方面，也没有主动地想方设法去促进乡风文明。

在 DJX 村，回答“文明家庭评比”“孝顺儿媳评比”的分别占总响应的比率为42.3%，回答“成立红白理事会”的占13.5%（具体数据见表5-30）。数据表明在DJX村前两项在村民们中的知晓程度非常高，而“成立红白理事会”则有很多的村民不知道。“成立道德评议会”只有两人次回答，可以认为DJX村并没有成立道德评议会。在访谈资料也可以看出，DJX村也是特别突出强调禁止违规操办酒席，同时还有反对封建迷信、高价彩礼等问题。

（DJX村村支部委员的访谈资料）

访问员：那我们村在移风易俗方面有什么切实的做法吗？

受访者：我们现在都不准许大操大办，喜事和丧事都不可以，喜事是一天办完，丧事三天办完，还有坚决打击封建迷信，提倡村民相信科学。

访问员：我们村里人对村干部关于乡土文明的一些做法有不同的意见吗？

受访者：没有听说村里人有什么意见。2020年疫情期间有一户村民家里的女儿考上了重点大学，那个村民执意要办酒，我们村干部当然是不允许他办了，结果他差点拿椅子砸向我们，后来还闹到乡政府去了，最后副乡长出面调解，这事才算过去。

（DJX村民组组长的访谈资料）

访问员：我们村在移风易俗方面有什么做法吗？

受访者：这个我们村没得，封建迷信思想我们是坚决打击的，高价彩礼我们这里也是没有的。之前有那种情况，农户不管家里有什么事情都喜欢办酒，这两年经过我们的宣传，这种情况得到了一定的改善。不能办的酒，坚决不能办。在疫情期间，我们都是提倡喜事往后推，白事简办，喜事缓办。

访问员：那我们村存在打架、偷盗的情况吗？

受访者：这两年不会了，这两年大家的生活水平都提高了，不像以前生活比较困难就会出现偷盗的情况，现在都不会了。现在家家户户都吃得起饭，也买得起东西，所以说不存在这些问题。就是一些小孩子不懂事有时候会打点架，但是那个性质不能定义为因为利益打架，他们就是小孩子调皮。

访问员：那村民对当前你们村干部关于乡风文明的做法有什么不同的意见吗？

受访者：他们还鼓励我们多做点，多举办一些活动。像2019年我们村举办了摸鱼活动，举办得很成功，老百姓都很满意。摸得多的就会有一定的奖励，但是这两年国家经费有限再加上疫情，我们村干部就没有多少心思举办这类活动了。

在GM村，回答“文明家庭评比”“孝顺儿媳评比”的分别占总响应的比率为63.9%和22.2%，回答“成立红白理事会”“成立道德评议会”的分别占8.3%和5.6%（具体数据见表5-30）。在访谈中GM村支部书记也谈到了文明家庭评比、红白理事会，通过村规民约、入户劝导等引导农村形成良好的风气。

总的来看，西南地区农村在禁止违规操办宴请酒席方面都是加大了力度，也颇有成效，基本上不存在违规操办宴请酒席的现象了，一旦有这种现象农村基层组织会马上去制止。一般是“喜事是一天办完，丧事三天办完”，尤其是疫情期间“白事简办，喜事缓办”。文明家庭评比是我国农村倡导乡风文明的老办法，也是在很多地方一直以来都保持和延用的活动。成立红白理事会实际上一直在一些农村存在，在成员相对稳定的情况下，一方面可以使村里的红白喜事能够安排更加周全，办得更加有声有色；另一方面在倡导乡风文明的条件下，还赋予了红白理事会监督、反对违规操办宴请酒席，反对铺张浪费、人情攀比的重要功能。至于“孝顺儿媳评比”等举措，虽然在数据中有所反映，但是在访谈中并没有被提及，因此我们认为这项举措只在少部分村寨会有。像“成立道德评议会”在西南地区农村则基本上还没有出现。

（GM村村支部书记的访谈资料）

访问者：我们村里有没有进行一些促进乡风文明的评比呢？比如文明家庭呀之类的。

受访者：有有有，文明家庭评比我们有的。还有红白理事会啊，就像红白喜事，他们要监督和打招呼。比如要注意食品安全啊，交通安全啊，比如白喜事们还要注意香蜡纸烛这些，排查安全隐患。比如你这上面提到的厚葬薄养啊这些，都是要进行入户劝导呢。

访问者：那么我们关于厚葬薄养是依据怎样的评判标准呢？

受访者：有啊，一个呢我们提倡的是厚养薄葬，二个是白事的宴请规模要减半，比如五桌以内；比如红喜事，严办，这是疫情期间的要求，也是我们后期要求这样做，也就是吃好多就做好多，严禁铺张浪费的情况出现咯嘛。像礼金这方面也要压制，你不可能大把大把的钱拿去送，这样是不合适的。

访问者：那我们是以什么形式来压制这种现象呢？

受访者：村规民约嘛，提出明确的要求，而且还有监督举报，相互监督，不能形成相互攀比的风气。

访问者：那近些年村子里头什么打架斗殴之类的现象怎么样呢？

受访者：几乎没得，吵架都很少了，打架斗殴几乎是不存在了。

访问者：那我们这边有没有什么比较盛行的宗教盛会或者宗教活动啊？

受访者：很少，我们这边又不像人家那些回族藏族地区呀，会有他们自己的宗教信仰或者盛大的活动举行，我们这边最多的就是去菩萨庙头吃点素饭啊烧点香这些。但是近期疫情防控们，这些聚会的事情也没给整咯嘛。

表 5-30 所在村在移风易俗方面有哪些切实举措

			在移风易俗方面有哪些切实举措[a]				总计
			文明家庭评比	孝顺儿媳评比	成立红白理事会	成立道德评议会	
村名	安顺市镇宁县SZ乡DH村	计数	0	1	0	0	1
		所占百分比	0%	100.0%	0%	0%	100.0%
	铜仁市碧江区WW乡DJX村	计数	44	44	14	2	104
		所占百分比	42.3%	42.3%	13.5%	1.9%	100.0%
	兴义市ML镇GM村	计数	46	16	6	4	72
		所占百分比	63.9%	22.2%	8.3%	5.6%	100.0%
总计		计数	90	61	20	6	177

百分比和总计以响应为基础。

a. 值为 1 时制表的二分组。

（四）乡风文明状况的评价不高

在调查中我们设计了关于高价彩礼、人情攀比、厚葬薄养、铺张浪费、封建迷信、打架偷盗等治安事件、利用宗教干预村公共事务、非法宗教活动等不文明习俗和风气的问题，让村民们用“不存在”“比较少”“一般”“比较严重”“非常严重”五个等级进行评价。

从 DH 村的情况看，在“高价彩礼”选项上主要集中在“一般”“比较严重”两个等级，分别占比为 78.8%、15.2%。在“人情攀比”选项上主要集中在“比较少”“一般”“比较严重”，分别占为 27.8%、55.6%、11.1%（具体数据见表 5-31）。前面这两项都有 10%以上的村民样本认为“比较严重”，因此可以认为 DH 村“高价彩礼”“人情攀比”的问题还是比较突出的。在“厚葬薄养”“铺张浪费”“封建迷信”三个项目上，分别都有 47.4%、35.3%、15.4%的村民样本选了“一般”（具体数据见表 5-31），尤其是“厚葬薄养”“铺张浪费”的比率还比较高，这表明 DH 村在“厚葬薄养”“铺张浪费”“封建迷信”三个方面也存在着一定问题。在“打架、偷盗等治安事件”“利用宗教干预村公共事务”“非法宗教活动”三个项目上都是 100%的样本选择了“不存在”，表明 DH 村不存在这三个方面的问题。在访谈中 DH 村村党支部书记的话也佐证了这些状况，他说村里“有存在高价彩礼、人情攀比、厚葬薄养、铺张浪费、封建迷信等不良风气”“没有打架、偷盗等治安事件”，也“没有存在非法宗教活动、利用宗教干预村公共事务的情况”。

表 5-31　DH 村乡风文明状况评价

		不存在	比较少	一般	比较严重	非常严重	合计
1. 高价彩礼	计数	0	2	26	5	0	33
	所占百分比	0%	6.1%	78.8%	15.2%	0%	100.0%
2. 人情攀比	计数	1	5	10	2	0	18
	所占百分比	5.6%	27.8%	55.6%	11.1%	0%	100.0%
3. 厚葬薄养	计数	3	6	9	1	0	19
	所占百分比	15.8%	31.6%	47.4%	5.3%	0%	100.0%

续表

		不存在	比较少	一般	比较严重	非常严重	合计
4. 铺张浪费	计数	6	4	6	1	0	17
	所占百分比	35.3%	23.5%	35.3%	5.9%	0%	100.0%
5. 封建迷信	计数	10	1	2	0	0	13
	所占百分比	76.9%	7.7%	15.4%	0%	0%	100.0%
6. 打架、偷盗等治安事件	计数	13	0	0	0	0	13
	所占百分比	100.0%	0%	0%	0%	0%	100.0%
7. 利用宗教干预村公共事务	计数	13	0	0	0	0	13
	所占百分比	100.0%	0%	0%	0%	0%	100.0%
8. 非法宗教活动	计数	13	0	0	0	0	13
	所占百分比	100.0%	0%	0%	0%	0%	100.0%

从DJX村的情况看，在“封建迷信”项目上主要集中在“一般”“比较严重”两个等级，分别占比为23.4%、53.2%（具体数据见表5-32）。这个数据表明DJX村的封建迷信思想和活动还是比较严重的。其次是“人情攀比”“厚葬薄养”“铺张浪费”三个项目方面，评价主要集中在“不存在”“比较少”和“一般”三个等级，但是“一般”等级都达到了10.6%（具体数据见表5-32），这说明DJX村还是存在人情攀比、厚葬薄养、铺张浪费的现象。再次就是对“高价彩礼”“打架、偷盗等治安事件”方面的评价主要集中在“不存在”“比较少”，可以看出这两个方面基本上没有什么问题。最后是“利用宗教干预村公共事务”“非法宗教活动”两个项目上的评价都是100%的选择了“不存在”，表明DJX村完全没有这方面的问题。在访谈中村里的干部都说反对封建迷信，提倡科学，但是像到庙里烧香、吃斋等情况在老人群体中还是比较普遍的（相关访谈资料在前面第三小节中）。

表 5-32　DJX 村乡风文明状况评价

		不存在	比较少	一般	比较严重	非常严重	合计
1. 高价彩礼	计数	12	33	2	0	0	47
	所占百分比	25.5%	70.2%	4.3%	0%	0%	100.0%
2. 人情攀比	计数	20	20	5	2	0	47
	所占百分比	42.6%	42.6%	10.6%	4.3%	0%	100.0%
3. 厚葬薄养	计数	34	7	5	1	0	47
	所占百分比	72.3%	14.9%	10.6%	2.1%	0%	100.0%
4. 铺张浪费	计数	37	4	5	1	0	47
	所占百分比	78.7%	8.5%	10.6%	2.1%	0%	100.0%
5. 封建迷信	计数	6	4	11	25	1	47
	所占百分比	12.8%	8.5%	23.4%	53.2%	2.1%	100.0%
6. 打架、偷盗等治安事件	计数	37	7	1	2	0	47
	所占百分比	78.7%	14.9%	2.1%	4.3%	0%	100.0%
7. 利用宗教干预村公共事务	计数	47	0	0	0	0	47
	所占百分比	100.0%	0%	0%	0%	0%	100.0%
8. 非法宗教活动	计数	47	0	0	0	0	47
	所占百分比	100.0%	0%	0%	0%	0%	100.0%

从 GM 村的情况看，在“厚葬薄养”“铺张浪费”“封建迷信”三个项目的评价主要集中在“不存在”“比较少”和“一般”三个等级，而且评价为“一般”的比率还比较高，分别占比为 34.8%、30.4%、43.5%（具体数据见表 5-33）。这表明在 GM 村这三个方面的问题相对突出一些。同样，“高价彩礼”“人情攀比”两个项目上的评价也主要集中“不存在”“比较少”和“一般”三个等级，但是评价为“一般”的比率要低很多（具体数据见表 5-33），因此可以说明这两个方面的问题虽然也还存在，但是严重程度相对较低。对“打架、偷盗等治安事件”方面的评价主要集中在“不存在”“比较少”，可以看出 GM 村也基本上没有这类方面的问题。在“利用宗教干预村公共事务”“非法宗教活动”两个项目方面，和 DH 村、DJX 村一样，评价都是 100%的样本选择了

"不存在"，表明GM村也没有这方面的问题。在访谈资料中也可以看出(相关访谈资料在前面第三小节中)，GM村基层组织加强了对注意食品安全、交通安全、香蜡纸烛等安全问题的宣传和排查，也通过入户劝导、村规民约、相互监督的方式，防止厚葬薄养、铺张浪费、相互攀比等不良风气。村民之间吵架都很少了，几乎是不存在打架斗殴。对于宗教活动方面，GM村的布依族也没有独特的宗教信仰和特别的神灵崇拜，正如GM村支部书记所说，"最多们就是去菩萨庙头吃点素饭啊烧点香这些"。所以在宗教活动方面也完全不存在问题。

总的来看，西南地区农村的乡风文明状况还是比较良好的。具体来说，首先几乎不存在打架偷盗等治安事件、利用宗教干预村公共事务、非法宗教活动等现象；高价彩礼、人情攀比、厚葬薄养、铺张浪费、封建迷信等现象还是在一定程度上存在，在不同村寨表现出存在差异，但是比较严重的状况并不多。从对三个村寨的比较来看，在DH村高价彩礼、人情攀比的现象稍微突出一些，在DJX村封建迷信现象相对严重一些，在GM村厚葬薄养、铺张浪费、封建迷信三个方面的问题显得相对突出。

表5-33　GM村乡风文明状况评价

		不存在	比较少	一般	比较严重	非常严重	合计
1. 高价彩礼	计数	8	32	6	0	0	46
	所占百分比	17.4%	69.6%	13.0%	0%	0%	100.0%
2. 人情攀比	计数	12	26	8	0	0	46
	所占百分比	26.1%	56.5%	17.4%	0%	0%	100.0%
3. 厚葬薄养	计数	6	22	16	2	0	46
	所占百分比	13.0%	47.8%	34.8%	4.3%	0%	100.0%
4. 铺张浪费	计数	6	26	14	0	0	46
	所占百分比	13.0%	56.5%	30.4%	0%	0%	100.0%
5. 封建迷信	计数	4	22	20	0	0	46
	所占百分比	8.7%	47.8%	43.5%	0%	0%	100.0%
6. 打架、偷盗等治安事件	计数	24	22	0	0	0	46
	所占百分比	52.2%	47.8%	0%	0%	0%	100.0%

续表

		不存在	比较少	一般	比较严重	非常严重	合计
7. 利用宗教干预村公共事务	计数	46	0	0	0	0	46
	所占百分比	100.0%	0%	0%	0%	0%	100.0%
8. 非法宗教活动	计数	46	0	0	0	0	46
	所占百分比	100.0%	0%	0%	0%	0%	100.0%

四、推动社会治理的功能实现仍不明显

乡村振兴，治理有效是基础①。在实施乡村振兴战略背景下，西南地区农村如何在基层党组织的领导下，完善包括村委会、集体经济组织、农民合作社组织、村内私营企业、各类社会组织以及个人等相关社会主体的社会治理体系，形成以自治为基、法治为本、德治为先的基层治理机制，推动西南地区农村基层社会治理现代化。在调查中我们主要从西南地区农村治理主体参与状况、村务监督委员会功能发挥状况、社会组织发育和功能发挥等方面，了解西南地区农村社会治理状况。

（一）社会主体治理参与不足

为了解西南地区农村的社会治理参与状况，我们在调查中设计了村里重要公共事务决策会议参与情况、在村里公共事务决策中各主体意见的作用评分两个方面进行考察。

从数据分析来看，DH 村在重要公共事务决策会议中主要由村干部（36.4%）、党员代表（19.5%）和普通村民代表（36.4%）三方面的主体参加，相关政府工作人员较少参加村里的公共事务决策会议，同时 DH 村也没有私营企业、村办集体企业，社区自组织负责人仅为 1。另外宗族/家族的首领也较少参与到村里事务中去（具体数据见表 5-34）。从对 DH 村党支部书的访谈资料中我们可以看到，DH 村在 2021 年主要做了“庆祝建党 100 年主题活动”等一系列党员学习教育方面的活动，最主要的公共事务应该是村民

① 中共中央办公厅、国务院办公厅. 农村人居环境整治提升五年行动方案（2021—2025 年）[N]. 新华社，2021 年 12 月 6 日.

委员会换届选举活动，还有振兴新乡村宜居工作就是带领全体村民大扫除。相对来说DH村所讨论的重要公共事务较少，参与主体的结构也相对简单，就是村干部、党员代表、普通村民代表，体现了DH村的民主建设状况良好。但也从另一个角度说明了DH村基层组织在推进乡村振兴过程中没能做更多发展农村经济产业、生态宜居环境优化等方面的工作，相对缺乏主动性和创新性。

（DH村村党支部书记的访谈资料）

访问者：请分别说一下在2021年村里主要办过的几件大事。

受访者：2021年村里主要办过的事，“七一”庆祝建党100年主题活动，重走长征路，在烈士墓前学习烈士前辈陆瑞光革命精神，重温入党宣誓等。

访问者：这几件大事是通过村两委扩大会议、村民代表大会，还是村民全体会议论通过的，请分别详细说一下其讨论的过程。

受访者：我们村第十一届村民委员会换届选举，通过村民全体会议推选出村民代表大会，由村民代表大会推选出候选人，和选举委员会成员，最后由村民投票选举产生的村民委员会成员。还有振兴新乡村宜居工作，带领全体村民大扫除。

访问者：在村里这些大事决策中，哪些人的说话最有份量？

受访者：普通村民代表，普通村民代表才能说出自己的意愿、需求呢。

表5-34 村里重要公共事务决策会议参与主体状况

			村里重要公共事务决策会议参与主体状况[a]								总计
			相关政府工作人员	村干部	党员代表	相关私营企业主	村办集体企业负责人	社区自组织负责人	宗族/家族首领	普通村民代表	
村名	安顺市镇宁县SZ乡DH村	计数	5	43	23	0	0	1	3	43	118
		所占百分比	4.2%	36.4%	19.5%	0%	0%	8%	2.5%	36.4%	100.0%
	铜仁市碧江区WW乡DJX村	计数	47	47	46	0	3	0	0	47	190
		所占百分比	24.7%	24.7%	24.2%	0%	1.6%	0%	0%	24.7%	100.0%
	兴义市ML镇GM村	计数	46	46	46	40	32	34	22	46	312
		所占百分比	14.7%	14.7%	14.7%	12.8%	10.3%	10.9%	7.1%	14.7%	100.0%

续表

		村里重要公共事务决策会议参与主体状况[a]								总计
		相关政府工作人员	村干部	党员代表	相关私营企业主	村办集体企业负责人	社区自组织负责人	宗族/家族首领	普通村民代表	
总计	计数	98	136	115	40	35	35	25	136	620

百分比和总计以响应为基础。
a. 值为 1 时制表的二分组。

从社会治理中各方主体在决策中的作用评价来看，DH 村村民样本中认为在决策中说话最有分量的是普通村民代表（打分平均值为 5.7970），其他依次是相关政府工作人员（打分平均值为 6.2000）、村干部（打分平均值为 6.0500）和党员代表（打分平均值为 5.6522）（具体数据见表 5-35）。普通村民代表说话分量的分值最高，表明 DH 村的村民们在社会治理中能够民主参与，充分表达了自己的意愿和需求。村党支部书记在访谈中说村里事务决策中说话最有分量的是普通村民，这也是 DH 村充分尊重村民们的意见想法的表现。虽然上面讲到政府较少参加 DH 村的公共事务决策会议，但是在村民们的心里还是认为政府工作人员对村里的公共事务决策影响较大，这表明乡镇党委和政府对于村级事务的干预和影响还是比较大的。村干部和党员的分值较高，说明了党员干部在村级事务中的骨干力量作用。

表 5-35　DH 村各方主体在村里公共事务决策中的作用评分表

	N	极小值	极大值	均值	
	统计量	统计量	统计量	统计量	标准误
普通村民代表	40	1.00	9.00	7.1500	.26926
相关政府工作人员	5	5.00	8.00	6.2000	.73485
村干部	40	4.00	8.00	6.0500	.17523
党员代表	23	5.00	8.00	5.6522	.16162
宗族/家族首领	3	4.00	7.00	5.3333	.88192
社区自组织负责人	1	4.00	4.00	4.0000	.

续表

	N	极小值	极大值	均值	
	统计量	统计量	统计量	统计量	标准误
村办集体企业负责人	0				
相关私营企业主	0				
其他______	0				
有效的 N (列表状态)	0				

注：说话分量打分规则：0 分——没有分量；1 至 2 分——分量低；3 至 4 分——分量较低；5 至 6 分——分量一般；7 至 8 分——分量较高；9 至 10 分——分量最高。

在 DJX 村，重要公共事务决策会议中主要由相关政府工作人员（24.7%）、村干部（24.7%）、党员代表（24.2%）和普通村民代表（24.7%）四个方面的主体参加（具体数据见表 5-34）。相关政府工作人员参加村里的重要公共事务，一方面表现了乡镇党委和政府对 DJX 村发展的重视，另一方面也表明乡镇党委和政府对 DJX 村的公共事务的干预程度较高。在前面的分析中我们了解到 DJX 村没有私营企业，但是有村办集体企业和社区自组织，而数据中表明村办集体企业和社区自组织的负责人都没能参与到村里重要公共事务的决策会议中去，也表明了 DJX 村经济组织与社会组织在社会治理中的参与不足问题。另外宗族/家族首领也没有参与到村里事务中去（具体数据见表 5-34），表明了 DJX 村的传统社会权威没有再更多地干预村里事务。但是在访谈中，DJX 村的村民组组长也说到了，重要的会议也会请“一些农村中比较有威望的老人”参加，但是村支部委员在访谈中就没有提到。我们可以认为这些有威望的老人参加得并不是很多。事实上，村里有威望的老人或者其他人，他们在一些事务方面有经验，他们的参与也能使村里更多的人能够信任村里做出的决策的正确性。

（DJX 村党支部委员的访谈资料）

访问者：您可以说说我们村在去年主要办过什么大事吗？

受访者：去年我们村没有办过什么大事，都是一些常规的工作。

访问者：您可以讲讲常规工作指的是什么工作吗？可以具体一

点吗？

受访者：（笑笑不说话，访问者也就没有再追问下去）

访问者：那在村里重大事情的决策会议中，一般都会有哪些人来参加呢？

受访者：一般啊，会有村民代表、党员，书记和副书记是要参加的，还有一些乡里面的干部也会来参加。

访问者：在这些人当中，您觉得哪个人说话最有份量？

受访者：当然是乡里面的干部说话最有份量了，一般说什么就是什么，但是很多事情都是大家商量讨论出来的。

访问者：我们村里人对当前村干部关于社会治理的做法有什么不同的意见吗？

受访者：没有，大家都挺满意的。

（DJX 村民组组长的访谈资料）

访问员：我们村 2021 年办过什么大事吗？就是去年。

受访者：特别重大的事情是没有的，这些工作我们都是常规开展起的。就是我们为老百姓疏通那个沟渠，我们这些村干部还有村里面的党员就是要带头把沟渠里的垃圾清扫了，能够让老百姓完成春耕秋种，能够让老百姓在春耕秋种的时候有充沛的水源灌溉。

访问员：像水渠这件事，你们是怎么决定的呢？

受访者：首先是开会，先征询老百姓的意愿，看怎么修，修到哪里，修多宽多长，这些要组织村里面开会，党员也要开会进行表决。

访问员：你说的常规事情一般是哪些事情呢？

受访者：常规事情嘛，就是村里面平常开展的工作，环境卫生啊，然后这些低保啊，困难群众救助啊就是这些。

访问员：村里面成立了哪些自发组织呢？

受访者：有的，现在的生活都比较悠闲了，不像以前那样繁忙，村民会自发地组成一些队伍，在院坝里跳广场舞呀，有一些跳得好的村民还赶出去比赛。

访问员：广场舞队伍是由哪些人组成的呀？

受访者：都是农村这些留守妇女，或者是一些留在家里的年轻人呀，然后可能是她们的学习能力要强点，在网上看到的，会教一些村里年纪大一点的老人。

访问员：他们能作为一方的代表参与村里一些公共事务的决策吗？

受访者：这些啊，这些他们不会参加，我们都是要求一些党员啊、党小组长还有一些就是比较有威望的人。他们会对我们村的发展提供一些建议，共同出谋划策。

访问员：继续刚才那个问题，就是在村子里重大公共决策会议中，一般会有哪些人参加呀？

受访者：党员啊、党小组长啊，各个村民组组长啊，还有一些农村中比较有威望的老人啊。

访问员：这些人当中，你认为哪些人说话最有份量？

受访者：最有份量啊，还是党小组组长，是经过公众选举出来的，所以他们说话有份量一些。

访问员：可以举一些实例吗？

受访者：比如说像现在天旱了这么久嘛，所以需要灌溉啊。村民啊、组长啊都不怎么好意思提，但是他们会推选党小组组长，派个代表，提出大概要采取什么样的措施，该抽水就抽水啊进行灌溉。

访问员：就是村民对当前你们村干部关于社会治理的做法有什么不同的意见吗？

受访者：意见都是没有，他们还是蛮支持的。不过开群众大会的时候，有村民提出就是希望村干部更公平一些，公平公正公开啊，要让每个村民都知道这个事情。

访问员：一般你们都会采纳吗？

受访者：会啊。合理的建议我们都会采纳。

从社会治理中各方主体在决策中的作用评价来看，DJX 村村民样本中认为在决策中说话分量最高的是相关政府工作人员（打分平均值为 8.4894），其他依次是村干部（打分平均值为 7.2128）、党员代表（打分平均值为 6.0638）和普通村民代表（打分平均值为 5.1702）（具体数据见表 5-36）。可以看出，乡镇党委和政府对于 DJX 村的公共事务干预较多，影响也是最大的。在访谈中DJX村支部委员就说，“当然是乡里面的干部说话最有份量了，一般说什么就是什么”。这种情况也能发现在当前农村社会治理中，上级政府部门的干预在一定程度上影响了农村自治。事实上，党的领导和农村自治之间关系如何处理，是当前农村社会治理需要厘清的问题。村干部和党员代表的分值较高，这也和当前农村公共事务主要由他们在处理有关，他们也是农村事务中的领导和中坚力量。普通村民代表的评价分值也较高，这表明DJX村在群众参与基层社会治理方面具有较好的表现，也基本上形成了村民们自我管理、自我调节、自我教育的良好局面。在访谈资料中一位村民组组长说，村民们提的合理化建议一般都会得到采纳。谈到谁说话最有份量时，他认为是党小组组长。村里事务一般都要在村小组内召开党小组会和群众会，充分征询村民们的意见。意见归纳汇总后，由党小组组长代表村民组到村里开会，将意见反映到村里的会议上，党员也要进行表决。DJX村的议事流程使得党小组组长成为村党支部和村委会与村民之间的关键联系点，承担重要功能，也取得了村民们的广泛信任。除了以上所说的四个方面的主体之外，其他像村办集体企业负责人、社区自组织组织负责人、宗族/家族首领等都在村里公共事务决策中没有太多的作用，也即缺乏参与和发挥功能。

表5-36　DJX村各方主体在村里公共事务决策中的作用评分表

	N	极小值	极大值	均值	
	统计量	统计量	统计量	统计量	标准误
相关政府工作人员	47	7.00	10.00	8.4894	.11729
村干部	47	5.00	9.00	7.2128	.14245
党员代表	47	5.00	8.00	6.0638	.11543
普通村民代表	47	3.00	6.00	5.1702	.13018
村办集体企业负责人	47	.00	8.00	.4681	.26489
其他________	47	.00	.00	.0000	.00000
宗族/家族首领	47	.00	.00	.0000	.00000
社区自组织负责人	47	.00	.00	.0000	.00000

续表

	N	极小值	极大值	均值	
	统计量	统计量	统计量	统计量	标准误
相关私营企业主	47	.00	.00	.0000	.00000
有效的 N（列表状态）	47				

注：说话分量打分规则：0 分——没有分量；1 至 2 分——分量低；3 至 4 分——分量较低；5 至 6 分——分量一般；7 至 8 分——分量较高；9 至 10 分——分量最高。

在 GM 村，从数据来看，在村里重要公共事务决策会议中几大主体基本上都参与了决策。其中，相关政府工作人员（14.7%）、村干部（14.7%）、党员代表（14.7%）和普通村民代表（14.7%）四个方面的主体参与比率最高，其次是相关私营企业主（12.8%），然后是社区自组织负责人（10.9%）和村办集体企业负责人（10.3%），最低的是宗族/家族首领（7.1%）（具体数据见表 5-34）。排在前面的四个方面主体依然是相关政府工作人员、村干部、党员代表和普通村民代表，这和 DJX 村基本一致，也是农村社会治理的基本要求。不同的是，GM 村有较多的私营企业，是 GM 村重要的相关利益主体，私营企业主充分参与到社会治理当中来，既能充分表达私营企业的利益诉求，也能充分体现私营企业的社会责任。社会组织、经济组织是农村社会重要组织形式，充分参与社会治理当中，是个体组织化表达利益的重要途径。同时，在 GM 村宗族/家族首领在社会治理参与程度相对较低，也表明了宗族/家族势力在西南地区农村的弱化。在访谈中，GM 村党支部书记介绍说，村里重要事情都要召开村民代表大会，用开会投票的方式，大家的意见一致了才可以，然后制定方案上报政府，政府批准了才能实施。同时他提到了村里都设置了“联户长”，联户长是村民们反映问题、提出建议的重要对象，代表村民们向村里反映和建议，是代表村民们的合法权益的发言人。GM 村的联户长和 DJX 村的党小组组长的功能有相同之处。

（GM 村村党支部书记的访谈资料）

访问者：那我们村头在去年，也就是 2021 年有没有办过哪些大事情？

受访者：（驻村陈书记一起回答）我们去年们花了四十多万修了一条基耕道，也就是你们中那白到下那白那条沟，主要是用于农田灌溉，又能起到排洪作用，我们在沟上盖了水泥板，还可以是农民们去田间地头的便利通道。还有呢，就是我们水污染治理这一块，我们也是花了几十万嘞，上面这些一直到清水河的污水处理都是整了的啊，污水处理管网，都是全部建好了的啊，还有排洪沟，路灯安装这些，都是村里面去年办的大事。

访问者：那么这些事情的决定或者该办哪些，都是怎样的一个决定过程呢？

受访者：都是通过村里面开会啊，开村民代表大会，开会投票，大家意见统一了再整嘛。我们都有会议记录，哪些群众有什么看法说法都记录下来，统一决定了就上报个政府，政府觉得方案可行批准了就可以实施啊。

访问者：那么村里面办这些事情的资金来源呢？

受访者：这些资金都是村里面集体的收入啊，我们每年得的那点钱就是拿来计划办村里面大家的事情。

访问者：那么村里面再办这些事情的时候顺不顺利呢？会不会有村民以什么形式反对之类的？

受访者：很顺利，村民都支持啊，没得哪个不同意。因为修好了大家各方面都好啊，路也好走，晚上出门到处都亮呢，对他们的生产生活都带来方便，肯定很满意很支持呢。

访问者：那么村里面有没有什么自发的组织，就是维护某些群体自己的利益方面的自发组织啊？

受访者：我们村头们现在有联户长，他们有什么问题就给联户长提出来。联户长就是代表他们的合法权益的发言人，联户长来向我们反映，哪家有什么矛盾啊，什么利益受到损害啊，都会给联户长讲。

访问者：那么大家觉得这个联户长的作用大不大？能不能真正的起到代表他们打开言路的这个作用啊？

受访者：他们都很拥护啊，觉得他们自己有什么话都可以有地方讲。

访问者：哪些事情该做，怎么做，是由村干部提出来或者安排吗？

受访者：不是的，现在都是民主自治嘛，村子里头有哪些需要做的事情，就大家坐下来共同商讨，觉得你提出来这个建议或者事情大家都觉得可以、认同，然后才可以去做啊。不是讲哪个说了就可以去执行，都是要通过开会才能决定呢。

从社会治理中各方主体在决策中的作用评价来看，GM 村村民样本中认为在决策中说话份量最高的是相关政府工作人员（打分平均值为 9.3478），其他依次是村干部（打分平均值为 9.1739）、党员代表（打分平均值为 6.8261）、普通村民代表（打分平均值为 5.2609）和相关私营企业主 5.2609（具体数据见表 5-37）。政府工作人员仍然是村民们心目中影响村里公共事务决策的最重要的主体。村干部在村里公共事务决策中的作用紧随政府工作人员之后，而且相差并不大。另外就是党员代表，公共事务决策都需要党员代表投票，在党支部会议中党员代表具有重要地位。普通村民代表和相关私营企业主在决策会议中地位几乎一致。一般来说，农村村民代表大会中选出的村民代表在村民们的心目中具有相当重要的地位，对 GM 村来说主要是联户长以及其他具有影响力的村民，他们代表着村民们的利益，也代表村民们表达的利益诉求。而其他主体如社会组织负责人一般不会代表社会组织参与到村里事务决策会议当中，因此也没有能够在决策中起到重要作用。

表 5-37　DJX 村各方主体在村里公共事务决策中的作用评分表

	N	极小值	极大值	均值	
	统计量	统计量	统计量	统计量	标准误
相关政府工作人员	46	8.00	10.00	9.3478	.11301
村干部	46	8.00	10.00	9.1739	.10451
党员代表	46	5.00	10.00	6.8261	.23530
普通村民代表	46	3.00	8.00	5.2609	.19270
相关私营企业主	46	.00	8.00	5.2609	.33827
村办集体企业负责人	46	.00	7.00	3.8696	.39147
社区自组织负责人	46	.00	8.00	3.6957	.35559

续表

	N	极小值	极大值	均值	
	统计量	统计量	统计量	统计量	标准误
宗族/家族首领	46	.00	5.00	2.2609	.35771
其他________	46	.00	.00	.0000	.00000
有效的 N（列表状态）	46				

注：说话分量打分规则：0分——没有分量；1至2分——分量低；3至4分——分量较低；5至6分——分量一般；7至8分——分量较高；9至10分——分量最高。

总的来说，西南地区农村社会治理中，参与主体主要包括相关政府工作人员、村干部、党员代表、普通村民代表，其他主体参与程度相对较低。在农村公共事务决策中，这四类主体的作用也基本较大，但是按照作用排序在各村寨中稍有差异。在DH村普通村民代表作用最大，在DJX村和GM村都是相关政府工作人员和村干部的作用较大一些。同时在GM村的相关私营企业主也充分参与到社会治理当中，成为社会治理的重要主体之一。

（二）村务监督委员会难以发挥监督功能

建立村务监督委员会是实现西南地区农村民主监督的重要手段，在2019年印发的《中国共产党农村基层组织工作条例》中有着明确的规定，村务监督委员会主任一般由党员担任，可以由非村民委员会成员的村党组织班子成员兼任。在调查中我们考察了村民们是否了解成立了村务监督委员会，以及对村务监督委员会是否能真正起到监督作用的评价的状况。

在DH村和DJX村，村民样本中有40%左右的人在被问到“村里是否成立了村务监督委员会”时回答说“有”，但是有60%左右的样本回答说“不知道”。只有在GM村有91.3%的样本在被问到“村里是否成立了村务监督委员会”时回答说“有”（具体数据见表5-38）。这些数据表明，在DH村和DJX村，村务监督委员会没有被大多数村民所熟知，也即村务监督委员会没有能够经常以村务监督者的身份出现在村民的视野中。而在GM村这种状况却相对来说好得多。在访谈中，DH村支部书记说，村里成立了村务监督委员会，由一名村务监督委员会主任、两名村务监督委员会委员组成，但是从来没有否定过村两委的决定，也没有查处过侵害村民利益的行为的经历。在 DJX 村的访谈中，村支部委员说，现在每个村都有村务监督委员会，要对村里的公共事物进行监督。DJX 村的村务监督委员会有三个人，一个主任、两个委员，主要是由书记和支部副书记担任。一位村民组组长也说到，村务监督委员会由副书记、副主任、支部委员三个人组成，主要监督“村里进行决策啊，这些资金发放啊，这些低保评审啊，值班情况，到岗情况”。也没否决过村委会的决定，也没有查处过侵犯村民利益的行为。

表 5-38　村里是否成立了村务监督委员会

			村里是否成立了村务监督委员会			合计
			有	没有	不知道	
村名	安顺市镇宁县 SZ 乡 DH 村	计数	17	0	25	42
		所占百分比	40.5%	0%	59.5%	100.0%
	铜仁市碧江区 WW 乡 DJX 村	计数	18	1	28	47
		所占百分比	38.3%	2.1%	59.6%	100.0%
	兴义市 ML 镇 GM 村	计数	42	0	4	46
		所占百分比	91.3%	0%	8.7%	100.0%
合计		计数	77	1	57	135
		所占百分比	57.0%	7%	42.2%	100.0%

在调查中当问到“村务监督委员会是否能真正起到监督作用”时，DH 村的样本中有 66.7%的样本认为“能”起到监督作用，有 33.3%的样本认为“有时候能”。DJX 村的样本中有 77.8%的认为“有时候能”起到监督作用。在 GM 村也有 71.4%的样本认为“有时候能”，有 28.6%的样本认为“能”起到监督作用（具体数据见表 5-39）。从数据可以看出，虽然在上面提到，村务监督委员都没有否决过村委会决议，也没有查处过相关的行为和干部，但是村民们还是比较信任村务监督委员会，相信他们能够真正监督村委会的工作。在调查中我们也了解到，村民们也都相信村两委的工作，认为村里不会违反规定私自决定村里重大事务，都会按照相关规定召开大会讨论，充分征求村民们的意见，并且通过投票来决定村里的公共事务。

表 5-39 村务监督委员会是否能真正起到监督作用

			村务监督委员会是否能真正起到监督作用			合计
			能	有时候能	完全不能	
村名	安顺市镇宁县 SZ 乡 DH 村	计数	8	4	0	12
		所占百分比	66.7%	33.3%	0%	100.0%
	铜仁市碧江区 WW 乡 DJX 村	计数	2	14	2	18
		所占百分比	11.1%	77.8%	11.1%	100.0%
	兴义市 ML 镇 GM 村	计数	12	30	0	42
		所占百分比	28.6%	71.4%	0%	100.0%
合计		计数	22	48	2	72
		所占百分比	30.6%	66.7%	2.8%	100.0%

(三) 社会组织发育和功能发挥明显不足

党的十九大报告指出，打造共建共治共享的社会治理格局，要提高治理社会化水平，充分发挥社会组织的作用。社会组织是西南地区农村村民组织化的重要途径，通过社会组织促进政府治理、社会调节和村民的自治的良性互动。在调查中我们通过调查西南地区村寨成立或实际存在哪些类型的社区自组织，这些社会组织对村民生活的重要性，以及社会组织在村里公共事务决策中的作用评价等来考察西南地区农村社会组织发育和作用发挥状况。

在 DH 村主要存在"山歌队等民族文化类组织"(100.0%)，在 DJX 村和 GM 村主要存在"广场舞队等现代性文娱类组织"(54.2%、44.2%)和"志愿者组织等社区事务类组织"(36.1%、42.3%)。另外在 DJX 村和 GM 村还存在一些"红白喜事理事会等民间事务类组织""宗教类组织"(具体数据见表 5-40)。在访谈中我们也了解到，现在农村的生活没有以前那么繁忙，村民们相对悠闲，村民们就会自发组成一些队伍，在院坝里跳广场舞，有一些跳得好的人还出去参加比赛。志愿者组织主要指的村寨里的义务服务性团体，这类组织在以前有安全巡逻队等，但是基本上也没有什么太多服务。但是在新冠疫情爆发期间，村寨产生了对志愿者的大量需求，从而也促进了村寨志愿者组织的快速发展，同时在加强对志愿者教育和培训的情况，使得志愿者的技能得到了提升。

表 5-40 村里成立或实际存在哪些类型社区自组织

			村里成立或实际存在哪些类型社区自组织[a]							总计
			广场舞队等现代性文娱类组织	山歌队等民族文化类组织	读书会等学习类组织	志愿者组织等社区事务类组织	红白喜事理事会等民间事务类组织	宗教类组织	其他__	
村名	安顺市镇宁县SZ 乡 DH 村	计数	0	42	0	0	0	0	0	42
		所占百分比	0%	100.0%	0%	0%	0%	0%	0%	100.0%
	铜仁市碧江区WW 乡 DJX 村	计数	45	0	0	30	8	0	0	83
		所占百分比	54.2%	0%	0%	36.1%	9.6%	0%	0%	100.0%
	兴义市 ML 镇GM 村	计数	46	2	2	44	4	4	2	104
		所占百分比	44.2%	1.9%	1.9%	42.3%	3.8%	3.8%	1.9%	100.0%
总计		计数	91	44	2	74	12	4	2	229

百分比和总计以响应为基础。

a. 值为 1 时制表的二分组。

在 DH 村，村民样本中有 20.9%的样本认为社区自组织对村里生活“非常重要”，有 46.5%的样本认为“比较重要”，还有 32.6%的样本回答“说不清”。在 DJX 村有 95.7%的村民样本认为社区自组织对村里生活“比较重要”。但是在 GM 村，调查样本回答相对分散，认为“非常重要”的占 17.4%，认为“比较重要”的占 30.4%，回答“说不清”的占 21.7%，还有 26.1%的样本认为“不太重要”。（具体数据见表 5-41）总的来看，村民们认为社区自组织对村里生活还是比较重要的。比较而言，在 DH 村和 GM 村有相当一部分村民不太看重社会组织的作用，对其重要性评价不高。

表 5-41　社区自组织对村里的生活的重要性程度

			社区自组织对村里的生活的重要性程度					合计
			非常重要	比较重要	说不清	不太重要	完全不重要	
村名	安顺市镇宁县SZ乡DH村	计数	9	20	14	0	0	43
		所占百分比	20.9%	46.5%	32.6%	0%	0%	100.0%
	铜仁市碧江区WW乡DJX村	计数	1	45	1	0	0	47
		所占百分比	2.1%	95.7%	2.1%	0%	0%	100.0%
	兴义市ML镇GM村	计数	8	14	10	12	2	46
		所占百分比	17.4%	30.4%	21.7%	26.1%	4.3%	100.0%
合计		计数	18	79	25	12	2	136
		所占百分比	13.2%	58.1%	18.4%	8.8%	1.5%	100.0%

从社会组织在村里公共事务决策中的作用来看，DH村村民有51.2%的样本认为“有些作用”，同时有30.2%的样本回答“说不清”。DJX村的调查样本中93.6%的样本认为“有些作用”。而在GM村的调查样本中52.2%的样本认为“没有作用”，21.7%的样本认为“有些作用”。（具体数据见表5-42）可以看出，西南地区农村的社会组织在农村社会治理中有一些作用，但是作用并不明显。在访谈中我们了解到，村寨中的文艺娱乐性的社会组织的负责人并不会参与村里公共事务决策会议，因此社会组织并不能从组织的角度代表一部群众的利益参与到社会治理当中。而志愿者组织则主要是在新冠疫情防控方面，会提出一些有益的建议和意见。因此总的来看，社会组织在社会治理中的参与不足，尚未能发挥重要的作用。

总的来看，西南地区农村的社会组织主要是广场舞队、山歌队等文化娱乐型组织和新冠疫情防控中迅速发展起来的志愿者组织，其他社会事务类社会组织发育明显不足。虽然村民们认为社会组织对村里生活比较重要，但是社会组织在社会治理中的参与仍然不足，尚未能发挥重要的作用。如何培育西南地区农村社会组织，增强社会组织在社会治理中的作用，是促进西南地区乡村振兴的重要手段和途径。

表 5-42　社区自组织在村里公共事务决策中的作用

			社区自组织在村里公共事务决策中的作用				合计
			有重要作用	有些作用	没有作用	说不清	
村名	安顺市镇宁县SZ乡DH村	计数	6	22	2	13	43
		所占百分比	14.0%	51.2%	4.7%	30.2%	100.0%
	铜仁市碧江区WW乡DJX村	计数	1	44	1	1	47
		所占百分比	2.1%	93.6%	2.1%	2.1%	100.0%
	兴义市ML镇GM村	计数	6	10	24	6	46
		所占百分比	13.0%	21.7%	52.2%	13.0%	100.0%
合计		计数	13	76	27	20	136
		所占百分比	9.6%	55.9%	19.9%	14.7%	100.0%

五、推动共同富裕的功能实现仍不理想

乡村振兴，生活富裕是根本。在实施乡村振兴战略背景下，生活富裕是总要求和重要目标。要求不断拓宽农民的增收渠道，全面改善农村生产生活条件，促进社会公平正义，有利于增进农民福祉，让亿万农民走上共同富裕的道路。① 西南地区农村，经济产业发展相对滞后，还处于从传统农业向现代农业的转型升级阶段。在精准扶贫政策支持下，西南地区农村实现了脱贫和建成小康社会，农民的生活有了较大程度的改善，但是还未能达到富足的程度。因此我们在该部分对西南地区农村基层党组织推动共同富裕的功能实现状况进行考察，主要包括西南地区农村村民的收入水平、村寨内部相对贫困状况、财政补贴分配的公正性等方面。

（一）村民收入水平普遍较低

在调查中我们主要通过访谈和资料查询的方法了解西南地区农村居民

① 中共中央、国务院．乡村振兴战略规划（2018—2022 年）［N］．新华社，2018 年 9 月 26 日．

的收入水平。2022年1月20日，农业农村部总农艺师、发展规划司司长曾衍德在国新办新闻发布会上介绍，2021年全国农村居民人均可支配收入为18931元。曾衍德表示，2021年，是三农工作重心转向全面推进乡村振兴的第一年，农村工作部坚持稳字当头、稳中求进，牢牢守住保障国家粮食安全和不发生规模性返贫两条底线，扎实有序推进乡村发展、乡村建设、乡村治理重点工作。① 有资料显示，2021年贵州省全省居民人均可支配收入23996元，其中城镇居民人均可支配收入39211元，农村居民人均可支配收入12856元②。关于所调查的安顺市镇宁县SZ乡DH村、铜仁市碧江区WW乡DJX村、兴义市ML镇GM村，一方面我们可以通过资料查询了解所在市、县的收入状况，另一方面我们通过访谈来了解三个村寨的具体情况。安顺市的农村居民可支配收入为12990元，铜仁市的农村居民可支配收入为12291元，兴义市所属的黔西南布依族苗族自治州的农村居民可支配收入为12623元，三个州市中仅有安顺市超过了全省平均水平。从县域农村居民收入情况来看，镇宁县处于全省的第三方阵，农村居民收入为11667元，碧江区农村居民收入为16932元，兴义市农村居民收入为16015元③。

在DH村对村支部书记的访谈中了解到，DH村的村民主要是在家务农和外出务工两种就业形式，支部书记称DH村的村民收入达到了全县人均收入水平，并且用“还好”来评价了这个状况。也就是2021年DH村的村民可支配收入在11667元以上。DJX村支部委员介绍说，村民主要是靠种田和外出打工，外出打工要比在家种田好一点，村民的年收入在15000元左右。但是DJX村一位村民组组长说的年收入只有12000元左右，他说，“由于地理位置的局限性，我们村的主要劳动力嘞，就是青壮年，青壮年劳动力主要是以外出务工为主，就是剩一些年纪偏大的

① 人民网．2021年农村居民人均可支配收入18931元 实际增长9.7%［EB/OL］．http://finance.people.com.cn/n1/2022/0120/c1004-32336050.html，2022年1月20日．

② 贵州省统计局、国家统计局贵州调查总队．贵州省2021年国民经济和社会发展统计公报［EB/OL］．贵州省人民政府网 https://www.guizhou.gov.cn/zwgk/zfsj/tjgb/202203/t20220324_73107390.html，2022年3月24日．

③ 搜狐网．2021年贵州各市县城乡居民收入情况发布［EB/OL］．https://www.sohu.com/a/526894101_121106902，2022年3月3日．

人留在家里面，打点零工，务农啊”。可以看出，DJX 村村民主要的经济来源是外出务工和在家务农，在家务农的也偶尔打点零工，村民的人均收入在 12000 元到 15000 元之间。在 GM 村的调查中，村支部书记介绍说，GM 村“目前大多数村民都在附近就业，比如在市内开店做生意啊，或者在周边的私人企业做事情上班，可能出去外面打工的只有百分之二十左右哦，都占少部分了。你看铁马市场这里，它把这块土地买了，来办厂开店，那不仅能够解决周边一部分的就业问题，而且他这点外来人口多，人流量大，还有一些村民自己在旁边摆摊开个小店卖点小吃啊这些，也能挣钱。”“平均能达到 12600 元每年人均这样的水平，差点的呢也能到 8000 多元一年人均，这是具有正常劳动力的哈”。可以看出，GM 村凭借所处地理位置的优势，村民们大多数在周边企业上班或者做生意，也有少部分外出打工，人均年收入在 12600 元。比较而言，GM 村和 DJX 村的村民收入水平比 DH 村要高一些。同时所调研的三个民族村寨的村民收入水平都低于各自所在市、县农村居民人均收入水平，也低于贵州省农村居民人均可支配收入的 12856 元，同时与全国农村居民收入水平的差距还较大。总的来看，西南地区农村村民主要以外出务工、在家务农为主，在一些城郊村还有一部分村民做摆摊、开小店等小生意，人均可支配收入水平在 11000 元到 13000 元，与全国农村居民收入水平的差距还较大。不同的村寨存在着明显的差距，地理位置较偏、离城镇较远的村寨，经济产业发展创新不足，村民收入水平更低一些。

（二）村寨内部贫富差距不大

在调查中我们采用了村民们的主观评价方法来考察西南地区农村村寨内部相对贫困状况。在 DH 村的调查样本中有 67.4%的人认为村里相对贫困的家庭在“9 户以上”，还有 18.6%的人认为有“4—8 户”，有 11.6%的人认为有“1—3 户”。DJX 村的调查样本中有 27.7%的人认为村里相对贫困的家庭在“9 户以上”，还有 19.1%的人认为有“4—8 户”，有 40.4%的人认为有“1—3 户”。而在 GM 村所有的调查样本都认为“没有了”相对贫困的家庭。（具体数据见表 5-43）从数据来看，DH 村的相对贫困状况稍严重一些，其次是 DJX 村，GM 村则基本上没有贫困家庭。

表 5-43　村里相对贫困的家庭还有多少户

			村里相对贫困的家庭还有多少户				合计
			没有了	1-3 户	4-8 户	9 户以上	
村名	安顺市镇宁县SZ 乡 DH 村	计数	1	5	8	29	43
		所占百分比	2.3%	11.6%	18.6%	67.4%	100.0%
	铜仁市碧江区WW 乡 DJX 村	计数	6	19	9	13	47
		所占百分比	12.8%	40.4%	19.1%	27.7%	100.0%
	兴义市 ML 镇GM 村	计数	46	0	0	0	46
		所占百分比	100.0%	0%	0%	0%	100.0%
合计		计数	53	24	17	42	136
		所占百分比	39.0%	17.6%	12.5%	30.9%	100.0%

在调查中我们考察了西南地区农村富裕程度不同的家庭在吃饭、穿衣服、住房、出行方式、闲暇娱乐、对子女的要求、对自己生活的满足感等七个方面主要存在的差别。在 DH 村，认为在吃饭等七个方面的差别“比较大”的调查样本所占比率都非常高。认为差别“非常大”的样本所占比率较大的，主要在“住房方面”（51.2%）和“出行方式”（47.6%）两个方面。回答“说不清楚”的样本所占比率较大主要在“闲暇娱乐”（33.3%）、“对子女的要求”（40.5%）和“对自己生活的满足感”（35.7%）（具体数据见表 5-44）。在访谈中，DH 村党支部书记说，“村里的贫富差距不大”“富裕的家庭衣食方面都差不多，富裕的家庭出行都有私家车，而相对贫困的家庭没有，这是最大的差别”。综合来看，在 DH 村的村民们心目中，富裕程度不同的家庭在吃饭、穿衣、住房、出行方式、闲暇娱乐、对子女的要求、对自己生活的满足感等七个方面都存在着比较大的差别，尤其是在住房和出行方式两个方面，但是在闲暇娱乐、对子女的要求、对自己生活满足感三个方面的差别相对要小一些。

表 5-44　DH 村富裕的家庭和相对贫困的家庭的差别

		非常大	比较大	说不清楚	比较小	没有差别	合计
1. 吃饭方面	计数	6	36	1	0	0	43
	所占百分比	14.0%	83.7%	2.3%	0%	0%	100.0%
2. 穿衣方面	计数	6	36	1	0	0	43
	所占百分比	14.0%	83.7%	2.3%	0%	0%	100.0%
3. 住房方面	计数	22	21	0	0	0	43
	所占百分比	51.2%	48.8%	0%	0%	0%	100.0%
4. 出行方式	计数	20	22	0	0	0	42
	所占百分比	47.6%	52.4%	0%	0%	0%	100.0%
5. 闲暇娱乐	计数	3	24	14	1	0	42
	所占百分比	7.1%	57.1%	33.3%	2.4%	0%	100.0%
6. 对子女的要求	计数	2	20	17	3	0	42
	所占百分比	4.8%	47.6%	40.5%	7.1%	0%	100.0%
7. 对自己生活的满足感	计数	3	19	15	5	0	42
	所占百分比	7.1%	45.2%	35.7%	11.9%	0%	100.0%

在 DJX 村，除了“对子女的要求”方面，村民们认为在其他六个方面，贫富程度不同的家庭都存在着“比较大”的差别。有 57.4%的样本认为村里家庭之间“对子女的要求”的差别“比较小”，另外有 19.1%的样本认为大家在“吃饭方面”的差别也“比较小”。认为“非常大”的样本所占比率较大的，主要在“住房方面”（55.3%）、“出行方式”（46.8%）和“闲暇娱乐”（38.3%）三个方面。回答“说不清”的样本所占比率较大的主要在“对自己生活的满足感”（42.6%）方面（具体数据见表 5-45）。在访谈中 DJX 村支部委员说到，相对贫困的家庭，主要原因是没有劳动能力、生病以及没有子女的老人等。但是也没有吃不起饭、没有房住、没有衣服穿的情况。贫富差距有一点，主要体现在住房和出行有没有车的方面。一位村民组组长也谈到，“两不愁、三保障”都是达到的，不愁吃不愁穿，教育医疗这些都是有保障的。相对贫困的家庭和大部分家庭比差不多，生活方式的差别体现得并不明显，吃的东西都吃得起，买的东西也都买得起，只是和村里最顶尖富的家庭比，买奢侈品还是有点困难。

综合起来看，在DJX村的村民们心里，村里大部分人都差不多，只有少部分富裕的家庭和少部分相对贫困的家庭。不同贫富程度的家庭的差别主要在住房、出行方式和闲暇娱乐较大，在吃饭、穿衣、对子女的要求方面的差别最小。

（DJX村支部委员的访谈资料）

访问员：村里面相对贫困的家庭一般是什么情况？

受访者：一般都是一些没有劳动力的人或者因为生病才会导致相对贫困，没有子女的老人也要比其他的家庭过得差一点。

访问员：会不会存在没有饭吃、没有房住、没有衣服穿的情况呀？

受访者：这什么年代了，怎么还会有人吃不起饭，而且2020年我们国家已经全面建成小康社会了。我们村也是一样的，没有吃不起饭、没有房住、没有衣服穿的情况。

访问员：也是哈，那你觉得我们村里人的贫富差距大吗？

受访者：贫富差距还是有一点，最穷的和最富的还是不一样，村里面最有钱的人住的是四层高的楼房，最穷的人住的是木房子。吃穿大家都是一样的，出行就不太一样了，就比如说赶场，人家有车的当然是开着车去赶场，没有交通工具的就只能走路去赶场。

（DJX村小组组长的访谈资料）

访问员：村里面相对贫困的家庭是什么一个情况呢？

受访者：现在我们村的贫困户就是一些没有劳动力啊，丧失劳动力的村民，还有一些残疾人。不过现在呢，不存在吃不起饭的情况，现在“两不愁、三保障”都是达到的，不愁吃不愁穿，教育医疗这些都是有保障的，饮水啊也不愁。

访问员：那他们的贫困主要体现在哪些方面呢？

受访者：就是没有劳动力挣不到钱，还有一些老人没有子女啊，或者一些男性在年轻的时候不成家，现在年级大了没有人照顾。有些是因为疾病啊，有些是因为一些意外事故啊丧失了劳动力。最主要的问题就是没有劳动力挣不到钱，导致家庭贫困。

访问员：那现在存不存在没有房住的情况啊？

受访者：因为现在我们脱贫攻坚已经完成了，现在已经过渡到乡村振兴了，这两年国家对于农村的发展还是比较重视的。

访问员：好，那我们村的贫富差距大不大呢？

受访者：贫富差距，你要看怎么比，要是和村里顶尖的那几户人家比嘞，那贫富差距还是比较大。和大部分人比嘞也还差不多，现在吃的都吃得起了，买也买得起了。

访问员：那村里面富裕的家庭和贫困家庭的生活方式有什么不同吗？

受访者：农村嘛体现得也不是那么明显，衣食方面，他也吃得起。但是你想买一些奢侈品的话就还是有点困难。

表 5-45　DJX 村富裕的家庭和相对贫困的家庭的差别

		非常大	比较大	说不清楚	比较小	没有差别	合计
1. 吃饭方面	计数	6	26	4	9	2	47
	所占百分比	12.8%	55.3%	8.5%	19.1%	4.3%	100.0%
2. 穿衣方面	计数	8	30	1	7	1	47
	所占百分比	17.0%	63.8%	2.1%	14.9%	2.1%	100.0%
3. 住房方面	计数	26	18	0	3	0	47
	所占百分比	55.3%	38.3%	0%	6.4%	0%	100.0%
4. 出行方式	计数	22	20	1	4	0	47
	所占百分比	46.8%	42.6%	2.1%	8.5%	0%	100.0%
5. 闲暇娱乐	计数	18	25	1	3	0	47
	所占百分比	38.3%	53.2%	2.1%	6.4%	0%	100.0%
6. 对子女的要求	计数	7	5	6	27	2	47
	所占百分比	14.9%	10.6%	12.8%	57.4%	4.3%	100.0%
7. 对自己生活的满足感	计数	8	16	20	3	0	47
	所占百分比	17.0%	34.0%	42.6%	6.4%	0%	100.0%

在 GM 村，村民们认为，除了“住房方面”的其他六个方面，贫富程度不同的家庭都存在着“比较大”的差别。有 69.6%的样本认为村里家庭

之间“住房方面”的差别“比较小”。认为“非常大”的样本所占比率较大的，主要在“闲暇娱乐”（47.8%）和“对子女的要求”（82.6%）两个方面。(具体数据见表5-46)。在访谈中GM村支部书记说到，相对贫困的家庭，主要没有具有正常劳动力或者智力的人。但是这些家庭都有国家发低保的收入，村里也想办法解决这些家庭的困难，如帮助就业等。村里大家都吃得饱穿得暖，没有冷到饿到的情况，日子都过得去。综合起来看，在GM村的村民们心里，不同贫富程度的家庭的差别主要体现在闲暇娱乐和对子女的要求两个方面，住房方面的差别最小。

(GM村村支部书记的访谈资料)

访问员：村里面相对贫困的家庭一般是什么情况？

受访者：主要是没得正常劳动力或者智力的人，国家发得有低保的。而且像×××他不仅有低保，而且村里面还帮她找了一个班上，一个月还有两三千的工资，加起低保还超过八千多了呢（应该是指家庭人均年收入超过八千元，这也是农村居民家庭人均年收入达到小康水平的标准)。只要是有劳动能力的边缘户或者低保户，我们村头都会给他想办法解决就业问题。像罗××家，他受伤了，失去劳动能力，这种因病收入降低了啊，去年才纳入低保户，他老婆又是那种比较老实的人，没得什么谋生能力，那我们就给他老婆安排去扫地，当环卫工人，收入就有保证了嘛。

访问员：我们整个村的村民现在的生活过得怎么样呢？

受访者：现在呢村民都过得可以的啊，他们对生活的满意度都很高呢。每年我们都要去问呢啊，到了十月份左右或者年边，我们都要全部走访；而且每个月我们都有动态管理呢，哪个有困难或者突发困难，我们该解决的马上解决，该上报的上报，该纳入低保的就纳入低保啊，有啥问题随时都是检测管理到呢，没得什么差什么缺，更不可能存在说冷到饿到，而且你还要让他过得好。

……

访问员：好嘛，那我现在再了解一下我们村的村民他们对生活的满意度或者幸福感，书记这边是怎样看待的？

受访者：因为现在都没得贫困户了，大家都吃得饱穿得暖，日子都过得去，大家都觉得这个生活是越过越好的样子了，没得哪个会觉得现在比过去那些年还苦还难的。

表 5-46 GM 村富裕的家庭和相对贫困的家庭的差别

		非常大	比较大	说不清楚	比较小	没有差别	合计
1. 吃饭方面	计数	2	32	4	8	0	46
	所占百分比	4.3%	69.6%	8.7%	17.4%	0%	100.0%
2. 穿衣方面	计数	2	36	4	4	0	46
	所占百分比	4.3%	78.3%	8.7%	8.7%	0%	100.0%
3. 住房方面	计数	2	6	6	32	0	46
	所占百分比	4.3%	13.0%	13.0%	69.6%	0%	100.0%
4. 出行方式	计数	10	24	4	8	0	46
	所占百分比	21.7%	52.2%	8.7%	17.4%	0%	100.0%
5. 闲暇娱乐	计数	22	12	4	6	2	46
	所占百分比	47.8%	26.1%	8.7%	13.0%	4.3%	100.0%
6. 对子女的要求	计数	38	6	0	2	0	46
	所占百分比	82.6%	13.0%	0%	4.3%	0%	100.0%
7. 对自己生活的满足感	计数	18	12	12	4	0	46
	所占百分比	39.1%	26.1%	26.1%	8.7%	0%	100.0%

总的来看，西南地区农村还是存在一定相对贫困问题，但是状况并不严重。比较而言，不同贫富程度的家庭的差别主要体现在住房、出行方式、休闲娱乐以及对子女的要求等方面，在吃饭、穿衣和生活满意度方面的差别不大。但是不同村寨之间也有所不同，在相对偏远的农村，不同贫富程度的家庭的差别主要体现在住房、出行方式方面；而在更靠近城市的农村，不同贫富程度的家庭的差别主要体现在休闲娱乐、对子女的要求方面。

（三）财政补贴分配比较公正

在调查中我们也采用了村民们的主观评价方法来考察西南地区农村财政补贴分配的公正性。在 DH 村，有 95.3%的调查样本认为享受财政补贴的指标“完全是”分配给了真正需要的村民；在DJX村48.9%的调查样本认为“部分是”，还有29.8%的认为“不好说”；GM村的调查样本有56.5%认为“完全是”，有34.8%的样本认为“部分是”（具体数据见表5-47）。从数据来看，DH村的财政补贴分配最具有公正性，而在DJX村和GM村则仍有较大一部分村民对其公正性表示怀疑。虽然在访谈中，村里的干部都强调，村里的低保、救助金等国家财政补贴都是发放到最需要的村民手中。如“比如说低保的指标，及时分配给那些家庭经济条件不好，劳动力又比较差的村民”（DJX村支部委员的访谈资料），“每一年救助资金下来的话，我们首先进行摸排，做到村不漏组，组不漏户，户不漏人，每一户都要做好排查。哪一户有需要的话，我们就得及时地发放到他们手里去”（DJX村一位村民组组长的访谈资料）。GM村党支部书记说，“像国家给的补助呢，都是给那些相对困难的人或者家庭咯嘛，讲他们困难其实也是按照现在的生活标准来讲相对贫困的，只是比别人家稍微困难点就会给他点补助之类的，人家其他村民不会讲什么，都讲该给的该给的。没得哪家爱争这些东西的，人家现在的生活都过得去，他争这些搞什么嘛？再说了这些东西都有一个评判标准啊，都要由评议小组开会来评议，看看能不能达到条件，达到条件的才能往上报，才能审批啊，又不是说想给哪个给哪个。”

表5-47　村民们对财政补贴分配的公正性的评价

			享受财政补贴的指标是否分配给了真正需要的村民				合计
			完全是	部分是	完全不是	不好说	
村名	安顺市镇宁县SZ乡DH村	计数	41	1	0	1	43
		所占百分比	95.3%	2.3%	0%	2.3%	100.0%
	铜仁市碧江区WW乡DJX村	计数	9	23	1	14	47
		所占百分比	19.1%	48.9%	2.1%	29.8%	100.0%
	兴义市ML镇GM村	计数	26	16	0	4	46
		所占百分比	56.5%	34.8%	0%	8.7%	100.0%
合计		计数	76	40	1	19	136
		所占百分比	55.9%	29.4%	7%	14.0%	100.0%

总的来看，西南地区农村的低保、救助金等财政补贴分配还是比较公正的，但是仍有一部分村民对其公正性表示怀疑。导致村民们质疑的原因，有可能是西南地区农村在对财政补贴的指标分配时，存在一定的不公正性因素，也可能是因为存在信息不对称等程序性问题。

第六章　影响西南地区农村基层党组织功能实现的环境因素分析

在中国特色社会主义新时代，乡村迎来了最好的发展机遇。党的领导的政治优势，社会主义制度优势，中华民族悠久而深厚的历史文化，中国整体经济发展实力，以及农业农村发展的重要成就和丰富的经验，都为乡村发展提供了坚实的基础和保障。习近平总书记指出当前中国社会主要矛盾是人民日益增长的美好生活需要和不平衡不充分的发展之间的矛盾。我国发展不平衡不充分问题在乡村，特别是边远地区农村最为突出①。党中央提出实施乡村振兴战略，正是要解决包括西南地区农村在内的广大农村地区的发展不平衡、不充分问题，从而实现“两个一百年”奋斗目标，实现全体人民共同富裕，实现中华民族复兴的伟大事业。实施乡村振兴战略，要坚持党对乡村工作的全面领导，西南地区农村基层党组织要成为党在西南地区农村的坚强战斗堡垒。不仅要突出政治功能，实现农村基层党组织的基本政治功能，也要领导和推动西南地区农村产业兴旺、生态宜居、乡风文明、治理有效、生活富裕，实现西南地区农村基层党组织在乡村振兴战略背景下的阶段目标性功能。

正确把握历史进程及其时代变化，是一个政党成熟的重要标志。习近平总书记说，“认识和把握我国社会发展的阶段性特征，要坚持辩证唯物主义和历史唯物主义的方法论，从历史和现实、理论和实践、国内和国际等的结合上进行思考，从我国社会发展的历史方位上来思考，从党和国家

① 中共中央、国务院．中共中央 国务院关于实施乡村振兴战略的意见［N］. 2018 年 1 月 2 日．中华人民共和国农业农村部网站 http://www.moa.gov.cn/xw/zwdt/201802/t20180205_6136402.htm.

事业发展大局出发进行思考，得出正确结论”①。正是基于这样的科学认识和思维方法，党的十九大确定中国特色社会主义已经进入新时代②。推进西南地区乡村振兴，就必须要正确把握西南地区农村的社会发展特征。经济体制深刻变革，社会结构深刻变动，利益格局深刻调整，思想观念深刻变化③，都是西南地区农村正在发生的变化，这也正是西南地区农村社会进化的重要表现。西南地区农村基层党组织全面领导和推进乡村振兴工作，也必然会受到农村社会进化的影响。换言之，西南地区农村的社会分化和社会整合等社会进化状况深刻地制约和影响着西南地区农村基层党组织功能的实现。以下主要从西南地区农村社会分化、社会整合两个方面进行分析西南地区农村社会进化状况，探讨影响基层党组织功能实现的环境因素。

一、西南地区农村的社会分化打破了农村传统边界

卢曼强调，随着社会日益扩大和复杂，系统之间不断发生清晰的互相分化，并且不可还原。组织间逐步形成清晰的界线，并存在着差异④。只要个体行动“有意义地相关和联系”，并利用功能机制的选择将其与时间、物质和符号环境区分开，社会系统就存在了。在卢曼的系统功能主义理论看来，社会系统又分为互动系统和组织系统以及社会整体系统。在社会进化进程中，社会互动系统和社会组织系统的分化同时产生，并在此基础之上形成社会整体系统的变迁⑤。以下我们主要从西南地区农村的社会互动系统分化和社会组织系统分化两方面来分析西南地区农村的社会分化状况

① 南方日报．认识和把握我国社会发展的阶段性特征［EB/OL］．人民网 http：//opinion. people. com. cn/n1/2017/0804/c1003-29448899. html，2017 年 8 月 4 日．

② 杜艳华．习近平新时代中国特色社会主义思想研究工程　中国共产党与中国理论［M］．上海人民出版社，2019，第 334 页．

③ 中国共产党第十六届中央委员会第六次全体会议通过．中共中央关于构建社会主义和谐社会若干重大问题的决定［R］．2006 年 10 月 11 日．

④ 乔纳森·H. 特纳．社会学理论的结构［M］．邱泽奇、张茂元等译，北京：华夏出版社，2006，第 54 页．

⑤ 刘少杰主编．当代国外社会学理论［M］．北京：中国人民大学出版社，2009，第 300—301 页．

以及对基层党组织功能实现的影响。

（一）西南地区农村的社会互动系统分化

社会互动系统是最简单的社会系统，它产生于成员们共同存在并且互相感知之时。感知行动本身就是一个在极为复杂的环境中进行排序的选择机制，它产生边界，把人们与环境区分开来进而组成一个系统。这种系统由于在面对面的沟通中使用了语言而被精心地阐述出来，从而进一步减少了时间、物质和符号三个维度的复杂性①。

1. 社会互动系统的分割

随着西南地区农村社会改革的不断深入推进，农村社会系统也不断分化和变得复杂化。一部分西南地区农村居民不断向城市转移，同时西南地区农村的互动系统边界也逐渐被打破，西南地区农村的社会互动系统在横向上被分割。从分割的方式来看，形成了外出务工者城市互动系统、乡村内部互动系统、乡村与外部互动系统等。

（1）外出务工者城市互动系统

在缺乏农村集体经济和私营企业的西南地区农村，进城务工成为农村居民重要的经济收入来源。在所调查的DH村和DJX村，村民主要是在家务农和外出打工。DJX村一位村民组组长说，“就是我们农村人嘞，就是由于地理位置的局限性，我们村的主要劳动力嘞，就是青壮年，青壮年劳动力主要是以外出务工为主，就是剩一些年纪偏大的人留在家里面，打点零工，务农啊。”DJX村的支部委员告诉我们，“农民嘛能做什么，主要靠种田和外出打工。外出打工的人嘛，要比在家种田的村民生活要过得好一点。”

农民外出务工，在城市中形成了互动系统。村民们外出务工大多数以同村老乡为主要互动对象。在调查中有位被访者说，“每年过完年，这些年轻人都成群结队地到城里打工去了，留下老人在家里照看孩子。他们一般都是几个人到一个地方去打工，很少有自己去的。一个人在外面也找不到事做，你叫我，我叫他的，打一个工地去。”“有那个刘某是个小头目

① 刘少杰主编．当代国外社会学理论［M］．北京：中国人民大学出版社，2009，第301页．

呢，好多人都是他喊起出去的，好像是修路的。”从调查中我们可以了解到，西南地区农村外出务工一般以群体为单位外出，打工以工地为主，也有部分在其他工厂、公司的务工单位。西南地区农村的居民由于文化水平相对较低，缺乏技术水平，因此从事的务工种类基本上是以体力劳动为主，以群体形式聚集在劳动密集型产业当中。这种外出务工者群体结构一般都是由“小头目”带领一群外出务工者，数量上以几人到数十人不等。外出务工者群体在城市中形成了临时性的互动系统。有位被访者说，“几个老乡在下班后，经常会聚一聚，一起吃饭喝酒，拉拉家常说说话”“基本上没有和外地人打交道的，我们打工挣钱，也没有时间，也就和一起来的几个人玩。××他们那几个人经常在一起喝酒，韦××呢也去过，但是比较少，他怕花钱呢，就在食堂吃饭呢”。可以看出，西南地区农村外出务工者的互动系统是相对封闭的，较少与城市人或其他地方的务工者互动。“小头目”是务工者群体对外交流的关键人物，“他要经常和经理和技术工程师打交道呢，比我们要懂得多，把任务领回来叫怎么干就怎么干。钱嘛也是他来通知我们去领的嘛，怎么会不相信他呢，都是一个村的天天见面的嘛”。出于对“小头目”的信任，务工者跟随着“小头目”来到城市里务工，主要目的就是挣钱，工作之余在群体内仍然有聚会等互动活动。

因此，总的来看，西南地区农村外出务工者在城市形成了临时性的互动系统，互动的主题主要是工作和吃饭喝酒，并且后者是主要形式，以聚餐喝酒为主题的互动会受到“舍不舍得花钱”因素的影响。群体内的“工头”是这个群体与外界互动的关键节点，是伯特的结构洞理论中所说的占据人际网络中存在的结构洞位置的人，他具有为群体带来信息和其他资源的功能和优势。

（2）乡村内部互动系统

乡村内部的互动系统主要体现为村民之间的互动活动、村民小组内的党小组群众会等活动以及村两委、村民组组长的工作互动活动。

村民之间的互动活动主要包括在院坝里聊天活动、聚集喝酒以及创业等互动活动。在调查中有被访者说，“大家在闲下来的时候，会聚在院坝里一起聊聊天呢。基本上大家都是闲聊，没什么主要内容，村里发生什么事啊，家长里短的。比较少谈村里的事情，那是村干部们的事情呢”。在

GM村一位长者谈到了村里年轻人喝酒的事情，在西南地区农村年轻人聚餐喝酒的问题比较严重，经常三五成群聚在一起，有时候从中午就开始喝酒，天天喝得醉醺醺的，做事情的时间不如喝酒的时间多，也引起了老一辈人的担心和不满。

（GM村一位70岁村民的访谈资料）

我们寨子里现在最重要的问题就是年轻人懒，都还是靠老的扛起。讲年轻人成家立业吧，也没得好多是真正立起来在拼搏在奋斗的，年轻人的业也还没有立得稳的迹象，特别是喝酒打麻将的风气也还没有一个好的纠正。

中那白离我们这里才几步路嘛，人家下来吃酒（宴请）就会讲，天，你们寨子里这个喝酒也是太厉害了，才两三点钟就看到左一个歪歪绰绰右一个歪歪绰绰呢。我们在这里正式办酒的时候吃酒的其实没得几个的，就是平常时间，今天在你家，明天在我家，今天熬牛蹄花，明天煮野生鱼的这种，动不动就是底下贺老二家那里，几个裹起，拿个鸡来杀，杀起呢又得一下午一晚上咯嘛。有些小年轻们，随时在那里喝起，那请他是不请，反正回回都在那里。一天就是你喊我，我喊你。你看你大哥哥（受访者大儿子）嘛，前天我说天气朗开了，喊他去把那点桃子树嫁接起，他说要去买皮子（嫁接树用的包扎材料），扒起来说去丰源市场把皮子买来，还没开始去嫁接，小杨华打电话喊他去鲁屯玩，他就开起车子带着李国斌（受访者大儿子的儿子）就出去了，玩到昨天下午回来，才刚刚进屋，底下（贺老二农家乐那里玩的人）的电话就来了嘛，就下去，干得人事不知的两个人扛起回来，睡到现在还没起床，今天一天，一颗饭都没吃。

随着西南地区农村的发展，乡村振兴战略的实施也给农村产业发展带来了最佳的契机，有一些农村居民开始在农村创业的尝试。在调查中GM村的一位长者谈到，在农村还是有人想做点事情的。他给我们讲了七位村民一起承包山林种铁皮石斛、办养牛场的故事。在合伙创业不成功后，几位村民退股，村民贺某开始养鸡鸭鹅，搞农家乐。我们了解到，在相对有条件的地方，不乏有创业精神的村民，但是从目前来看，创业成功者并不是太多。西南地区农村创业常常都是从几个人合伙开始，这可能也与大家的资金并不充足有关。村民们在创业过程中的互动系统也成为当前西南地区农村的重要互动系统，是西南地区农村的经济发展和创新创业的重要实践。

（GM 村一位 70 岁村民的访谈资料）

但是呢，寨子头也不是说没得人想整点事情（发展产业），一开始呢那个贺老二，他们七家人承包祭山林底下的那点土地咯嘛，一呢是拿来栽那个铁皮石斛，就是我们喊的小黄草咯嘛，这个是生在埃子上（岩石上），大的像拇指那么粗，那个杆杆拿来做药。开始呢，去买像水果筐子那么一筐都不满，就干去一万多块钱，拿来栽起，埃子上面这些也栽起，只要有小点泥巴的地方都整了栽起，又去整些树子来砍木抓（碎木削）来嗡起（盖上），还经常浇水，这个东西，几个月反正你认不到死活的，认不到成不成功！反正后来没整成功！（为什么呢？）人多意见多咯嘛，一家斗（凑）三万块钱，然后呢，还整得有喂猪喂牛，还租那个地来支棚子喂麻爪（可食用蝗虫），整什么都没整成功。喂猪喂牛呢，原来人家（管理部门）也没说不给，买牛的时间呢，我和你伯伯也和到去买得两个来，买母牛来发展，买来呢，你二哥就提出来拿给一个人管理，就是开工资给这个人，讲好好多钱一个月，好些呢又认为要有点头念（认可），又有点考虑到钱那些，又舍不得，就是，哎呀，最后就是哪个得哪个去看一下，又不多开一分钱给哪一个。哎呀，后来……不是我在这里说，你看像 LLJ 啊 ZDY 这些人，平常也不去，就是下去打个照面们，嗯，整什么哦，就不搞了。像整那个房子的时候，你哥哥他们去上班，去不到就是我去看到整，他休息他就自己去，我提出来呢他们还说哪个得哪个啊样，要拿给哪个管理哦？他们照面都不去打，后来那个牛就瘦垮下去了，哈哈哈就赔本咯嘛，你哥哥和小秋云两个就先提出来不整了，我们退股，退股最开始拿的三万我们只退两万，赔一万块钱咯嘛！后来七整八整，他们有几家呢又是说贺老二和你哥哥还有秋云玩得好一点，以为你哥哥和秋云是踩他们的拐们（故意背后搞阴谋），讲了他们要退出来，给他们一退，他们几个就好合股自己整，就是这样呢，他们其中两家就把其他的退了自己搞，后来又干了两个月，也没得赚头，贺老二就一个人去接手下来整咯嘛，他又养起鸡鸭鹅咯嘛，后来就是他一个人整，慢慢地整起那个农家乐咯嘛。但是，他那个农家乐到现在也没得什么盈利！你想嘛，想请师傅来，里面又供不起，就是他妻子，她在政府工作，政府的人也肯来咯，开起小车呢来，还有寨子里这些（一些混得不错需要宴请的年轻人）喜欢请客呢，也会去嘛。连酸枣（离本村近10公里的城中村）那些都会给我聊，“你们那个农家乐还是可以嘞。”我问他咋会认得，他说“我们在大队开会，人家喊去他家那里吃过咯嘛。”政府整啥活动呀都会叫他这里做饭送去。前几天（春节期间）有人值班，贺老二天天都做饭送去咯嘛。

村民小组内的党小组群众会等活动也是村内重要互动系统活动。在DH村和DJX村，村里经常需要村民小组组长组织小组内的党小组和群众会等活动，将中央等上级政策的精神传达到各家各户。“主要是动员包组干部和包村干部下到各个村民组开群众会啊，然后再进行传达。”这种互动也是干部与群众之间重要的联系方式。在GM村则是设置了联户长，联户长代表着村民们的利益，有什么问题可以向联户长反映，由联户长再向村两委反映，联户长成为了村干部与农民群众之间的重要沟通桥梁。在调查中GM村党支部书记说，“我们村头们现在有联户长，他们有什么问题就给联户长提出来，联户长就是代表他们的合法权益的发言人，联户长来向我们反应，哪家有什么矛盾啊，什么利益受到损害啊，都会给联户长讲。他们都很拥护联户长啊，觉得他们自己有什么话都可以讲。”可以看出，在西南地区农村，村民小组内有党小组、群众会等活动，村民小组组长、联户长等与农民群众一起构成了村民组内的互动系统，在这个互动系统中主要是以反映农民群众的利益诉求和存在的社会问题为主题。

村两委成员班子、村民组组长的工作互动活动也是西南地区农村社会互动系统的重要构成部分。这类互动系统主要互动成员为农村社会管理者，是农村工作中的管理系统。村两委成员班子、村民组组长、主要党员代表经常出席村里相关的会议，传达上级政策等相关精神，沟通村里相关工作。严格来说，这类互动系统已经上升为组织系统，但是在农村社会的复杂系统中，并不像政府组织系统那样严谨严格。村级会议在众多的事务的处理上平等沟通、相互协商的氛围更为浓厚，更具有社会互动系统的特征。同时，村两委成员班子、村民组组长、主要党员代表等这个农村骨干力量，掌握着更多的信息、权力等资源，并且凭借着这方面的优势，也形成了相对稳定的圈子群体，有着与普通村民之间不同的互动系统。

总的来看，西南地区农村村内互动系统主要包括村民之间的互动系统，村民组组长、联户长与村民之间的互动系统，以及村两委成员、村民组组长、主要党员代表之间的互动系统。其中村民之间的互动系统分为院坝闲聊、聚餐喝酒、共同创业等类型；村民组组长、联户长与村民之间的互动系统主要以反映农民群众的利益诉求和存在的社会问题为主题，是农民群众的利益表达的重要渠道；村两委成员、村民组组长、主要党员代表形成的互动系统是农村社会的管理系统，同时也形成了相对稳定的圈子群体和稳定的互动模式。

（3）乡村与外部互动系统

西南地区农村中，乡村与外部的互动主要体现为村干部与乡镇干部的互动系统，以及乡村创业村民与外部市场主体的互动。村干部作为乡村的主要管理者，也是党中央以及其他上级政策精神在农村地区宣传贯彻落实的重要主体，承担着传达政策精神、动员农民群众和领导组织群众的重要功能。村干部与乡镇干部等外部的互动系统，是农村获得信息、资金等各类资源的重要途径。同时村干部也凭借着信息等资源优势，在农村占据着关键节点位置。部分农村创业者也必须与外部市场主体发生联系，获得重要的市场信息，这是农村创业者成功的关键。在调查中我们了解到，这些创业的农村居民经常需要到外面去联系业务，寻找农产品销售市场和销售渠道。

在DJX村，只有村集体经济组织，没有私营企业，村集体经济组织的负责人都是由村干部兼任，因此村干部既承担了社会管理功能，也承担着发展农村集体经济的功能。因此，村干部与外部的互动，既包括与政府部门工作人员的互动，也包括与外部市场主体的互动。而在GM村，由于私营企业的存在，农村村民中的创业者需要与外部市场主体互动获得市场信息和资源，前面所谈到的村民聚餐喝酒的互动，实际上也包括与市场的互动的主题。有一位被访者这样说，“现在要做点事情，喝酒肯定少不了的，不喝酒怎么谈得了事情。上次和那个××老板谈收梨子的事情，喝了几次酒才应承我们的价格来收，他们都是发到大城市去，我们得不到这么远呢嘛。”在中国社会中，很多时候生意需要在酒桌上谈成，酒桌文化也成为影响市场的重要因素。相比之下，普通的村民则与外界的互动相对较少。在调查中我们了解到，DH村虽然也发展了如种植蜂糖李、瓜蒌，养殖土鸡、关岭牛、黑山羊等经济产业，但是都没有形成规模化生产也没有成立村集体经济组织，采用农户分散经营、散养等形式，村民生产出来的农产品和家禽家畜都需要自己到集市上去卖，因此也都是散买散卖的零售，谈不上与外部市场主体的合作互动。

因此总的来看，西南地区农村与外部的互动系统，主要是村干部与乡镇政府工作人员的互动系统，少部分创业村民与外部市场主体的互动系统，而普通村民与外部互动仍然十分有限。

2. 社会互动系统的分层

在卢曼的社会分化概念中，如果某一系统被划分成多个地位高低不等的子系统，便可谓其发生了层级分化。其一般性准则是地位等级的排列①。

在西南地区农村中，村干部与乡镇政府工作人员的互动系统是农村社会接受中央精神及其他上级政府部门政策信息、资金等资源的重要渠道。在农村社会发展还存在较大程度的政府资源依赖的状态下，乡镇政府凭借其政治权威和资源掌控的优势，使得农村居民对其普遍遵从。在调查中DJX村的支部委员表示，在有乡镇干部参与的村级会议中，“当然是乡里面的干部说话最有份量了，一般说什么就是什么，但是很多事情都是大家商量讨论出来的。”可以看出，村干部与乡镇政府工作人员的互动系统处于西南地区农村社会互动系统的最高层次。

其次就是村两委成员班子、村民组组长、主要党员代表之间的互动系统。同样的道理，村干部通过参与乡镇政府会议以及与乡镇政府工作人员的互动，获取了中央精神及其他上级政府部门政策、资金信息资源。同时为了更好地工作，必须依赖村两委其他成员、村民组组长以及主要党员代表的支持和配合，在村内首先需要与这些人一起分享相关信息资源，并且通过商量讨论达成共识。村两委成员班子、村民组组长、主要党员代表在具有相对较高的政治权威的同时，也能凭借信息资源方面的优势，在经济

① 刘少杰主编. 当代国外社会学理论［M］. 北京：中国人民大学出版社，2009，第304页.

上获得一定的利益。在调查中我们也了解到，“村干部等这些在村里做事人也是家庭条件搞得比较好的”。村两委成员班子、村民组组长、主要党员代表之间的互动系统，由于其系统成员具有政治权威和经济收入优势，成为村里具有较高的地位的互动系统。

另外就是村里创业村民之间以及与外部的互动系统，创业者往往具有相对的经济优势，同时创业魄力带来的人格魅力，使得村民创业者互动系统具有较高的地位。同时与外部市场的互动带来的市场信息优势，也是增强其系统优势的重要因素。但是，在西南地区农村，创业者们屡次创业失败的经历，在一定程度上使得人们对于创业者的尊重受到影响。在 GM 村一位老者在谈到创业者投资鱼塘的事情时说，“哼哼哼……熄火了咯嘛。干去了十几万，一个泡都没有冒。承包了五年，马上就到期了咯嘛，到期了就还给集体，在上头请人平底咯、挖塘咯，还有这个水质检测了好多回，拿钱去改善这个水质，到现在可以放鱼了嘛，但是马上到期了人家还给你养吗？这些人，哪个见得你干成点事情？给集体五万的租金，后来又整这个石头堡堡，说是自然景观们，整个桥连过去，搭一个小台台呀种棵把树，给人家歇凉、钓鱼那些，说是承包给我们们可能万把块钱就整好了。万把块？差不多干去三万块钱，买砖来，还得砌呢，他们（组上的干部）喊人来整，整些查耶货（指劣质产品的意思），整起了关不住水，整防水们质量又养不成鱼，黑得下良心，现在拿好多钱进去就是无底洞。”创业者投资没有成效和收益，往往会被村民们打上失败者的标签，降低了村民们对于创业者的期待与尊重。

外出打工推动了西南地区农村社会分化。外出打者在城市临时形成的互动系统在西南地区农村地位相对较高。在调查中 DJX 村支部委员说，“村里面贫富差距还是有一点，最穷的和最富的还是不一样，村里面最有钱的人住的是四层高的楼房，最穷的人住的是住木房子。”“村里面盖楼房，开小车的家庭，都是村民自己外出务工挣来的。还有一些，脑子比较灵活一点的村民就会做一点小生意，都是人家合理合法的收入。”在 GM 村访问一位 70 岁的长者时也谈到，别人村的年轻人都出去打工，挣了钱回来都盖起了新楼房，以前非常困难的家庭也是凭着儿子长大了出去打工赚的钱盖了楼房。老者在谈话中批评自己村的年轻人不出去打工。因此可以看出，在西南地区农村，外出打工能够挣钱改善家庭经济状况，外出打工是当前年轻人的正道，也受到村民们的认可和鼓励。贺雪峰教授曾指出，外出打工推动了农村社会分化。在打工经济背景下，家庭劳动力的数量和质量决定了农户收入的多少，农户开始出现分化。贺雪峰按照务工劳动力的多少把农户分为四类：一是全家外出务工户，在农民看来这是收入最高的农户；二是半工半耕农户，农户收入主要来自外出务工，又没有脱离农业生产。这主要通过代际分工、性别分工或者两者之间相结合来完成的。这样的农户收入处于中等水平；三是在村兼业户，这类农户主要在乡镇或村庄路边开办个体工商业兼业农业，能够维持中等收入。还有一些农民是村干部、乡村教师、乡村医生，由于特定的身份和角色不能外出务工。还有一些普通农民流转三五十亩土地，还能为农民提供机械化服务，就能获得较为体面的收入；四是贫弱户，一般是残缺家庭，主要劳动力病残，主要依赖国家进行保障、享受农村低保和五保的农户①。可以看出，劳动力健全的家庭，完全可以获得农村中等收入水平，而且外出务工的人数越多，技术水平越高，家庭收入就越高。

（GM村一位70岁村民的访谈资料）

访问者：伯伯，我们寨子头的人主要是在做哪些工作啊？

受访者：做什么鬼工作哦？你看寨子头这些年轻娃儿，有几个好好上班挣钱的哦？一天就是聚集起这里一堆那里一堆呢，吃酒咯嘛！他们就认为我们这里田多、地多，尽光得干大米，又不用干包谷饭，还甚至有米卖，反正肚子饿不到，你看人家中阿白上阿白（同村第7–10组）那些年轻娃儿，都全部出去打工，哪个回家来都盖一两层楼的平房，实实在在是养家呢。咦，那个夏老国家，夏老国是个瞎子哦，是以前打沙子抠炮把眼睛炸瞎奥，有一个老婆和三个娃儿，最造孽的人家咯嘛。他来我们底下看到小卫华（富人家儿子）不要的汗裤，管他旧不旧，就拿去穿。自子（现在）人家娃儿些大奥，人家奔命地出去打工，人家房子建几多高，人家还有钱存咯嘛。下面那里，张老宝家，人家就两个儿子，两个儿子结了婚，人家都是两个出去打工，那

① 贺雪峰. 社会转型背景下的农村青年调查［M］. 武汉：湖北人民出版社，2017，第35—36页.

个娃娃儿呀有两岁没得哦？哟，造孽哦！（凌晨）三四点钟两个老人去卖菜，又要把娃娃儿背起去嘞，哟，硬是造孽哦！年轻人去打工，去个好几年回来，又整一层（房子），整好了人家又去，去得好几年人家又重二层。还有他家旁边潘敏家，人家那些娃儿哪个都是硬挣，哪个不是靠供家帮房子盖得好好的哦！在我们底下（11组地势较低，挨着公路挨着河流，地理条件好，水源丰富）哪个娃儿整得一个房子嘛？除了小耀明家两弟兄要吃得起苦，基本上就是自己修的房子了，因为老人也没得什么给他们，只能靠自己去挣奥咯嘛，其他的，懒！你看这里刘老飞，生娃儿了还要他爹妈两个老人供娃儿的牛奶、供娃儿的屎尿片，还要供刘老飞的烟钱。原来什么都不整，到处晃，现在，生了两个娃以后才去打工了嘛。

在村内还有村民组组长、联户长在小组内的党小组以及群众代表会等互动系统，这类互动系统主要有传达上级有关精神、征询农民群众意见的主题，而且通常也不是所有的普通村民都参加，参加者也具有一定的社会地位。另外就是普通村民之间的院坝闲暇聊天互动系统，这类互动主要的主题是闲聊，目的在于打发闲暇时间和日常生活中的情感交流，在村民们眼中的社会地位并不高。

总的来看，西南地区农村社会互动系统的分层，主要按照政治权威和经济收入两个维度进行排序。农村社会管理者具有最高的社会地位，社会管理者参与的互动系统地位最高；外出打工由于收入相对较高也具有相对较高的地位，外出打工者互动系统的地位较高；具有相对较高地位的还有乡村创业者和乡村教师、医生等具有体面收入群体；然后就是普通村民中的中等收入群体，最后是家庭残缺等贫困户群体，普通村民之间的互动系统地位较低。

（二）西南地区农村的社会组织系统分化

由于社会互动系统是简单的，容易受到冲突和紧张的破坏，而且花费大量的时间，为使社会系统更大更复杂，除了同在和持续交谈外，还要加上组织原则。卢曼认为，组织系统对于复杂的社会秩序来说是非常重要的。组织系统的主要作用是协调个体的动机和偏好与集体目标之间的关系，或者说根据具体条件协调个体之间的行动。组织系统一般都具有进出规则，它解决了协调个体的动机、意向和执行某些任务的需求等基本问题。① 社会组织系统分化主要在于功能分化，分化出来的各类组织承担专门的社会功能，组织的专门化、功能的专门化是促进组织专业化的重要路径，将有利于西南地区农村获得更好的服务和快速发展。

随着西南地区农村的发展，社会组织系统也逐渐分化。第一，在调查中我们了解到，所调研的三个村寨，均按照党中央、政府有关文件精神要求，设置了村党支部和村委会两个重要基层组织，具有政治性和社会管理性的重要特征，承担政治性功能和社会管理功能。同时在村党支部和村委会领导下在各村民小组分别设置了党小组和村民小组组长、联户长，村民小组中的设置是村党支部和村委会的政治功能和社会管理功能系统在村民小组中的延伸。第二是分化出来经济组织系统。在 DH 村没有私营企业、村办集体企业，这表明 DH 村仍然是以家庭分散经营为主，没有分化出经济组织系统。在 DJX 村，没有私营企业，有两家村办集体企业，分别是种植养殖经济合作社和休闲旅游餐饮住宿的村办集体经济组织。这表明 DJX 村有了经济组织的分化。在 GM 村，有 16 家私营企业，没有村办集体经济组织，集体经济收入来源主要是出租土地的收入。这表明 GM 村的经济组织分化程度较高。第三是分化出来的社会组织。社会组织主要包括志愿者组织和文化娱乐性组织。西南地区农村的志愿者组织是在新冠疫情爆发后催生出来的重要社会组织，在新冠疫情防控工作中作出巨大的贡献。而文化娱乐性组织则是西南地区农村民间自发产生的社会组织。在 DH 村主要有山歌队等民族文化类组织，在 DJX 村和 GM 村主要有广场舞队等现代性文娱类组织。文化娱乐性社会组织基本上不参与社会治理，仅在传承民间文化、丰富农村居民的文化精神生活方面发挥功能。另外还有红白喜事理事会等民间事务类组织，这类组织主要对西南地区农村的喜事操办起到组织、协助和监督作用，一方面在于传承农村婚丧娶以及大寿宴请方面的礼俗文化，另一方面在于规范宴请程式与规模，促进乡风文明。第四，其实我们在调查中也了解到在 DJX 村还存在着宗族类组织，这类宗族组织主要

---

① 刘少杰主编．当代国外社会学理论［M］．北京：中国人民大学出版社，2009，第 301 页．

由主事、账房和其他主要议事等牵头组成，主要功能是修建宗族祠堂、宗族祠堂的日常打理以及组织宗族祭祀活动等。事实上目前这类宗族组织在许多农村地区消亡了一段时期后都开始复活并逐步发展。但是这些宗族组织与以前的宗族组织存在着明显的差异，他们主要是用于宗族祖先祭祀，不会干预农村政治、经济事务，也基本上不参与社会治理活动。宗族组织有时也会利用宗族情感的感召力发动有能力的村民捐款捐物、动用社会关系等促进农村的发展，改善居民生活环境。农村有句老话，“修路修桥是积德行善的好事”，所以在农村社会中有能力有条件的村民捐款捐物、出工出力修路修桥是最常见的民间自发行动。第五是西南地区农村宗教组织的逐渐消亡。在所调研的三个村寨基本上没有宗教类组织，这可能也与这三个村寨的当地民族特点有关，基本上没有太明显的宗教信仰。实际上中国还存在着一些宗教信仰比较明显的少数民族，如信仰佛教的民族有藏族、傣族、布朗族等，信仰伊斯兰教的民族有回族、维吾尔族、塔塔尔族、柯尔克孜族、哈萨克族等少数民族，在这些少数民族聚居村寨中，宗教组织是依然存在的。但是一般来说这些宗教组织也只是组织宗教仪式活动，较少干预村寨的政治经济事务和生活。

总的来看，西南地区农村的社会组织系统分化，主要分化为政治组织、社会管理组织、经济组织、社会组织和宗族组织等组织系统，经济组织、社会组织等组织发育缓慢使得西南地区农村社会组织系统表现为功能分化不足。其中村党支部作为政治组织全面领导农村工作，村委会作为社会管理组织承担农村社会的管理职能。而西南地区农村的经济组织刚刚开始发育且相对缓慢，农村经济经营形式仍然以家庭分散经营为主。西南地区社会组织明显发育不足，仅有少数的志愿者组织，这些志愿者组织成员还是以村干部、村民组组长、党员为主，普通村民较少，仍然具有半政治组织特征。目前西南地区农村还没有设置社工站，专业社会工作机构等社会组织对西南地区农村的介入较少，没有能够在促进社会组织发展方面作出贡献。宗族组织主要在于组织宗族祭祀活动，基本不会干预农村政治、经济事务，也不参与社会治理。

二、西南地区农村的社会整合的沟通媒介与规则发生了转变

功能主义理论认为，系统之间的分化会导致社会的不整合，甚至冲突。对于社会互动系统而言，参与谈话者由于在不同谈话资源上占有量不同，会在谁最应该发言和发言顺序方面产生竞争，从而引起冲突，甚至使互动系统解体。同时，对于社会组织系统而言，通过产生组织的进出规则，和劳动分工来协调权威分配，以及采用恰当的沟通媒介来引导行动①。缺乏适当的进出规则、劳动分工以及沟通媒介都可能导致组织系统难以有效运行。

（一）西南地区农村互动系统的整合

在上面的分析中，西南地区农村互动系统分化为外出务工者城市互动系统、乡村内部互动系统、乡村与外部互动系统三个部分。以下分别分析三个类别互动系统的整合程度。

1. 外出务工者城市互动系统的整合

外出务工者城市互动系统是以“工头”为关键节点形成的城市临时性互动系统。当谈话主题为工作时，实际上形成了以货币为沟通媒介的互动系统，具有了一定的组织特征。但是其进出规则是相对缺乏的，以相互接受的意愿为前提，“能干活”“不怕吃苦”是主要条件，系统相对简单和松散。而劳动分工也是简单的，没有严格的组织制度。“工头”算是权威的分工之一，原因是“工头”掌握了关键的劳务信息资源。除了信息优势之外，“工头”的诚实守信，获得了村民的信任，是互动系统得以维持的重要机制。同时，当谈话主题为吃饭喝酒时，沟通媒介主要是情感和面子，有时候“没有钱也总得要去几回”，要不然“会觉得不好意思”。当然也有很少的务工者不参与喝酒聚餐这类活动，村民们也不会对他有意见，只是交流就变少了，信息方面也可能获得较少。因此可以看出来，外出务工者城市互动系统主要是以货币为沟通媒介的，感觉自己能吃得了苦，对挣的

① ［美］乔纳森·H. 特纳．社会学理论的结构［M］．邱泽奇、张茂元等译，北京：华夏出版社，2006，第 53 页．

钱还算满意，就能维持系统的存在和运行。以劳动和货币的交换为主线条，是外出务者城市互动系统的主要特征。外出务工者城市互动系统基本上没有明显的冲突现象，自愿进入和离开的自由程度较高，表明互动系统的整合程度不高。要提高外出务工者城市互动系统的整合程度，还需要将外出务工者组织化，比如成立外出务工者劳务公司，通过公司制度将外出务工者组织起来。

（DJX 村一位外出务工者的访谈资料）

访问者：请问您说一说去年外出打工的情况。

受访者：我们基本上每年都是跟着刘××出去的，去年过年后就和村里几个人一起商量过，看看那边还有没有事做，没有事情呢我们就准备联系别个了。后来呢，那边带信过来，说是有工做的，就先过去了。做了两个多月的时候，说是要停工，还都回来玩了个把月。一直在等消息，在家里面干一些地里面的活。后来呢，说一下子干不成了，我们又到处打听哪个地方，又出去了，干了五个多月，这个地方呢还可以呢，是修路的，挖沟沟什么的。也不是很累，工资倒是能够按时给我们的呢。刘××这个人还是很讲义气的，从来不欠我们的钱，哪怕他自己没领到都要先给我们领钱的呢嘛。都是一个村的，我们信得过他，所以就每年跟他去咯。他呢在市里面有个亲戚，搞工程的，是什么亲戚我们也不晓得，好像是个老表，没见过的。你看他们家修的四层楼的房子呢，他吃得苦，跟我们一样的干活呢嘛，现在不累点也挣不着钱。上次有个娃儿要跟着我们去，干了十几天，受不起累，不干了，还给了他钱嘛。

2. 村民之间互动系统的整合

上面讲到，西南地区农村村内互动系统主要包括村民之间的互动系统，村民组组长、联户长与村民之间的互动系统，村两委成员班子、村民组组长、主要党员代表之间的互动系统。后两类互动系统具有一定的组织特征，因此放在组织系统的整合中分析，这里仅分析村民之间的互动系统。

村民之间的互动系统的主要谈话主题是院坝闲聊、聚集喝酒以及创业。前两项主题是以情感为沟通媒介，有闲散时间和谈得来是主要前提。

村民们在有闲暇时间的时候，聚集在院坝里聊聊天、喝喝酒，是西南地区农村主要的闲暇活动。实际上聊天这类互动系统是没有进出规则的，都可以参与和自由退出。也有部分村民不参与聊天，“有那时间也都是到地里转转”是其更优的选择。以情感为主题的聊天活动具有相对松散程度，松散程度越高，也表明了西南地区农村的整合程度有降低的趋势。聚集喝酒是西南地区农村内部互动系统中的重要主题之一，这是以情感为沟通媒介的。与院坝闲聊相比，具有一定的进出规则，就是“今天你请我，明天我请你”，相互邀请是重要进出规则。这一规则被打破，只接受邀请而不邀请其他成员，将被系统逐渐排除出去或者导致系统解散。从调查中了解到，聚集喝酒主要是年轻人之间。从表面上看，年轻人聚集喝酒是沿袭了西南地区农村的相互密切交往的传统，但实际上则有着明显的差异。西南地区农村传统的相互宴请，主要是以传统节日、婚丧嫁娶等为主题的。而当前以年轻人为主的相互宴请，是以小群体的形式出现，一部分是以创业、做事情为由头，另一部分纯粹以追求感官刺激为目的，在沟通了村民们之间的情感之外，也削弱了村民们奋发进取的精神。同时小群体的整合也不利于农村整体上的社会整合。

当然农村村民内部互动中也存在一些冲突方面问题，比如在调查中了解到的，某村民家污水沟的水流到别人家的屋沟里去，“下大雨的，山水一大，还有上面那几家化粪池的水，还有背后这个小水井的水，全面都淌下来这里，……那个××家就把那个地头垒起，垒起了他就拿石头从电杆这点砌起来，堵到不给淌过去……不是就全部铺走我家这边来们”“我就去喊村里面的人来瞧，现在都没解决嘛，你二哥（受访者的儿子）还讲我话多，不让我讲嘛”“其实村里面很多设置和安排都是做了的，就是这些安排可能并没有起到安排的作用。尽管没有起到作用，我们村民可能也是觉得忍一忍们就过去了，懒得多讲什么了，所以村寨头整体看起来还都是和和气气的，也没得什么经常吵架啊，或者大打出手的那些事情发生咯嘛”。西南地区农村还是存在一些冲突的，只是大家都会相互忍让，不会把事情搞大，在村民们看来“喊村里面的人来瞧”就是把事情搞大，小问题就不应该去找村里解决，会有伤和气。

因此可以看出，西南地区农村村民之间的互动系统主要以情感为沟通媒介，如院坝聊天、聚集喝酒都是以沟通情感为主题的。同时也出现了以创业为主题的互动系统，这类互动系统以货币为沟通媒介，入股和退股是主要的进出规则。村民之间像排污这类小冲突，都会以避免伤感情为理由而得到缓解。这些都是西南地区农村整合程度相对较高的表现，但是也应该看到农村整体上的整合程度降低的趋势。

3. 乡村创业村民与外部市场主体的互动系统的整合

西南地区农村中乡村与外部的互动，主要体现为村干部与乡镇干部的互动系统，以及乡村创业村民与外部市场主体的互动。其中村干部与乡镇干部的互动系统具有组织性特征，将其放在组织系统的整合部分进行分析，这里仅对乡村创业村民与外部市场主体的互动系统进行分析。乡村创业者通过与外部市场主体获得市场信息和资源等。在调查中发现，西南地区农村的创业者与外部市场主体的互动，通常以喝酒为主题进行。“不喝酒怎么谈得了事情”成为农村创业者寻找市场合作方式的重要理由。这也导致了一部分村民对于这些创业者的看法不一，有些人认为他们喝酒是为了谈事情，是为了创业，有些人就认为他们“无所事事，天天喝酒，今天在这里喝起，明天到那里喝起，天天喝得醉醺醺的”。这其中直接的原因是“没看到他们干成什么事情”，创业的失败导致村民们对创业者的这类看法。在市场经济条件下，农村创业者整合外部市场资源，应该遵循市场规则，以互惠互利为原则，也即要以货币为沟通媒介，维持与外部市场主体的互动系统。其中的进出规则就是信息、资金等资源的投入，通过市场配置和合作契约完成劳动分工。而西南地区农村创业者以喝酒为主题进行，所采用的沟通媒介是情感，这明显是不合适的，有违现代市场经济规则。也正是如此，导致相当一部分农村村民创业失败。在农村创业者与外部市场主体的互动系统，正确选择沟通媒介，形成适当的进出规则和合理劳动分工，是有效整合外部资源的重要途径。

总的来看，西南地区农村互动系统中主要以情感为沟通媒介，在很大程度上维持了村民之间的互动系统的运行，村民之间的整合度相对较高，但也应当看到整体上社会整合度降低的趋势。然而，在与外部系统沟通中，沟通媒介并未得到更新，尤其是在市场合作中，比如外出务工者互动系统和与外部市场主体互动系统，应当以货币为沟通媒介，遵循市场规则，才能实现对外部资源和更大范围资源的有效整合。

（二）西南地区农村组织系统的整合

西南地区农村的组织系统分化，主要分化为政治组织、社会管理组织、经济组织、社会组织等组织系统。

1. 西南地区农村政治系统的整合

西南地区农村基层党组织作为中国共产党在农村基层坚强战斗堡垒的政治组织，有着全面领导农村工作的重要任务和使命。同时在农村中设置的村民委员会是重要社会管理组织，承担着社会管理职能和村民自治的重要任务，同时也是贯彻党中央的重要精神和相关政策的执行者。在2019年最新颁发的《中国共产党农村基层组织工作条例》中，要求农村党支部书记通过相应的合法程序担任村民委员会主任职务，从而使得农村基层党组织在农村社会管理方面能够更好地起到领导和引领的作用。从西南地区农村基层党组织的组织整合的角度来看，一方面在于吸纳有文化知识的进步年轻人、有创业精神的外出务工青年、本村创业成功的私人企业主等积极地加入到党组织中来，同时另一方面也要积极开展党员教育和管理，形成农村基层党组织的整体合力，才能真正起到坚强战斗堡垒的作用。在调查中我们了解到，目前农村党员发展主要方向是有文化知识的大学生、退伍军人，但是在西南地区农村大学毕业生返乡的情况并不多，年轻人更愿意到城市打拼。这表明农村的吸引力还不足以让更多的有文化知识的青年人加入。在调查中几乎所有的被访的基层党组织书记和委员，都表示“现在我们村里的好多年轻人都不愿意入党了，还有像你们在外面读书的学生都是在学校入党了。我认为我们村还是要多发展年轻党员，年轻人学东西比较快，有想法”。受访者都表示要多发展年轻党员，但是“村里一年也只有两个指标，都是要择优培养起，要学习，要考察”，这也表明了农村基层党组织的党员发展方面还是强调从高质量的角度去培养新党员。因此，从政治组织的组织系统整合来看，西南地区基层党组织的进出规则是在自愿的基础上强调文化知识、年轻、在有信仰有理想方面的学习和考察，劳动分工则是以政治权威和农村社会发展需要为基础进行工作安排，而其沟通媒介则是对党的信仰忠诚和为人民服务的崇高理想。在村民委员会方面，如果村民未能加入党组织，实际上就很难进入村民委员会这一承担农村社会管理职能的自治组织。因此，村民委员会作为社会管理组织系统，其进出规则、劳动分工、沟通媒介在很大程度上和农村基层党组织类似。在村党支部和村委会领导下在各村民小组分别设置了党小组和村民小组组长、联户长，村民小组中的设置是村党支部和村委会的政治功能和社会管理功能系统在村民小组中的延伸。因此，其组织系统的发展和进化都遵循以上规则和沟通媒介的一致性。

2019 年颁发的《中国共产党农村基层组织工作条例》要求村级党支部做好培养村级后备力量、本村招才引智等工作。然而目前西南地区农村却遇到招才引智的瓶颈，很少有大学生等知识青年愿意回到农村工作。一些地方在发展新党员时只能在村寨内部的这些年轻人中培养和发展，而且新发展和新培养的年轻人常常是外出务工的青年，他们也不太愿意回村。在调查中，就有村支部书记说，“现在外出打工的年轻人也不愿意回来，现在在村里的党员都是上了年纪的老党员了”。在培养新党员方面，发展了年轻党员，他们却不能回来参与相关工作，所以基本上是开展了工作却没能收到应有的实际效果。年轻人的不配合、不参与表明了西南地区农村政治系统的整合能力偏低。在卢曼所定义的“沟通的成功”术语中，某些新形式的沟通通过降低环境的复杂性来促进系统对环境更灵活的反应，从而增加与环境的协调。在西南地区农村政治系统中，新的沟通代码和媒介需要被引入，比如组织系统用于缓和不整合和冲突的规则，常常被应用于等级制、办公室、既定过程和报酬幅度①。

如何能够提升农村工作的吸引力，让知识青年、有一定能力的外出务工人员看到回村发展的前途和希望，是提升西南地区农村基层党组织、村民委组织以及其延伸到村民组组长、联户长等职能设置在村民们心中的地位的重要途径。贵州省委常委胡忠雄在中共贵阳市委十一届四次全体会议中指出，要重视基层、关心基层、支持基层。他说，“对基层干部要充分理解，充分信任，充分关心，充分爱护，打通优秀干部晋升通道，要把优秀的村支部书记配备到乡镇党政班子中去，要加强村（社区）两委班子队伍建设，优化岗位设置，适当提升待遇水平，真正把这支队伍稳定下来。”在实施乡村振兴战略中，强调农村工作队伍中的乡村人才振兴，就必须要

---

① ［美］乔纳森·H. 特纳. 社会学理论的结构［M］. 邱泽奇、张茂元等译，北京：华夏出版社，2006，第 55 页.

提高乡村工作的吸引力。在西南地区农村基层党组织和村民委员会的人才培养和选拔过程中，首先强调政治思想过硬，有马克思主义崇高理想和信仰，同时也要打通优秀农村干部的晋升通道，适当提升农村工作干部的待遇水平。

2. 西南地区农村经济系统的整合

农村经济的发展需要调动整个农村经济系统改革和调整，从以家户分散经营向集体经济和合作经济经营转变，才能形成规模化效应获得更好的经济效益。在调查中我们了解到，在集体经济和产业经济尚未得到充分发展的农村，如所调研的 DH 村和 DJX 村，村民们主要的经济来源还是务农和外出打工，而且外出打工是使村民们过得相对较好的主要途径，在家务农最多能够让家庭生活达到中等水平。这就表明了在这些农村，农民的经济收入基本上与农村经济系统相对脱离了关系，而更依赖于城市打工经济。同时，在 DJX 村虽然有如梅花鹿养殖、餐饮住宿、稻加鸭的集体经济组织，但是并未给农民带来较好的经济收入。这类正在初步发展的集体经济，在没有为农民带来实际收入之前，对于农民来说并没有太大的吸引力。也即在城市打工经济收入与农村个体经营、集体经济收益低的比较之下，这种推拉力将农民更多地吸引到城市打工，导致村民们对农村经济活动的参与程度较低，甚至不再关心农村经济的发展，割裂了农民与农村的经济关联。

在经济相对发展程度较高的 GM 村，由于其地理位置处于城市规划中的优势，私营企业经济相对发达，为村民们谋取生计获得更有利的条件。在 GM 村民们主要依赖开小店、摆摊以及务农务工获得家庭经济收入。从本质上来看，GM 村的经济仍以家户分散经营为主，和 DH 村、DJX 村并未有本质的区别，村民们的家庭收入中并未有集体经济收入分配的成分。在调查中我们了解到，GM 村并没有农村集体经济组织，村集体收入来自于土地租赁的租金，但是仅有的一项土地租金收入每年 70 多万，并进行分配，而主要是用于村公共基础设施建设。因此，村民们要提高家庭经济收入，改善生活质量还是得依靠个体家庭经营创造条件。

总的来看，西南地区农村经济是以家户分散经营为主的，集体经济组织发育缓慢，农民难以从集体经济中获得较多的利益。尤其是农村个体分散经营收益低于城市打工经济收益的情况下，农民就会选择外出打工，造成了村民与农村经济的割裂，从而造成了农村经济系统的整合程度偏低。从组织系统的整合角度来看，西南地区农村经济系统的进出规则是自然形成的，村民们由于其村民身份本来就处于农村经济系统当中。最为重要的是组织的沟通形式与媒介，农村经济系统必须为村民们带来实际收入，也即应当以货币为沟通媒介，才能使农村经济系统顺利运行。因此，从当前的西南地区农村经济发展来看，首先是要大力发展农村集体经济和合作经济，将村民们的经济收入与农村经济发展紧密联结在一起。同时要尽快使农村集体经济和合作经济产生更好的经济收益，并使村民们人人共享经济收益，吸引村民们参与到农村经济活动中来。从而村民们能够将农村集体经济和合作经济的发展看做是关系到自己利益的事情，才能真正发挥农村主体的积极性和能动性，做到人人参与、人人贡献、人人共享，村民们在整体上拧成一股绳，提升农村经济系统的整合力量和整合程度。

3. 西南地区农村社会组织系统的整合

社会组织系统是西南地区农村传承优秀传统文化，丰富农村居民文化精神生活重要载体，同时也是处理民间事务，促进有效社会治理的重要组成部分。在调查中我们了解到，西南地区农村的社会组织主要包括山歌队等传统文化娱乐型组织，广场舞队等现代文化娱乐型组织，同时还有在新冠疫情防控中迅速发展起来的志愿者组织。另外就是红白喜事理事会等民间事务类组织，等等。

在文化娱乐型组织中，村民自愿加入，自由退出，基本上没有进出规则建构。村民们凭借对某类文化娱乐活动的热爱，参与到文娱活动中去。只是少部分以参赛为目的的队伍，才有明确的训练时间安排和到岗到位要求，并且有一定的组织分工。文化娱乐型组织的沟通媒介主要是热爱等情感因素。实际上，在调查中很多的被访者并没有认为这类文化娱乐型组织是社会组织，主要原因是其过于松散的状态。要使这类组织真正起到整合农村居民的作用，还需要组织正式化，通过一定的程序由村委会认定，出台正式的组织制度，明确社会组织的宗旨章程、组织结构和组织要求细则等，提升文化娱乐型组织的社会地位，让组织成员有明确的身份归属，从而提高文化娱乐型组织的整合程度。

在志愿者组织中，由于主要由村干部、党员、村民组组长等组成，带有一定的政治性色彩。当然也不能否认志愿者组织成员对于服务人民群众的初衷，以及促进社会治理有效的重要成果。农村志愿者组织是村民们自愿加入的组织，基本上没有太多的进出规则要求。但是其劳动分工则是在村党支部和村委会的权威体系下进行安排分配的，志愿者组织本身并未有明确的服务目标和宗旨，甚至其本身的结构都并不明确。在大多数西南地区农村，志愿者组织只有一个名单，缺乏组织架构、组织宗旨、组织目标以及组织类型化的分工。因此我们可以看出，农村志愿者组织的沟通媒介除了自愿为人们服务的崇高精神外，还因其政治性特征而具有权威与权力。对于西南地区而言，志愿者组织在成立之初，村党支部、村委会的推动起到了重要的作用。志愿者组织的本质属性决定了其并不具有政治性色彩，而是在自愿的前提下组成的服务群众的社会组织。因此，志愿者组织也需要明确其社会地位，及其在农村社会中的合法认定，并且逐步形成组织架构、组织宗旨、组织目标。同时志愿者组织应当根据农民群众的实际生活需要，形成主要的服务方向和专门领域，比如成立多个专门的志愿者服务小队等。

在红白喜事理事会等民间事务类组织中，由于上级政府对乡风文明的反复强调，西南地区农村对于违规宴请方面控制得非常严格，很好地遏制了部分农村地区铺张浪费、人情攀比等不正之风。由此，西南地区农村的红白喜事理事会主要发挥了监督和劝导等功能，具有了社会管理的功能特征。但是乡风文明并非否定农村文化和少数民族传统习俗，同时我们也应该认识到，西南地区的习俗本身并不主张铺张浪费、人情攀比的思想，实际上这类不正之风是在农村社会转型过程中变异出来的。红白喜事理事会等这类民间事务类的组织有必要承担控制农村不正之风形成的责任，并将西南地区的习俗回归到原来的自然、健康、正统的状态，这也是尊重少数民族文化习俗的应有之义。因此，红白喜事理事会等民间事务类组织作为社会组织，其进出规则应是熟悉民族文化、礼仪、尊重少数民族传统的。社会组织的劳动分工则是社会礼俗权威等级划分。其沟通媒介应当是对于民族文化的热情和情感，要避免凭借礼俗权威牟取私利的行为。同时，与文化娱乐型社会组织和志愿者组织一样，组织正式化才能更好地起到社会整合作用。

总的来看，西南地区农村社会组织系统由于社会组织发育不足，并且很少有正式的组织，导致了社会组织难以真正起到社会整合的作用。社会组织应当以对民族和村民们的热爱和情感为沟通媒介，回归社会组织的本质，为西南地区农村群众服务，才能更好地促进农村社会整合。社会组织通过一定程序，成为合法的正式组织，是西南地区农村社会组织的发展必然之路。同时，引入专业的社会工作机构和人员，培育西南地区农村社会组织，使更多的农村社会组织为群众提供良好的服务的同时，也更多地参与到社会治理当中去，促进形成西南地区农村“五社联动”的社会治理格局。

第七章 推进西南地区农村基层党组织建设的对策建议

习近平总书记在党的十九大报告中指出："新时代党的建设总要求是：坚持和加强党的全面领导，坚持党要管理党、全面从严治党，以加强党的长期执政能力建设、先进性和纯洁性建设为主线，以党的政治建设为统领，以坚定理想信念宗旨为根基，以调动全党积极性、主动性、创造性为着力点，全面推进党的政治建设、思想建设、组织建设、作风建设、纪律建设，把制度建设贯穿其中，深入推进反腐败斗争，不断提高党的建设质量，把党建设成为始终走在时代前列、人民衷心拥护、勇于自我革命、经得起各种风浪考验、朝气蓬勃的马克思主义执政党。"① 新时代党的建设总要求气势恢宏、内涵丰富，突出了马克思主义执政党的政治属性和全面从严管党治党的大思路大方略，具有鲜明的时代特色和崭新的理论特色，是指导新时代西南地区农村基层党组织建设的总纲领和总遵循。

党中央一直十分重视农村基层党组织建设。习近平总书记强调，"农村工作千头万绪，抓好农村基层组织建设是关键"②。党中央反复强调要完善农村党组织领导的村民自治有效实现形式，分别于 2018 年、2019 年制订和印发了《中国共产党农村基层组织工作条例》③ 和《中国共产党农村

---

① 习近平．决胜全面建成小康社会夺取新时代中国特色社会主义伟大胜利［N］．人民日报，2017 年 10 月 28 日．

② 中央文献研究室编．十八大以来重要文献选编：上［M］．北京：中央文献出版社，2014，第 684 页．

③ 中共中央．中国共产党农村工作条例［N］．新华社，2019 年 8 月 19 日．

工作条例》①，将党在农村中的工作目标、要求、政策以党内法规形式确定了下来。明确了党对农村工作的全面领导，巩固党在农村的执政基础，确保新时代农村工作始终保持正确的政治方向。同时，也强调新时代农村工作的主要任务，即实施乡村振兴战略，实现中国农村的现代化发展。

党的十八大以来，习近平总书记多次深入西南农村地区考察，2018 年 2 月 11 日，习近平总书记在四川大凉山昭觉县三岔河乡三河村和解放乡火普村，2021 年 2 月 3 日，习近平总书记在贵州省毕节市化屋村，他反复强调促进民族地区“共同富裕”这个庄严承诺②。习近平总书记多次考察西南地区，体现了以习近平同志为核心的党中央对于西南地区发展的高度重视，体现了党中央带领西南地区农村一起全面脱贫、全面建成小康社会、全面乡村振兴、全面实现农村现代化的坚强决心。

在当前实施乡村振兴战略的背景下，习近平总书记对广大民族地区农村发展的庄严承诺的实现，还需要落实和下沉到西南地区农村基层党组织全面领导农村工作中去。需要加强西南地区农村基层党组织建设，充分发挥农村基层党组织的领导核心作用，保证农村社会发展的正确政治方向，团结各民族人们协同合作和不懈努力，按照产业兴旺、生态宜居、乡风文明、治理有效、生活富裕的总要求，推进西南地区农村全面振兴。本研究对西南地区农村基层党组织建设基本状况进行了考察，深入了解基层党组织围绕乡村振兴中心任务的功能实现状况，同时深入分析了影响基层党组织功能实现的西南地区农村社会进化的环境因素。在此基础上，提出把握农村基层党组织的政治组织本质突出其政治功能、针对社会主要矛盾经济功能优先、领导农村社会治理强化组织整合、加强西南地区农村基层党组织自身建设和铸牢中华民族共同体意识等五个方面的对策和建议。

一、把握政治组织本质，突出政治功能

根据新时代党的建设总要求，首先要“坚持和加强党的全面领导”的

① 中共中央．中国共产党农村基层组织工作条例［N］．新华社，2018 年 12 月 28 日．

② 央视网．到西南地区考察 习近平频频强调这个庄严承诺［EB/OL］．中国网 http：//news. china. com. cn/2021-06/11/content_ 77562842. htm，2021 年 6 月 11 日．

根本原则。中国共产党的领导是中国特色社会主义最本质的特征，是新时代党的建设的根本出发点和落脚点。党的十九大报告指出，要以提升组织力为重点，突出政治功能，把包括西南地区在内的农村基层党组织建设成为党在农村地区坚强战斗堡垒。增强政治功能，是政党政治属性的本质要求。旗帜鲜明讲政治，是中国共产党作为马克思主义政党的根本要求。对于农村基层党组织及其党员干部来说，讲政治是第一要义，政治素质是第一素质，政治能力是第一能力。党的十九大报告强调，全体党员同志要加强党性教育和锻炼，坚定党员的政治担当，永葆政治本色。加强党的政治建设，关键是要提高各级各类组织和党员干部的政治能力，提高党的政治能力就需要增强农村基层党组织的政治功能，彰显农村基层党组织的政治属性，发挥农村基层党组织的政治作用，强化农村基层党组织的政治导向，提升农村基层党组织的政治本领①。

2019 年 1 月 31 日，中共中央发布了《中共中央关于加强党的政治建设的意见》。《意见》指出，“政治属性是党组织的根本属性，政治功能是党组织的基本功能，要认真贯彻落实新时代党的组织路线，不断强化各级、各类党组织的政治属性和政治功能。”② 其中的深刻内涵包括了几个方面。第一，党的力量来自组织。中国共产党要充分发挥其政党力量，必须要依靠党在全国范围内建立起来的各级各类组织，各级各类党组织是党的力量的重要载体。习近平总书记曾在 2018 年全国组织工作会议中指出，“我们党是按照马克思主义建党原则建立起来的，形成了包括党的中央组织、地方组织、基层组织在内的严密组织体系。这是世界上任何其他政党都不具有的强大优势。”③ 西南地区农村基层党组织是党的力量在西南地区农村工作中的重要载体，其政治功能的发挥，是中国共产党在西南地区农村力量的体现。中国共产党强大的力量需要通过许许多多的包括西南地区农村基层党组织在内的基层组织得以彰显，是团结全国各个地区各个民族人们的重要保证。第二，政治属性是党组织的根本属性，政治功能是党组

---

① 国明理．把党的政治建设摆在首位［M］．北京：东方出版社，2019，第 105 页．

② 中共中央．中共中央关于加强党的政治建设的意见［N］．新华社，2019 年 1 月 31 日．

③ 习近平．在全国组织工作会议上的讲话［M］．北京：人民出版社，2018，第 12 页．

织基本功能。西南地区农村基层党组织是中国共产党在农村基层建立的组织，其根本属性是政治组织，突显其政治功能是由其政治属性所决定的。同时，中国共产党坚定的理想信念和承载的历史使命，决定了西南地区农村基层党组织代表的是西南地区农村人民的根本利益，就是要为西南地区农村的人民谋幸福，并且团结所在地区的各族人民，共同为中华民族伟大复兴做出贡献。第三，认真贯彻落实新时代党的组织路线。西南地区农村基层党组织在全面领导农村工作中，要认真贯彻落实新时代党的组织路线，以“两个坚持”为目标导向，突出“一条根本原则”，明确“三个基本点”，确保党中央决策部署以及上级党组织的决策部署的贯彻落实，做到有令即行、有禁即止，发挥好农村工作中的把握正确政治方向、顾全中国特色社会主义现代化发展大局、切实落实好党中央及上级党组织各项政策的重要作用和功能①。

二、针对社会主要矛盾，优先经济功能

新时代党的建设总要求提出“四个以”的工作思路，即“以加强党的长期执政能力建设、先进性和纯洁性建设为主线”“以党的政治建设为统领”“以坚定理想信念宗旨为根基”“以调动全党积极性、主动性、创造性为着力点”，就要不忘初心，始终牢记全心全意为人民服务的宗旨，切实以人民群众的利益为最高追求。在西南地区农村基层党组织建设中，就要充分发挥基层党组织的经济功能，提高西南地区农村的经济水平，为农民带来实实在在的利益。习近平总书记在党的十九大报告中做出了“我国社会主要矛盾已经转变为人民日益增长的美好生活需要和不平衡不充分的发展之间的矛盾”的重要论断，标志着中国人民生活水平发生历史性变化。2020 年我国全面建成小康社会，同时也是建设社会主义现代化的新起点。我国发展不平衡不充分的突出问题，成为制约我国全面建设现代化强国的重要因素。习近平总书记指出，经济社会发展和民生最突出的矛盾和问题在基层。我国不平衡不充分的发展问题主要体现在城乡之间的不平衡发展，东西部之间的不平衡发展，

① 习近平．在全国组织工作会议上的讲话［M］．北京：人民出版社，2018，第 11 页．

农村经济社会发展的不充分，西部地区经济社会发展的不充分等问题。西南地区农村在地域上既处于农村，同时也大部分都处于西部地区，因此西南地区农村的经济社会发展是相对落后和亟待解决的突出问题，也是国家现代化建设的重要瓶颈。习近平总书记指出，中华民族是一个大家庭，一家人都要过上好日子。没有西南地区的现代化，就没有全国的现代化。西南地区农村也是脱贫攻坚的主战场，如期取得了新时代脱贫攻坚战斗的胜利，但是脱贫攻坚不是终点，而是将农村工作重心转移到乡村振兴战略上来的新起点。西南地区农村很多地方仍然自然条件恶劣，经济发展仍然缓慢，在自然风险、市场风险和其他社会风险的影响下，西南地区农村居民容易产生新的贫困和返贫的风险①。推动西南地区农村经济充分发展，是巩固脱贫攻坚成果，推动乡村全面振兴的重要基础和途径。

推动西南地区经济发展，是乡村振兴的应有之义。推动西南地区农村产业经济发展，优先基层党组织的经济功能，也是西南地区农村基层党组织全面领导乡村振兴工作的必然选择。乡村振兴，产业兴旺是重点。有学者指出，农村与城市的本质区别就在于产业差异和差距②。从现实来看，没有乡村的产业振兴，乡村在就业、收入、人口集聚和乡村治理等方面都会存在巨大困难。西南地区农村传统经济产业以农业、畜牧业为主，产业结构单一、产业报酬率低，这也是造成西南地区农村普遍相对贫困的重要根源。西南地区农村基层党组织在推动农村产业发展的过程中，需要从激发内生型产业活力和外生型产业帮扶两个方面出发，立足市场导向，以经济效益为中心，以产业发展为基础推动乡村全面振兴。乡村产业发展需要正确把握几个关键要点。一是走产业融合发展之路。党的十九大报告明确指出，产业融合发展是促进农村经济发展重要路径。在西南地区农村，要以充分利用西南地区特色资源，以原有的农业、养殖业、畜牧业、文化资源、旅游资源等为基础，通过一、二、三产业的渗透和交叉重组，带动产业要素在农村的集成整合，形成西南地区农村产业链和新业态。特别要指出的是，西南地区农村具有独特的地方文化资源，要将这些地方特色文化

---

① 张丽君、李臻．加快推进西南地区乡村全面振兴［J］．经济日报，2021 年 8 月 30 日．转自光明网 https：//theory. gmw. cn/2021-08/30/content_ 35122493. htm.

② 杜永红．乡村振兴战略下的贫困地区可持续性发展研究［M］．天津：天津大学出版社，2020，第 94 页.

融入到西南地区正在兴起的旅游产业发展当中去。有学者指出，许多西南地区的少数民族本身是文化与汉族不同的民族，要让游客在旅游过程中感受到少数民族的文化并受到感染，用少数民族文化影响人们的生活质量。贵州近来比较火的村 BA、村超都是鲜活的例子，带动了贵州旅游产业，也为全国人民提供了稀缺的快乐产品。二是要走提质增效发展之路。随着人们生活水平和质量的提高，人们对于农产品的需求结构发生了显著变化。人们不再满足于能够有充足的农产消费品，而是追求高质量、高品质农产消费品。因此西南地区农村的产业发展应从数量增长向质量提升转变，以生产绿色生态的高质量农产品为主，严格控制产品质量，走农业绿色发展之路，走农业高质量之路，走农业高效益之路。三是要走品牌创新发展之路。西南地区农村原本就蕴藏许多特色产业资源，也有许多名优特色产品，但是品牌发展上往往还缺少开发和创新。规模化生产是当前西南地区农村产业发展的主要方向，没有形成规模化生产，就难以形成品牌。农村基层党组织在推动产业发展的过程中，要注意明确扶持规模化经营的主体，对这些经营主体更多地引领和支持，同时要协调好规模化经营主体与农户、其他市场主体的关系，帮助创业者解决好创业过程中的困难。同时，还要加强体制机制建设，正确处理好产业发展和保护农民利益的矛盾，要以维护农民利益为根本出发点。西南地区农村产业发展，要充分调研市场和区域产业集群状况，分析区域产业优势，创新区域农业品牌。

三、注重农村社会治理，强化组织功能

西南地区农村人民群众的幸福不仅需要经济发展，还需要社会同步发展。农村社会治理的现代化是社会同步发展的重要条件。西南地区农村基层党组织建设要提升基层党组织的领导力与组织力，在社会治理方面充分调动其积极性、主动性和创造性，强化组织整合促进社会整合程度提升。这也是“提高党的建设质量”的应有之义。党的十九大报告指出要“打造共建共治共享的社会治理格局”①。对于农村地区来说，乡村振兴是党中央

① 习近平．决胜全面建成小康社会 夺取新时代中国特色社会主义伟大胜利——在中国共产党第十九次全国代表大会上的报告［N］．新华社，2017 年 10 月 18 日．

从党和国家事业全局出发，着眼于实现“两个一百年”奋斗目标，顺应亿万农民对美好生活的追求作出的重大战略决策，是全面建设中国特色社会主义现代化强国的重大历史任务。贺雪峰指出，乡村振兴必须以将农民组织起来为前提。乡村振兴的主体是农民群众，只有将农民组织起来，让其自己动手建设自己的美好生活，“产业兴旺、生态宜居、乡风文明、治理有效、生活富裕”的乡村振兴总要求才能实现①。将农民组织起来，通过公众参与和居民自治，参与到乡村振兴事业中来，也契合了党中央提出的“打造共建共治共享的社会治理格局”的要求。

在西南地区农村打工经济的背景下，流动性和不确定性使得农民不得不频繁地变动，缺少组织的原子化个体农户就难以成为乡村振兴的主体。要想将这些原子化个体农户整合到乡村振兴的大局工作中来，就需要充分发挥西南地区农村基层党组织的组织力，通过制度和资源进行动员和组织。从资源的角度来看，自从2006年国家取消农业税以来，国家不再向农户收取相关税收，而且通过农业支持补贴也称粮食补贴、农机补贴、养殖补贴、粮食差价补贴、土地自动保险等补贴形式，给农民带来更多的的实际利益。尤其是在脱贫攻坚和乡村振兴新战略和政策支持下，更多的资源向农村转移。有数据表明，国家每年向农村转移的资源总量高达2万亿元左右②，主要用于解决我国农村基础设施和基本公共服务方面的发展不平衡和不充分的问题。2018年中共中央、国务院印发的《乡村振兴战略规划(2018—2022)》中指出，实施乡村振兴战略已经具备较好条件，包括以习近平同志为核心的中央领导集体高度重视农村工作，并有科学的顶层设计，社会主义制度优势，和优秀农耕文明的深厚文化土壤。同时国家经济实力和综合国力日益增强而具有的雄厚物质基础③。可以看出，目前国家有能力通过资源转移，解决农村道路、水利、电力、通信等基础建设问题，以及基本医疗、义务教育、基本养老保险、最低生活保障等基本公共

① 贺雪峰. 大国之基 中国乡村振兴诸问题［M］. 北京：东方出版社，2019，第308页.

② 贺雪峰. 大国之基 中国乡村振兴诸问题［M］. 北京：东方出版社，2019，第309页.

③ 中共中央、国务院. 乡村振兴战略规划（2018-2022）［N］. 新华社，2018年9月26日.

服务问题。然而，乡村振兴不仅仅如此，而是要建设广大农民群众的美好生活，这就必须要将农民组织起来，通过农民自身的努力创造美好生活，这也是乡村振兴的基本前提与条件。因此，要实现西南地区农村的乡村振兴，必须将国家资源下乡与强化西南地区农村基层党组织的组织功能有效结合起来，才能实现资源转移的高效化和农民群众的美好生活。

面对西南地区农村村寨边界已被打破的状态，农民与土地关系变得复杂化，农民与村寨的利益关系也变得十分复杂。从一定意义上说，村民已经逐步发生了分化，作为土地承包者集合体的村寨，难以整合为原来的具有共同价值情感、共享利益的村寨共同体。从利益角度出发，要重新组织农民，就需要通过发展农村集体经济，重新建立村民与村寨的利益关系。发展农村集体经济，主要可以通过土地整合和资金整合来实现。土地整合就是将土地确权，但不确地，将外出务工不种地的农民的土地集中起来，作为发展集体经济的土地资源。也可以发包给有意流入土地的创业型种地农户来耕种。无论是集体经济还是创业型种地农户来经营土地，都可以形成规模经营的效应。资金整合即是将国家转移到农村的农业综合补贴，通过村集体统筹的方式使村寨集体掌握这部分资源。在村寨集体实现整合土地和整合资金的基础上，可以推动集体经济的发展，也可以支持创业型种地农户的经营发展，从而以规模经营获得更好的效益。其他村民可以通过土地确权从村寨集体经济或者创业型种地农户经营中获得土地收益，也可以通过成为农业职业工人的方式，从以上两种规模化经营中获得工资收益。在村寨集体经济或者创业型种地农户经营得到进一步发展的情况下，农民的收益就会相应提高，使农民成为令人羡慕的职业，从而在一定程度上起到促进外出务工农民返乡的作用。总的来说，西南地区农村就是要通过发展村寨集体经济或者创业型种地农户经营的规模化经营经济模式，将分散小农状态的农户重新组织起来。

西南地区农村基层党组织除了要将分散经营农户从经济层面组织起来外，还要促进农民群众在社会层面组织起来。从西南地区农村基层党组织推进乡村振兴的总要求来看，促进乡村经济发展是达成产业兴旺、生活富裕的目标，而要达成生态宜居、乡风文明和治理有效的任务目标，则需要通过加强培育社会组织，在社会层面上将农民组织起来。从研究中发现，西南地区社会组织明显发育不足，使得分散的农民个体很难在生态保护、社会治理等方面起到真正的主体作用。西南地区农村的社会治理绝不能仅仅依靠政府的自上而下推动，而是更加需要自下而上的村民自治力量的发展和不断创新，才能体现基层社会的共建共治共享的社会治理格局。农村社会组织是指在农村社区中人们按照一定形式建立的，执行一定社会职能、完成特定社会任务的共同活动群体①。它具有一般组织的共同特征，即具有特定的组织目标，具有正式而比较明确的相关规定如组织章程和规章制度，具有一定的权威体系使组织成员角色化并且按照角色要求去行动。西南地区农村虽然实际上存在一些社会组织，比如志愿者组织、山歌队、广场舞队等文化娱乐型组织，红白喜事理事会等民间事务类组织以及宗族组织等，但是却基本上缺乏正式性，一般都没有正式的组织章程和规章制度，也缺乏明确的组织目标和组织权威体系。西南地区农村社会组织的松散化、数量少、规模小等特征，使得社会组织难以承担社会分化发展出来相应功能。因此，西南地区农村基层党组织需要在社会层面发挥其组织功能，将分散的农民个体整合到各类社会组织当中，更好地承担和发挥乡村振兴过程中的各种社会功能。第一是规范社会组织管理。要协助社会组织制定相应的组织目标、组织章程和规章制度以及组织结构框架，再通过社会组织申请，村委会登记正式认定，使社会组织合法化和正式化。同时要加强社会组织管理，促进社会组织进一步发育成熟，确保社会组织发展和活动开展的正确方向。第二是要加快发展其他各类社会组织。在生态保护、生活环境保护和美化、邻里互助、儿童教育、普通话普及、法律知识宣传、优秀传统文化传承等方面，西南地区农村都还非常缺乏开展相关的活动。西南地区农村基层党组织要在各个方面促进成立专门的社会组织，保证相应的社会功能都有相应的社会组织承担。第三是引进专业社会工作，促进培育社会组织和使社会组织更好的发挥其相应的功能。专业社会工作具有社会组织发育和发展的专业性的知识和工作方法，能够使农村社会组织更快更好地得到培育和发展。在一些地区已经逐步设立了农村社会工作站，而在西南地区农村这项工作还有待开展。

---

① 周锦懿．农村社会工作发展战略与途径［M］．哈尔滨：黑龙江科学技术出版社，2020，第45页．

四、强化先进性纯洁性，加强自身建设

新时代党的建设总要求提出“全面推进党的政治建设、思想建设、组织建设、作风建设、纪律建设，把制度建设贯穿其中，深入推进反腐败斗争”的“5+2”总体布局，是保证西南地区农村基层党组织的“先进性、纯洁性”的重要举措，充分表明了党的建设“坚持党要管党、全面从严治党”的坚强决心。西南地区农村基层党组织建设中要依据“5+2”总体布局加强自身建设，落实和执行新时代党的建设的总要求。党的十九大报告指出，打铁必须自身硬，全面从严治党永远在路上①。强调推动全面从严治党向纵深发展，就是要深入基层，加强基层党组织建设，重点解决基层党组织存在的组织弱化、虚化、边缘化等问题。由于受到历史原因以及党的政策等因素的影响，西南地区农村基层党组织建设相对较晚、发展也相对较缓慢。虽然近些年来，西南地区农村基层党组织建设在团结各族人民共同努力奋斗、攻克贫困难题等方面都取得了伟大成就，但是西南地区农村基层党组织存在的组织力量较弱，党组织设置在地域、组织、群体中仍不平衡等问题还比较突出。因此加快西南地区农村基层党组织自身建设是实现乡村振兴战略目标的必然要求。

一是要完善西南地区农村基层党组织设置结构，横向拓展基层党组织设置。虽然广大西南地区农村在不断组建和配备农村基层党组织，但仍然是对纵向的发展。比如在乡镇党委的领导下，对村党支部进行班子配备。一般来说，目前不存在班子配备不齐、党组织书记空缺的情况。但是村支部以下的党小组建设仍然还存在相对缺乏的情况。主要原因是西南地区党员数量不足，很多村民小组组内党员数量不足 3 人，所以没有能够在每个村民小组内成立党小组，只能联合多个村寨一起成立党小组。如此，党小组联系其他村民小组尤其是没有党员的村民小组时就可能产生问题，比如对村民小组内的情况掌握不够，甚至还可能不同村民小组民族不同而产生的文化差异，利益不同而产生的矛盾冲突，都会影响党小组密切联系农民

① 习近平．决胜全面建成小康社会 夺取新时代中国特色社会主义伟大胜利——在中国共产党第十九次全国代表大会上的报告［N］．新华社，2017 年 10 月 18 日．

群众的工作。除村民小组内成立党小组不足外，其他组织也基本上没有成立党组织。比如村寨内的集体经济组织、私营企业、社会组织等都没有成立党小组或党支部，第一是西南地区农村的集体经济组织、私营企业、社会组织等发育不足，数量少规模小，党员数量就更少。第二是西南地区农村基层党组织在思想上不够重视，对这些组织的管理不足，没有认真将基层党组织建设的相关要求落实到位。第三就是对外出务工村民党员的管理缺乏专门的组织设置。实际上外出务工党员的管理和教育，对于许多农村来说都是个难题，如何从专门组织设置方面思考是一个相对可行的思路。比如，在外出务工流入地的社区、务工单位等进行党员登记，属于同一流出地的外出务工党员数量足够的情况，可以成立外出务工党员小组，划归城市基层党组织管理。同时在农村基层党组织有专门的外出务工党员联系岗位和职责，负责与相应的城市基层党组织进行对接，这样实现流出地和流入地的双重党组织管理和教育，以弥补外出务工党员的管理教育空档。第四就是做好跨区域的经济产业链、行业中联合党支部设置。在经济产业链和行业中设置党支部，有利于整合跨区域的经济产业资源，更好地促进西南地区产业链的形成和发展，带动西南地区农村经济产业融入区域产业规划和发展，从而突破西南地区农村的经济产业遇到的市场信息获取不足、市场竞争力较弱和发展方向不明确等瓶颈问题。

二是要优化西南地区农村基层党组织的成员结构。农村基层党组织成员的老龄化、文化水平较低等问题，实际上是广大农村地区普遍存在的问题，只是在西南地区农村这些问题更加突出和严峻。在一些相对发达的东部地区农村，由于农村经济得到较快的发展，产生了对高质量人才和外出务工青年的吸引力，许多的青年大学生、外出务工青年、退伍军人等都愿意到农村工作和生活，发展新党员解决党员年龄老化、文化水平较低等问题就有了人才储备，这些问题也正在逐步获得解决。而大多数西南地区农村的经济发展相对落后，地理位置相对偏远，难以真正产生对青年人才的吸引力。那么如何促进大学生、外出务工青年等人才向西南地区农村流动呢？我们认为除了要大力发展西南地区农村经济之外，当务之急还得从大学生就业政策和农村基层干部的制度改革着手。习近平总书记曾说，让农业成为有奔头的产业，让农民成为体面的职业，让农村成为安居乐业的美丽家园①。目前，“让农民成为令人羡慕的职业”在西南地区农村还一时难以实现，但是可以通过政策制度改革，让农村基层干部成为令人羡慕的职业。政策制度改革的着力点有三：第一是要提高农村基层干部的待遇，让农村基层干部没有经济上的压力，既能安心做好农村工作，也能使农村基层干部岗位具有吸引力；第二是要打通农村基层干部的晋升通道。比如在贵州等一些地方就提出要将优秀的村支部书记配置到乡镇班子中去。这里要值得注意的是，这种晋升要达到有一定的比率和规模，不能几年才有一个这种晋升情况。要将农村基层干部的晋升机制制度化、常态化，才能真正起到吸引人才的效果。第三是要对大学生就业政策向农村基层倾斜，引导大学生到农村基层干部岗位就业。比如大学生到农村就业，可以在待遇方面有专门补贴，在晋升、报考公务员、报考研究生等方面都有优先或优待的条件，等等。

三是要规范化西南地区农村党建工作。加强西南地区农村党建工作，要从规范化、标准化和常态化着手，围绕农村党建工作的突出问题，强化农村基层党组织的政治功能、服务功能和发展功能。首先要做好西南地区农村基层党组织的领导班子建设工作。创新村支部书记培养和选拔机制，选优配强村支部班子成员。通过民选班子、党委考察等方法，将真正政治水平高、服务意识强、工作作风好、领导能力强的党员干部配置到村支部书记岗位上去，充分发挥村支部书记“领头雁”的作用。村支部书记通过合法合规的程序担任村委会主任职务，同时选拔和配备好班子成员，使两委班子齐心协力，形成有力量、有能力、有担当的村领导集体。第二是西南地区农村基层党组织的工作清单化、分工明确化、责任体系化。农村党支部要对乡村振兴中的全面工作进行梳理，做好分类工作，列好工作的清单，同时将全部农村工作事务进行分流。哪些工作是乡镇党委层面的事情，村支部做好汇报和跟进；哪些工作是村支部的事情，将具体的事情落实到班子成员；哪些工作是村内经济组织、社会组织的事情，做好领导和督促工作；哪些工作是村民个人的事情，落实到村民小组和党小组做好思想工作和帮扶工作。农村工作事务分类分流，有利于理顺工作思路、落实

① 习近平．习近平在2013年中央农村工作会议上的讲话［N］．新华社，2013年12月23日．转自中国网 http：//www.china.com.cn/guoqing/node_ 7246943.htm.

工作责任，乡镇党委政府、村支部村委会、经济组织、社会组织、村民个体各事其职，共同参与到乡村振兴全局工作中来。第三是要规范党内生活制度。规范党内生活制度，是从严治党延伸到西南地区农村基层的重要方法和举措，是保证西南地区农村基层党组织成员政治思想过硬、工作服务能力突出、创新能力不断增强的重要手段。在西南地区农村，必须要严格落实“三会一课”、组织生活会、民主生活会、民主评议党员、党的主题活动日等组织生活制度，才能有效解决部分农村基层党组织涣散、部分党员干部政治思想觉悟不高、面对问题不敢批评指正等问题，才能真正促进农村基层党组织标准化和规范化。第四是加强党员学习和培训工作。在调查中我们也了解到，一般来说西南地区农村基层党组织对党员的学习和培训工作做得较少。因此党员的学习教育培训工作需要进一步加强，不仅需要在村级层面加强组织党员学习，更重要的是要在乡镇层面、县级层面建立起常态化的党员学习教育培训制度。尤其是县级层面，要建立全县基层组织党员的轮训制度，让全体农村基层党员都有机会提升政治思想水平和政策水平，同时也有利于增强所有党员的荣誉感，从而更有动力、更有信心、更有能力参与到乡村振兴工作中去。

五、铸牢中华民族共同体意识

新时代党的建设的总要求提出“把党建设成为始终走在时代前列、人民衷心拥护、勇于自我革命、经得起各种风浪考验、朝气蓬勃的马克思主义执政党”，彰显了党为中国人民谋幸福、为中华民族谋复兴的立党初心。中华民族是一个统一的整体，各少数民族是中华民族整体的一部分，铸牢中华民族共同体意识是西南地区农村基层党组织建设的必然内在要求。习近平总书记在党的二十大报告中指出，要“以铸牢中华民族共同体意识为主线，加强和改进党的民族工作”①。在中国式现代化进程中，要全面贯彻党的民族政策，深化民族团结进步教育，铸牢中华民族共同体意识，加强

① 习近平．高举中国特色社会主义伟大旗帜，全面贯彻新时代中国特色社会主义思想，为全面建设社会主义现代化国家、全面推进中华民族伟大复兴而团结奋斗——在中国共产党第二十次全国代表大会上的报告［R］．2022 年 10 月 16 日．

各民族交往交流交融，促进各民族像石榴籽一样紧紧抱在一起，共同团结奋斗、共同繁荣发展①。历史证明，中华民族共同体意识对于国家统一、民族团结、民族复兴都具有重要意义。在乡村振兴战略背景下，在西南地区农村积极培育中华民族共同体意识是农村基层党组织的一项重要工作。第一，铸牢党的领导意识，是铸牢中华民族共同体意识的首要核心。西南地区农村基层党组织要结合西南地区党的革命历史，组织各族人民群众，开展党的知识和历史教育，让各族人民群众了解党的性质和宗旨，懂得中国共产党代表全体中华民族人民的根本利益，懂得只有中国共产党才能带领全国各族人民翻身当家做主，带领全国各族人民追求更美好的生活。同时，要加强党员联系人民群众制度建设，通过党员联系群众，切实解决农民群众在生活中遇到的各种困难和问题，树立党在农民群众中的伟大形象，从而铸牢以党的领导意识为核心的中华民族共同体意识。第二，铸牢中国特色社会主义意识，是铸牢中华民族共同体意识的根本。西南地区农村基层党组织要在各族人民群众中广泛开展中国特色社会主义教育，让各族人民了解什么是中国特色社会主义，中国各族人民为什么要选择中国特色社会主义发展道路。同时要在农村工作中，充分展示和体现中国特色社会主义及其制度的优越性，真正能够带来西南地区农村的快速发展和农民群众过上美好幸福生活，使西南地区农民群众体验到中国特色社会主义道路才是各族人民的幸福之路。第三，铸牢伟大祖国意识，是铸牢中华民族共同体意识的基石。西南地区农村基层党组织要充分开展伟大祖国教育，通过国家发展历史、发展进步等方面的教育，让各族农民群众了解我们国家自古以来就是统一的多民族国家，各族人民在历史发展过程中经历了共同的苦难、共同努力，才取得了当前祖国繁荣昌盛的局面。让各族农村群众了解我们祖国的历史悠久、地大物博、丰富多彩的各族文化、美丽广阔的锦绣河山，激发农民群众的国家荣誉感和自豪感。第四，铸牢中华民族意识，是铸牢中华民族共同体意识的主体。西南地区农村基层党组织要充分开展中华民族教育和民族团结进步创建工作，促进各民族之间平等交往交流交融。要让各族农民群众了解中华民族凝聚团结的历史，平等团结、

---

① 习近平．决胜全面建成小康社会 夺取新时代中国特色社会主义伟大胜利——在中国共产党第十九次全国代表大会上的报告［N］．新华社，2017 年 10 月 18 日．

手足之情、互帮互助的大好融合局面，从而消除各民族之间的分隔，促进各族人民自觉融入中华民族大家庭。第五，铸牢中华文化意识，是铸牢中华民族共同体意识的灵魂。西南地区农村基层党组织要以社会主义核心价值观为引领，充分开展中华民族优秀传统文化教育，让各族农民群众了解中华文化中多彩的文化符号和文化象征，了解少数民族优秀传统文化是中华文化的重要组成部分。通过保护和传承少数民族优秀传统文化，促进各族人民文化交流，让各族农民群众真正懂得欣赏、尊重、传承中华优秀传统文化，懂得中华文化是各族人民共同创造、共同享有的文化，培养各族人民的文化自信①。西南地区农村基层党组织要通过铸牢以上五个方面的意识，切实增强西南地区广大农民群众对中国共产党的认同、对中国特色社会主义的认同、对伟大祖国的认同、对中华民族的认同、对中华文化的认同，从而在西南地区农村铸牢中华民族共同体意识。

① 于建荣、何芹主编．读懂大国优势 [M]．北京：东方出版社，2020，第78—80页.

参考文献

［1］马克思，恩格斯．马克思恩格斯全集：第1卷［M］．北京：人民出版社，1956.

［2］马克思，恩格斯．马克思恩格斯文集：第1卷［M］．北京：人民出版社，2009.

［3］马克思，恩格斯．马克思恩格斯文集：第2卷［M］．北京：人民出版社，2009.

［4］列宁．列宁全集：第12卷［M］．北京：人民出版社，1987.

［5］列宁．列宁全集：第24卷［M］．北京：人民出版社，1990.

［6］列宁．列宁全集：第39卷［M］．北京：人民出版社，1986.

［7］列宁．列宁选集：第1卷［M］．北京：人民出版社，1960.

［8］毛泽东．毛泽东选集：第1卷［M］．北京：人民出版社，1991.

［9］毛泽东．毛泽东选集：第2卷［M］．北京：人民出版社，1991.

［10］毛泽东．毛泽东选集：第4卷［M］．北京：人民出版社，1991.

［11］邓小平．邓小平文选：第2卷［M］．北京：人民出版社，1994.

［12］陈云．陈云文选：第1卷［M］．北京：人民出版社，1995.

［13］中共中央国务院．乡村振兴战略规划（2018—2022）［N］．新华社，2018年9月26日．

［14］中共中央国务院．中共中央 国务院关于实施乡村振兴战略的意见［N］．新华社，2018年1月2日．

［15］中共中央国务院．中共中央、国务院关于加强和改进乡村治理的指导意见［M］．北京：人民出版社，2019.

［16］中共中央、国务院关于推进社会主义新农村建设的若干意见［N］．人民日报，2006年2月22日．

［17］中共中央. 中共中央关于加强党的政治建设的意见［N］. 新华社，2019 年 1 月 31 日.

［18］中共中央. 中共中央关于坚持和完善中国特色社会主义制度推进国家治理体系和治理能力现代化若干重大问题的决定［N］. 中国共产党第十九届中央委员会第四次全体会议通过，2019 年 10 月 31 日.

［19］中共中央. 中国共产党农村工作条例［M］. 北京：中国法制出版社，2019.

［20］中共中央. 中国共产党农村基层党组织工作条例［M］. 北京：人民出版社，2019.

［21］中共中央办公厅、国务院办公厅. 农村人居环境整治提升五年行动方案（2021—2025 年）［N］. 人民日报，2021 年 12 月 6 日.

［22］中共中央关于加强基层服务型党组织建设的意见［N］. 人民日报，2014 年 5 月 29 日.

［23］中国共产党第十九届中央委员会第六次全体会议通过. 中共中央关于党的百年奋斗重大成就和历史经验的决议［N］. 新华社，2021 年 11 月 11 日.

［24］中国共产党第十六届中央委员会第六次全体会议通过. 中共中央关于构建社会主义和谐社会若干重大问题的决定［R］. 新华社，2006 年 10 月 11 日.

［25］习近平，摆脱贫困［M］. 福州：福建人民出版社，2014.

［26］习近平. 高举中国特色社会主义伟大旗帜，全面贯彻新时代中国特色社会主义思想，为全面建设社会主义现代化国家、全面推进中华民族伟大复兴而团结奋斗——在中国共产党第二十次全国代表大会上的报告［R］. 新华社，2022 年 10 月 16 日.

［27］习近平. 决胜全面建成小康社会夺取新时代中国特色社会主义伟大胜利［N］. 人民日报，2017 年 10 月 28 日.

［28］习近平. 习近平关于全面从严治党论述摘编［M］. 北京：中央文献出版社，2016.

［29］习近平. 习近平谈治国理政：第 2 卷［M］. 北京：外文出版社，2017.

［30］习近平. 习近平谈治国理政［M］. 北京：外文出版社，2014.

[31] 习近平. 习近平在2013年中央农村工作会议上的讲话 [N]. 新华社, 2013年12月23日.

[32] 习近平. 在全国组织工作会议上的讲话 [M]. 北京: 人民出版社, 2018.

[33] 习近平. 主动把握和积极适应经济发展新常态 [N]. 新华社, 2014年12月14日.

[34] 习近平. 干在实处走在前列: 推进浙江新发展的思考与实践 [M]. 北京: 中共中央党校出版社, 2006.

[35] 习近平. 坚持全面从严治党依规治党 创新体制机制强化党内监督 [N]. 新华社, 2016年1月12日.

[36] 习近平. 知之深 爱之切 [M]. 石家庄: 河北人民出版社, 2015.

[37] 中央档案馆. 中共中央文件选集: 第10册 [M]. 北京: 中共中央党校出版社, 1991.

[38] 中央档案馆. 中共中央文件选集: 第12册 [M]. 北京: 中共中央党校出版社, 1991.

[39] 中央档案馆. 中共中央文件选集: 第1册 [M]. 北京: 中共中央党校出版社, 1989.

[40] 中央档案馆. 中共中央文件选集: 第2册 [M]. 北京: 中共中央党校出版社, 1989.

[41] 中央档案馆. 中共中央文件选集: 第4册 [M]. 北京: 中共中央党校出版社, 1989.

[42] 中共中央党史和文献研究院. 十九大以来重要文献选编: 上 [G]. 北京: 中央文献出版社, 2019.

[43] 中共中央党史和文献研究院. 习近平关于"三农"工作论述摘编 [M]. 北京: 中央文献出版社, 2019.

[44] 中共中央党史研究室. 中国共产党历史: 第2卷 [M]. 北京: 中共党史出版社, 2011.

[45] 中共中央党史研究室. 中国共产党历史 [M]. 北京: 中共党史出版社, 2002.

[46] 中共中央党校教务部. 十一届三中全会以来党和国家重要文献

选编：下［G］. 北京：中共中央党校出版社，2003.

［47］中共中央统战部. 民族问题文献汇编［G］. 北京：中共中央党校出版社，1991.

［48］中共中央文献研究室，中央档案馆. 建党以来重要文献选编（1921—1949）：第11册［G］. 北京：中央文献出版社，2011.

［49］中共中央文献研究室，中央档案馆. 建党以来重要文献选编（1921—1949）：第1册［G］. 北京：中央文献出版社，2011.

［50］中共中央文献研究室，中央档案馆. 建党以来重要文献选编（1921—1949）：第2册［G］. 北京：中央文献出版社，2011.

［51］中共中央文献研究室，中央档案馆. 建党以来重要文献选编（1921—1949）：第3册［G］. 北京：中央文献出版社，2011.

［52］中共中央文献研究室，中央档案馆. 建党以来重要文献选编（1921—1949）：第4册［G］. 北京：中央文献出版社，2011.

［53］中共中央文献研究室，中央档案馆. 建党以来重要文献选编（1921—1949）：第5册［G］. 北京：中央文献出版社，2011.

［54］中共中央文献研究室，中央档案馆. 建党以来重要文献选编（1921—1949）：第9册［G］. 北京：中央文献出版社，2011.

［55］中共中央文献研究室. 建国以来重要文献选编：第11册［G］. 北京：中央文献出版社，1995.

［56］中共中央文献研究室. 三中全会以来重要文献选编：上册［G］. 北京：人民出版社，1982.

［57］中共中央文献研究室. 十二大以来重要文献选编：上册［G］. 北京：人民出版社，1986.

［58］中共中央文献研究室. 十六大以来重要文献选编：中册［G］. 北京：中央文献出版社，2006.

［59］中共中央文献研究室. 十三大以来重要文献选编：上册［G］. 北京：人民出版社，1991.

［60］中共中央文献研究室. 十四大以来重要文献选编：中册［G］. 北京：人民出版社，1997.

［61］中共中央文献研究室. 十八大以来重要文献选编：上［G］. 北京：中央文献出版社，2014.

［62］中共中央文献研究室．十八大以来重要文献选编：下［G］．北京：中央文献出版社，2018.

［63］中共中央宣传部理论局编．马克思主义的纲领性文献　学习江泽民同志“七一”重要讲话理论文章选1［M］．北京：学习出版社，2001.

［64］中共中央组织部，中共中央党史研究室，中央档案馆．中国共产党组织史资料：第9卷［M］．北京：中共党史出版社，2000.

［65］中共中央组织部．中国共产党组织工作辞典［Z］．北京：党建读物出版社，2001.

［66］［美］戴蒙德，冈瑟主编．政党与民主［M］．上海：上海人民出版社，2012.

［67］［英］艾伦·韦尔．政党与政党制度［M］．谢峰，译．北京：北京大学出版社，2011.

［68］安子文．安子文组织工作文选［M］．北京：中共中央党校出版社，1988.

［69］本刊编．习近平在部分省区市党委主要负责同志座谈会上强调：谋划好“十三五”时期扶贫开发工作确保农村贫困人口到2020年如期脱贫［J］．当代贵州，2015第8期.

［70］本社编．井冈山的武装割据［M］．南昌：江西人民出版社，1983.

［71］本社编．科学发展的崭新篇章　十六大到十八大的民族工作［M］．北京：民族出版社，2012.

［72］本书编写组．十九大党章学习手册［M］．北京：人民出版社，2017.

［73］本书编写组编．新时代党和政府的“三农”好政策解读［M］．芜湖：安徽师范大学出版社，2019.

［74］曹桂华．创新农村基层党组织建设的途径［J］．中国党政干部论坛，2005年第6期.

［75］曹均学、张子超．党的十八大以来农村基层党组织建设研究综述［J］．吉林师范大学学报（人文社会科学版），2019年第5期.

［76］常俊．关于新中国成立以来基层党建的功能作用和现实问题的

思考［J］. 毛泽东邓小平理论研究，2019 年第 8 期.

［77］陈荣武，上海市党建研究会课题组. 创新型马克思主义执政党建设研究［J］. 党政论坛，2014 年第 2 期.

［78］褚松燕. 在国家和社会之间 中国政治社会团体功能研究［M］. 北京：国家行政学院出版社，2014.

［79］崔翔. 中国党在社会治理体制创新中的功能研究［M］. 北京：中国经济出版社，2018.

［80］戴焰军. 服务型党组织建设要突出“服务”［J］. 北京支部生活，2013 年第 2 期.

［81］蒯正明，马鑫. 增强“四力”：基层党组织建成坚强战斗堡垒的实践进路［J］. 探索，2023 年第 3 期，第 90 页.

［82］王维国，马翌祯，权小虎. 新时代农村基层党组织组织力提升路径探究［J］. 西北农林科技大学学报（社会科学版），2023 年第 4 期，第 20 页.

［83］曹海军，曹志立. 新时代村级党建引领乡村治理的实践逻辑［J］. 探索，2019 年第 9 期.

［84］柴宝勇. 政党功能：涵义与内在逻辑［J］. 长白学刊，2011 年第 1 期.

［85］仇静静. 权力：社会秩序得以可能的交往媒介——读卢曼的《权力》有感［J］. 法制与社会，2010 年第 4 期.

［86］崔猛. 革命烽火中的北京蒙藏学校［J］. 党史纵横，2019 年第 8 期.

［87］［法］迪尔凯姆. 社会分工［M］. 渠东，译，北京：生活 · 读书 · 新知三联书店，2000.

［88］［法］迪尔凯姆. 社会学方法的准则［M］. 狄玉明，译，北京：商务印书馆，1995.

［89］杜艳华. 习近平新时代中国特色社会主义思想研究工程 中国共产党与中国理论［M］. 上海人民出版社，2019.

［90］杜永红. 乡村振兴战略下的贫困地区可持续性发展研究［M］. 天津：天津大学出版社，2020.

［91］付杰. 准确把握基层服务型党组织建设的内涵［J］. 中国组织

人事报，2013 年第 6 期.

［92］甘肃省军区编. 三军大会师：下册［M］. 兰州：甘肃人民出版社，1987.

［93］关保英主编. 行政程序法思想宝库［M］. 济南：山东人民出版社，2019.

［94］桂玉麟. 井冈山革命斗争史［M］. 北京：解放军出版社，1986.

［95］郭亚丁. 社会生态与政党的功能作用［J］. 政治学研究，2005 年第 1 期.

［96］国明理. 把党的政治建设摆在首位［M］. 北京：东方出版社，2019 年版.

［97］国务院办公厅. 国务院办公厅关于改善农村人居环境的指导意见［N］. 2014 年 5 月 16 日.

［98］何龙群. 执政党建设与理论研究［M］. 北京：中共党史出版社，2004.

［99］贺国强. 大力推进农村基层组织建设 为建设社会主义新农村提供坚强组织保证［J］. 求是，2006 年第 7 期.

［100］贺雪峰. 大国之基 中国乡村振兴诸问题［M］. 北京：东方出版社，2019.

［101］贺雪峰. 社会转型背景下的农村青年调查［M］. 武汉：湖北人民出版社，2017.

［102］贺雪峰. 乡村振兴与农村集体经济［J］. 农村・农业・农民 B，2019 年第 8 期.

［103］贺祖斌，林春逸，肖富群，等. 广西乡村振兴战略与实践：文化卷［M］. 桂林：广西师范大学出版社，2019.

［104］贺祖斌，林春逸，肖富群，等. 广西乡村振兴战略与实践：政治卷［M］. 桂林：广西师范大学出版社，2019.

［105］胡坚. 乡镇党的建设［M］. 北京：党建读物出版社，2005.

［106］胡琴. 强化农村基层党组织功能 加快推进乡村振兴步伐［J］. 上海农村经济，2019 年第 12 期.

［107］胡义清. 马克思恩格斯文化的社会功能思想研究［M］. 天津：天津人民出版社，2018.

[108] 扈兵，刘政权，阳芬，等. 对湘粤赣边区农村基层党组织的调查与思考 [J]. 世纪桥，2008 年第 11 期.

[109] 黄承伟. 激发内生脱贫动力的理论与实践 [J]. 广西民族大学学报（哲学社会科学版），2018 年第 11 期.

[110] 黄道霞，余展，王西玉主编. 建国以来农业合作化史料汇编 [M]. 北京：中央党史出版社，1992.

[111] 黄加文，汪荣有主编，中共江西省委教育工委组织编写. 旗帜引领方向：江西高校党的基本知识读本 [M]. 2 版. 南昌：江西高校出版社，2015.

[112] 霍军亮，刘琪. 农村基层党组织百年建设的历史进程、实践经验与当代启示 [J]. 西北农林科技大学学报（社会科学版），2021 年第 3 期.

[113] 霍军亮，吴春梅. 乡村振兴战略背景下农村基层党组织建设的困境与出路 [J]. 华中农业大学学报（社会科学版），2018 年第 3 期.

[114] 霍军亮，吴春梅. 乡村振兴战略下农村基层党组织建设的理与路 [J]. 西北农林科技大学学报（社会科学版），2018 年第 7 期.

[115] 江西省委党校，江西省档案馆. 中央革命根据地史料选编：上册 [M]. 南昌：江西人民出版社，1982.

[116] 蒋永穆，周宇晗. 习近平扶贫思想述论 [J]. 理论学刊，2015 年第 11 期.

[117] 金炳镐主编. 中国共产党民族工作理论与实践 [M]. 北京：中央民族大学出版社，2007.

[118] 靳燕凌. 中国共产党农村基层党组织建设的百年历程及经验启示 [J]. 青海社会科学，2021 年第 3 期.

[119] 靳燕凌. 农村基层党组织建设的主要内容和基本思路 [J]. 延安大学学报（社会科学版），2008 年第 5 期.

[120] 康小莉，宋杉岐，云书海. 社会管理视角下中共农村基层党组织社会整合角色分析 [J]. 河北学刊，2014 年第 4 期.

[121] 康振海主编. 雄安新区经济社会发展研究 [M]. 石家庄：河北人民出版社，2018.

[122] 孔繁金. “中央一号文件”对农村基层党组织建设的创新

[J]. 学习论坛，2013 年第 3 期.

[123] 李斌雄，兰培坤. 中国共产党在民族地区进行党的建设百年基本经验研究 [J]. 贵州民族研究，2021 年第 6 期.

[124] 李弘. 对加强农村基层党组织建设的思考 [J]. 求实，2006 年第 S1 期.

[125] 李建军. 贵州农村产业调整与变革研究 [M]. 贵阳：贵州大学出版社，2019.

[126] 李金哲. 新时代农村基层党组织基本功能研究 [J]. 甘肃理论学刊，2018 年第 4 期.

[127] 李俊斌，冉琴. 乡村振兴背景下农村基层党组织政治功能论析 [J]. 党政研究，2021 年第 3 期.

[128] 李璐. 农村基层党组织政治生态优化初探 [J]. 理论与当代，2021 年第 2 期.

[129] 李璐. 全面从严治党视阈下农村基层党组织政治生态的困境与破解 [J]. 载中共吉林省委组织部编. “新时代 e 支部”党建高峰论坛文集 [M]. 长春：吉林人民出版社，2018.

[130] 李秀林. 李秀林文存 [M]. 北京：中国人民大学出版社，2007.

[131] 李蕴哲，戴玉琴. 乡村治理中基层党组织政治功能强化的三维审视 [J]. 学海，2020 第 6 期.

[132] 梁发明. 中国共产党党章制定和修改盘点 [J]. 党史文苑（纪实版），2017 年第 19 期.

[133] 梁妍慧. 创建基层服务型党组织关键在于党组织自身转型升级 [J]. 中国党政干部论坛，2014 年第 5 期.

[134] 林继富. 中国民俗传承与社会文化发展 [M]. 北京：中央民族大学出版社，2014.

[135] 刘开寿. 农村基层党组织的建设 [M]. 重庆：西南师范大学出版社，1998.

[136] 刘兰星，仰义方. 论创新型马克思主义执政党建设的基本思路 [J]. 湖南省社会主义学院学报，2013 年第 5 期.

[137] 刘佩锋. 农村基层党组织功能缘何弱化 [J]. 人民论坛，2019

年第14期.

[138] 刘少杰. 当代国外社会学理论 [M]. 北京: 中国人民大学出版社, 2009.

[139] 刘少杰. 西方社会学理论 [M]. 北京: 中央广播电视大学出版社, 2010.

[140] 卢小婷. 西南地区农村 基层党组织在乡村振兴中的作用探析——以广西河池市为例 [J]. 百色学院学报, 2019年第3期.

[141] 罗峰、李勇. 治理现代化视域下的"乡—村"关系变迁 [J]. 山东行政学院学报, 2020年第6期.

[142] 吕德文. 基层中国: 国家治理的基石 [M]. 北京: 东方出版社, 2021.

[143] 吕家轩, 贾东荣. 农村基层党组织功能发挥现状研究 [J]. 农村. 农业. 农民, 2019年第11期.

[144] 马国钧. 基层服务型党组织的本质内涵与建设路径 [J]. 思想政治教育研究, 2013年第5期.

[145] 马红梅. 为乡村振兴奠定人才基础: 贵州出台激励机制加强村级干部队伍建设 [J]. 当代贵州, 2021年第4期.

[146] 马林冲, 苗志娟. 习近平关于农村基层党组织建设重要论述的理论脉络、丰富内涵及其重大意义 [J]. 老区建设, 2021年第22期.

[147] 马明冲, 李茗茗. 农村基层党组织建设的历史回顾与经验启示 [J]. 西南石油大学学报 (社会科学版), 2011年第10期.

[148] 马绍忠. 马绍忠学术文选 [M]. 昆明: 云南大学出版社, 2016.

[149] 马勇进. 农村基层党组织功能及实现路径 [J]. 青海社会科学, 2017年第5期.

[150] 农村基层党组织建设工作实务编写组编. 农村基层党组织建设工作实务 [M]. 北京: 红旗出版社, 2012.

[151] [美] 帕森斯. 现代社会的结构与过程 [M]. 梁向阳, 译, 北京: 光明日报出版社, 1988.

[152] 潘秦保. 从中共四大看群众性政党的形成路径 [J]. 上海党史与党建, 2019年第3期.

[153] [美] 乔纳森·H. 特纳. 社会学理论的结构 [M]. 邱泽奇，张茂元，等译，北京：华夏出版社，2006.

[154] 秦法跃. 新时代高校基层党组织和党员星级化管理模式探析 [J]. 学校党建与思想教育，2019 年第 19 期.

[155] 秦国民. 政治环境对政治系统的作用分析 [J]. 郑州大学学报（哲学社会科学版），2005 年第 4 期.

[156] 秦明瑞著. 系统的逻辑 [M]. 北京：商务印书馆，2019.

[157] 权丽华. 甘肃民族地区精准扶贫研究 [M]. 北京：九州出版社，2018.

[158] 全国党的建设研究会编. 马克思主义学习型政党建设研究 [M]. 北京：党建读物出版社，2011.

[159] 上海社会科学院社会学研究所课题组编. 群学争鸣：社会学所代表作（1980—2020）[M]. 上海：上海社会科学院出版社，2020.

[160] 上海市党建研究会课题组. 创新型马克思主义执政党建设研究 [J]. 党政论坛，2014 年第 2 期.

[161] 沈小璇. 加强基层服务型党组织建设的思考 [J]. 求实，2013 年第 1 期.

[162] 石国亮. 全面提升农村基层党组织的领导力：新时代农村基层党组织工作做什么怎么做 [M]. 北京：东方出版社，2019.

[163] 石园园. 论农村基层党组织建设面临的困境及其路径选择：基于乡村振兴的视角 [J]. 江西理工大学学报，2021 年第 6 期.

[164] 苏丽杰，刘荣主编. 思想政治理论课实践教学研究 [M]. 昆明：云南大学出版社，2019.

[165] 孙柏瑛. 十年来基层社会治理中党组织的行动路线：基于多案例的分析 [J]. 中国行政管理，2014 年第 8 期.

[166] 孙林. 新时代基层党组织功能建设的路径探析 [J]. 理论视野，2021 年第 6 期.

[167] 童科，兰剑. “打造基层战斗堡垒”：中国共产党支部建设历程概述 [J]. 上海党史与党建，2020 年第 1 期.

[168] 涂小雨. 论政党功能与社会整合 [J]. 党政论坛，2011 年第 10 期.

［169］涂小雨．中国共产党新时期的社会整合机制［M］．郑州：河南人民出版社，2013.

［170］汪圣．乡村振兴战略下村干部实践权力内卷化问题研究：基于鲁中谷镇的田野发现［J］．领导科学，2020年第21期.

［171］王炳林主编．市场经济条件下党的基层组织建设研究［M］．北京：人民出版社，2008.

［172］王菲．农村基层党组织建设研究综述［J］．长沙理工大学学报（社会科学版），2016年第3期.

［173］王立峰，孙文飞．建党百年来农村基层党组织建设的演进历程与经验启示［J］．江苏行政学院学报，2021年第5期.

［174］王浦劬．政治学基础［M］．北京：北京大学出版社，1995.

［175］王韶兴．政党政治论［M］．济南：山东人民出版社，2011.

［176］王同昌．新时代农村基层党组织功能创新及实现路径［J］．中州学刊，2021年第10期.

［177］王同昌．新时期农村基层党组织建设研究［M］．合肥：合肥工业大学出版社，2015.

［178］王同昌．村级基层党组织服务功能探析［J］．岭南学刊，2012年第2期.

［179］王同昌．农村基层党组织组织力建设的历史考察：以改革开放和社会主义现代化建设新时期为对象［J］．南京理工大学学报（社会科学版），2022年第1期.

［180］王同昌．新时代基层党组织政治功能：内涵、挑战及实践路径［J］．科学社会主义，2023年第3期，第102页.

［181］王长江．政党现代化论［M］．杭州：浙江人民出版社，2004.

［182］魏宏运主编．华北抗日根据地纪事［M］．天津：天津人民出版社，1986.

［183］魏忠．中国共产党早期在少数民族中的发展［J］．内蒙古民族大学学报（社会科学版），2001年第3期.

［184］吴海红．论社会转型与基层党组织的功能定位［J］．理论与改革，2004年第5期.

［185］吴梅芳，陈定洋，玄富春．论农村基层党组织的功能变迁

[J]. 理论视野，2008 年第 6 期.

[186] 吴梅芳. 农村基层党组织功能嬗变的历史考察及启示 [J]. 探索，2008 年第 5 期.

[187] 夏远永. 加强新时代农村基层党组织建设：实现美丽乡村善的关键 [J]. 载董金华主编. 新时代哲学创新与发展 [M]. 杭州：浙江工商大学出版社，2019.

[188] 向德平，武汉大学中国减贫发展研究中心. 农村产业革命的意义、原则及路径 [R]. 乡村振兴与精准扶贫全国博士后论坛，2018 年 10 月 1 日.

[189] 肖纯柏. 农村基层党组织功能的政治学思考 [J]. 中共云南省委党校学报，2009 第 4 期.

[190] 谢方意编. 党的现代化研究 [M]. 杭州：浙江工商大学出版社，2012.

[191] 新华社总编室. 治国理政新实践 习近平总书记重要活动通讯选 1 [M]. 北京：新华出版社，2019.

[192] 熊春林. 农村文化发展之谋 [M]. 北京：国家行政学院出版社，2012.

[193] 徐勇. “政党下乡”：现代国家对乡土的整合 [J]. 学术月刊，2007 年第 8 期.

[194] 徐勇. 中国农村村民自治 [M]. 武汉：华中师范大学出版社，1997.

[195] 徐勇主编，华中师范大学中国农村问题研究中心编. 中国农村研究 2002 年卷 [C]. 北京：中国社会科学出版社，2003.

[196] 闫红果. 浙北 H 市农村“宗教热”对基层党组织建设的影响研究 [J]. 广州社会主义学院学报，2020 年第 1 期.

[197] 严小龙. 中国共产党农村基层组织建设科学化的评价标准探析. 当代世界与社会主义，2012 年第 5 期.

[198] 杨根乔. 乡村党组织领导体系创新：内涵、逻辑与策略 [J]. 中州学刊，2021 年第 9 期.

[199] 杨雅涵，殷焕举. 近年来农村基层党组织功能研究综述 [J]. 科学社会主义，2010 年第 5 期.

［200］杨雅涵，殷焕举. 近年来农村基层党组织功能建设研究综述［J］. 党政干部学刊，2011 年第 2 期.

［201］殷焕举，胡海. 基层服务型党组织建设研究［M］. 成都：西南交通大学出版社，2017.

［202］于建荣，何芹主编. 读懂大国优势［M］. 北京：东方出版社，2020.

［203］张保军，周锦涛. 农村基层党组织建设：百年回望及经验启示［J］. 学术探索，2021 年第 12 期.

［204］张党诺. 农村基层党组织功能变迁及基本经验［J］. 学理论，2020 年第 1 期.

［205］张端，胡长春. 迪尔凯姆社会整合思想对我国和谐社会建设的启示［J］. 辽宁省社会主义学院学报，2007 年第 1 期.

［206］张宏伟. 政治学原理［M］. 沈阳：东北大学出版社，2017.

［207］张静，王欢. 乡村振兴背景下农村基层党组织建设的困境与化解思路［J］. 北京邮电大学学报（社会科学版），2019 年第 3 期.

［208］张掬婴，王学川. 马林诺夫斯基的田野调查及其当代启示［J］. 浙江社会科学，2011 年第 4 期.

［209］张明楚. 中国共产党基层组织建设史 1921—2016 第 2 版修订本［M］. 福州：福建人民出版社，2017.

［210］张明楚. 中国共产党对于支部建设理论的早期探索［J］. 上海党史与党建，2005 年第 5 期.

［211］张明楚. 中国共产党基层组织建设大事记第一编 建党初期和第一、二次国内革命战争时期［J］. 理论文萃，2005 年第 1 期.

［212］张瑞，王赣华. “三型”高校基层党组织建设的内涵及其基本要求［J］. 载自张学洪主编. 学海撷英“三型”高校基层党组织建设的研究与实践［M］. 北京：光明日报出版社，2016.

［213］赵大朋. 城乡统筹背景下村级党组织功能转型问题研究［M］. 上海：上海人民出版社，2017.

［214］赵大朋. 国家与社会关系视角的政党功能：产生、构成与转型［J］. 中共天津市委党校学报，2013 年第 12 期.

［215］赵世炎. 赵世炎选集［M］. 成都：四川人民出版社，1984.

［216］中共安徽省委党校课题组．改革开放以来农村基层党组织的功能调适及启示［J］．中国延安干部学院学报，2009年第1期．

［217］中共广东省委组织部等编．固本强基工程与执政能力建设理论研讨会论文集［M］．广州：南方日报出版社，2005年版．

［218］中共新疆维吾尔自治区委员会组织部．中国共产党新疆维吾尔自治区组织史资料（1937—1987）［G］．北京：中共党史出版社，1996．

［219］钟龙彪．试述服务型基层党组织的内涵及建设要求［J］．福建党史月刊，2014年第8期．

［220］钟思斌．闽东畲族人民对闽东苏区革命斗争的重大贡献［J］．中南民族学院学报，1989年第2期．

［221］周德祥．乡村“三治”建设中农村基层党组织组织力提升路径探析［J］．中州学刊，2021年第5期．

［222］周多刚，徐中．服务型基层党组织建设的内涵、现状与对策［J］．党政论坛，2013年第3期．

［223］周恩来．周恩来选集：上卷［M］．北京：人民出版社，1980．

［224］周光辉，王海荣，彭斌．突出政治功能：新时代基层党组织建设内涵、意义与实践路径分析［J］．理论探讨，2019年第3期．

［225］周广均．农村基层党组织在新农村建设中功能定位探析［J］．毛泽东思想研究，2009年第4期．

［226］周国雄．转型发展中的探索与实践［M］．上海：上海人民出版社，2014．

［227］周锦懿．农村社会工作发展战略与途径［M］．哈尔滨：黑龙江科学技术出版社，2020．

［228］周淑真．政党和政党制度比较研究［M］．北京：人民出版社，2001．

［229］朱光磊．政治学概要［M］．天津：天津人民出版社，2008．

［230］朱建华．东北解放战争史［M］．哈尔滨：黑龙江人民出版社，1987．

［231］邹燕秋．适时推进农村基层服务型党组织建设：河南省社旗县“三加”模式的调查与思考［J］．中州学刊，2014年第4期．

［232］文军，吴越菲．流失“村民”的村落：传统村落的转型及其

乡村性反思：基于15个典型村落的经验研究［J］．社会学研究，2017年第4期．

［233］项久雨，张晓骏．新时代基层党组织组织力提升与政治功能的实现［J］．学习与实践，2021年第9期．

附录：　乡村振兴与基层党组织建设调查问卷

尊敬的先生/女士：

您好！十分感谢您在百忙中抽空完成这份问卷。我们是*** “乡村振兴与基层党组织建设研究”课题组的调查员，为了解乡村振兴中农村的产业发展、生态保护与人居环境、乡风文明、社会治理、生活满足感方面的状况，帮助国家更好地解决农村地区党组织建设工作中的问题，我们进行这次社会调查。问卷采取匿名方式，所有调查均用于课题研究，保证不会泄露您的个人信息或不正当使用。您的合作对我们了解有关信息、促进农村党组织建设和改善农村生活，都具有十分重要的意义。请您结合实际情况认真作答，非常感谢您的参与！

注：若无特殊说明，请您在相应的选项上打“√”。

一、调查对象基本情况

1. 年龄：____________周岁

2. 性别：A. 男　　B. 女

3. 民族：____________

4. 文化程度：

   A. 未上过学　　B. 小学　　C. 初中

   D. 高中　　E. 大专及以上

5. 您主要从事什么职业？

   A. 在家务农　　B. 在家办厂　　C. 在家做服务业

   D. 在家做规模化农业　　E. 外出务工　　F. 外出做服务业

   G. 外出办厂　　H. 无业　　I. 其他______

6. 您在村里的身份主要是：

A. 村支书　　B. 村主任　　C. 其他村干部

D. 小组组长　　E. 私营企业主　　F. 村办集体企业负责人

G. 村办集体企业重要管理人员　　H. 一般村民

I. 其他____________

二、基层党组织建设状况

1. 您所在的村有______个村小组，有______个村内私营企业，有________个村办集体企业，有哪些较正式村内自组织____（如广场舞队等现代性文娱类组织、山歌队等民族文化类组织、读书会等学习类组织、志愿者组织等社区事务类组织、红白喜事理事会等民间事物类组织、家族礼教会等宗族事务组织、宗教类组织等，请举例写在横线上）

2. （根据上题回答）设有党小组的村小组有______个，设有党小组的村内私营企业有______个，设有党小组的村办集体企业有______个，设有党小组的村内自组织有______个。

3. 您是否中共党员：

A. 是正式党员　　B. 是预备党员　　C. 不是

（上题回答 C 时，直接跳到第 11 题）

4. 您的党龄是：

A. 3 年以下　　B. 3—5 年　　C. 6—10 年

D. 11—12 年　　E. 21 年及以上

5. 您是否是村党支部委员：

A. 是　　B. 不是

6. 您所在的村党支部召开党支部委员会议的频率：

A. 几乎天天开　　B. 一周开一次　　C. 一个月开一次

D. 一个季度开一次或更少开

7. 您所在的村党支部召开全体党员大会的频率：

A. 几乎天天开　　B. 一周开一次　　C. 一个月开一次

D. 一个季度开一次或更少开

8. 您是否愿意参加党员会议：

A. 愿意　　B. 一般　　C. 不太愿意

9. 您是否按照基层党组织规定参加党内活动：

A. 都是准时参加　　B. 有时会参加　　C. 很少参加

10. 您是否愿意在党员会议上发表自己的意见：

A. 愿意　　B. 一般　　C. 不太愿意

11. 您认为村党支部组织的相关会议的效果如何：

A. 效果良好，受益良多　　B. 形式大于效果

C. 很难评价　　D. 其他________

12. 请您对村党组织的能力进行评价，请在相应单元格中打“√”：

	非常差	较差	一般	较强	非常强
领导能力					
组织能力					
创新能力					

13. （可选多项）您认为您所在的村基层党组织目前最大的问题或困难的地方是：

A. 党员整体文化水平不高，素质不强

B. 党员年龄老化，缺少年轻人加入

C. 党组织活动经费有限

D. 党组织建设缺乏专职人才

E. 党组织活动场所不够

F. 其他________

14. （多选）您认为您所在的农村基层党组织建设需要在哪些方面进行创新：

A. 党员服务理念　　B. 党支部工作条例

C. 农村基层群众联系方式　　D. 组织活动形式

E. 政策宣传形式力度　　F. 其他______________

三、产业发展方面

1.（每列为一个小问题，均为多选题）您所在村的产业状况：请在相应单元格中打“√”

	1. 主要有哪些产业	2. 是否形成规模化生产方式	3. 是否形成了产品品牌	4. 是否和周边区域的产业形成产业链	5. 是否在区域产业链中处于龙头地位	6. 您认为村里哪种产业最有发展前景
种植业						
畜牧渔业						
林果业						
农产品加工业						
其他工业____						
休闲旅游业						
餐饮住宿						
承包租赁业（指土地或厂房出租获得收入）						
其他服务业__						
电子商务						
其他产业____						

2.（可选多项）您认为您所在村的产业发展优势是：

A. 自然人文景观优厚　　B. 可利用土地充足

C. 政策支持力度大　　D. 交通便利

E. 人才与技术容易引进　　F. 其他__________

3.（可选多项）您认为您所在村的产业发展有何种特点？

A. 经济效益显著　　B. 具有发展前景

C. 产品质量优良　　D. 有较好的口碑

E. 具有地域特色与乡村特质　　F. 已具有独立品牌

G. 其他__________

4. 您认为在村产业经济发展中，获利最多的是：（请在相应单元格中打“√”）

	最多	比较多	说不清	比较少	最少
普通村民					
村干部					
乡镇干部					
私营企业主					
村办集体企业负责人					
政府中某些特权群体					
宗族/家族首领					

四、生态保护与人居环境方面

1. 请对您所在村的生态保护状况进行评价，请在相应单元格中打“√”

	非常好	比较好	一般	比较差	非常差
1. 森林绿化状况					
2. 违规乱砍滥伐状况					
3. 违规捕猎野生动物状况					
4. 河道修建和维护状况					
5. 水库修建和维护状况					
6. 水污染状况					
7. 空气质量状况					
8. 饮用水的水质状况					
9. 噪音污染状况					
10. 土壤污染状况					

2. 您所在村是否有统一自来水管网？

A. 有　　B. 没有

3. 您家的厕所是室内厕所吗？

A. 是　　B. 不是

4. 您家的厕所是冲水厕所还是旱厕？

A. 冲水厕所　　B. 旱厕

5. 您所在村是否建有统一的污水管网处理系统？

A. 建了　　B. 没有建

6. 您所在村的生活污水的处理方法是：

A. 分散处理　　B. 集中处理

C. 纳入污水管网统一处理　　D. 直接排放在外面

7. 您家的厕所粪污是否进行资源化利用？

A. 自家沤肥种地　　B. 村里统一利用

C. 直接冲水冲掉

8. 您所在村的生活垃圾如何处理？

A. 随便乱扔　　B. 自家处理

C. 统一处理

（上题选 A、B，直接跳至第 11 题）

9. 您所在村的生活垃圾是否有统一的收集、转运、处置设施？

A. 有　　B. 没有

10. 您所在村的生活垃圾的处理方式：

A. 露天堆肥　　B. 填埋

C. 露天焚烧　　D. 工厂回收处理

E. 其他__________

11. 您认为您所在村的生活垃圾是否无害化处理？

A. 是　　B. 不是

12. 请对您所在村的公共环境状况进行评价，请在相应单元格中打“√”

	非常好	比较好	一般	比较差	非常差
1. 入村道路					
2. 村内道路					
3. 入户道路					
4. 村内路灯					
5. 公共活动广场					

续表

	非常好	比较好	一般	比较差	非常差
6. 公共活动场馆					
7. 村民的房屋					
8. 公共卫生					
9. 村民家庭卫生					
10. 村民个人卫生					
11. 村内绿化					
12. 村内有当地民族人文特色					
13. 村内标志性建筑等人文景观					
14. 村内标志性树木等自然景观					

13. 您所在村在以下方面是否有村级层面的监督制度？请在相应单元格中打“√”

	有	没有	不知道		
1. 森林保护					
2. 水资源保护					
3. 生活污水处理					
4. 生活垃圾处理					
5. 公共设施保护					
6. 公共卫生					
7. 家庭卫生					
8. 个人卫生					

五、乡风文明方面

1. 您所在村会经常开展学习和践行社会主义核心价值观、习近平新时代中国特色社会主义思想、“听党话、感党恩、跟党走”宣讲主题性活动吗？

A. 经常开展　　B. 偶尔开展　　C. 从不开展

2. 这类政治主题性活动中，组织人员的规模有多大？

A. 1—50 人　　B. 50—100 人　　C. 100—150 人

D. 200 人以上

3. 这类政治主题性活动的形式主要包括：

A. 群众会　　B. 广播　　C. 讲座

D. 党代会　　E. 入户宣传　　F. 其他________

4. （可选多项）您所在村有哪些挖掘、继承、创新优秀传统乡土文化的举措？

A. 民族歌舞　　B. 民族服饰　　C. 民族建筑

D. 民族节日活动　　E. 其他__________

5. （可选多项）您所在村在移风移俗方面，有哪些切实的做法？

A. 文明家庭评比　　B. 孝顺儿媳评比　　C. 成立红白理事会

D. 成立道德评议会　　E. 其他____________

6. 请对您所在村的乡风文明状况进行评价，请在相应单元格中打"√"

	不存在	比较少	一般	比较严重	非常严重
1. 高价彩礼					
2. 人情攀比					
3. 厚葬薄养					
4. 铺张浪费					
5. 封建迷信					
6. 打架、偷盗等治安事件					
7. 利用宗教干预村公共事务					
8. 非法宗教活动					

六、社会治理方面

1. 您所在村是否有上面选派的第一书记驻村？

A. 有　　　B. 没有

2. 您所在村的村干部的工资待遇是由哪里发放？

A. 乡镇发放　　　B. 村里集体收入发放 C. 其他________

3. 村干部的工资待遇大概每个月多少元？

A. 1000 元及以下　　　B. 1001 元至 1500 元　　　C. 1501 元至 2000 元

D. 2001 元至 2500 元　　　E. 2501 元至 3000 元　　　F. 3001 元及以上

4. 村干部的工资是否能按时发放到位？

A. 都能按时到位　　　B. 有时不能按时到位　C. 经常不按时到位

5. 您所在的村是否成立了村务监督委员会？

A. 有　　　B. 没有　　　C. 不知道

(上题选 B、C，直接跳到第 10 题)

6. 村务监督委员会的成员是否和村委会、村党支部成员重叠？

A. 大部分重叠　　　B. 部分成员重叠　　　C. 没有重叠

7. 村务监督委员会是否否定过村两委的决定？

A. 有　　　B. 没有　　　C. 不知道

8. 村务监督委员会是否查处过侵害村民利益的行为的经历？

A. 有　　　B. 没有　　　C. 不知道

9. 您认为村务监督委员会是否能真正起到监督作用？

A. 能　　　B. 有时候能　　　C. 完全不能

10. 您认为村里会不会违反规定私自决定村里重大事务？

A. 经常会由个别人决定

B. 经常会由村两委几个人决定

C. 经常会由村两委随便叫几个村民就决定

D. 都会按照规定召开大会讨论决定

11. （多选）您所在村成立或实际存在哪些类型社区自组织？

A. 广场舞队等现代性文娱类组织

B. 山歌队等民族文化类组织

C. 读书会等学习类组织

D. 志愿者组织等社区事务类组织

E. 红白喜事理事会等民间事物类组织

F. 家族礼教会等宗族事务组织

G. 宗教类组织

H. 其他________________

12. 您认为这些社区自组织对于村里生活是否重要？

A. 非常重要　　B. 比较重要　　C. 说不清楚

D. 不太重要　　E. 完全不重要

13. 您认为这些社区自组织在村里的公共事务决策中是否起到作用？

A. 有重要作用　　B. 有些作用　　C. 没有作用

D. 说不清楚

14. 在村里重要公共事务决策中，哪些人起到作用：

	哪些人参与会议（打“√”）	为其说话的分量打分（总分 10 分）
1. 相关政府工作人员		
2. 村干部		
3. 党员代表		
4. 相关私营企业主		
5. 村办集体企业负责人		
6. 社区自组织负责人		
7. 宗族/家族首领		
8. 普通村民代表		
9. 其他_________		

注：说话分量打分规则：0 分——没有分量；1 至 2 分——分量低；3 至 4 分——分量较低；5 至 6 分——分量一般；7 至 8 分——分量较高；9 至 10 分——分量高。

七、生活满足感方面（共同富裕）

1. 您所在村里相对贫困的家庭还有多少户？

A. 没有了　　B. 1—3 户　　C. 4—8 户　　D. 9 户以上

2. （上题选 A，跳过本题）村里相对贫困家庭的情况：

吃饭方面	A. 吃不上饭	B. 没有菜	C. 没有肉吃	D. 很久才能吃上肉	E. 不是每天都有荤菜
穿衣服方面	A. 衣服破烂	B. 没有衣服换洗	C. 就几件衣服	D. 很久才能买件新衣服	E. 不能买太贵的衣服
住房方面	A. 没有房子	B. 是危房	C. 房子很破	D. 房子老旧	E. 房子没有很好的装修

3. 您认为在咱们村里，富裕的家庭和相对贫困的家庭下面哪些方面差别大，请在相应单元格中打“√”

	非常大	比较大	说不清楚	比较小	没有差别
吃饭方面					
穿衣方面					
住房方面					
出行方式					
闲暇娱乐					
对子女的要求					
对自己生活的满足感					

4. 您认为村里享受国家财政补贴的指标是否分配给了真正需要的村民？

A. 完全是　B. 部分是　C. 完全不是　D. 不好说

5. 您认为村里的富裕家庭的收入是否都是合理合法的收入？

A. 完全是　B. 部分是　C. 完全不是　D. 不好说

6. 您认为村里的富裕家庭是否侵犯过其他村民的正当利益？

A. 肯定有　B. 有可能有　C. 不会有　D. 不好说

7. 您认为村民看到没有别人家有钱会有怎么样的心态？

A. 仇视别人　B. 愤愤不平　C. 努力超过别人

D. 安心平静　E. 悲观消极　F. 其他________

——调查到此结束，再次感谢您的参与——

后记

2017年习近平总书记在党的十九大报告中正式提出要实施乡村振兴战略。2018年中共中央、国务院发布一号文件《中共中央 国务院关于实施乡村振兴战略的意见》，随后印发《乡村振兴战略规划（2018—2022年》。2022年习近平总书记在党的二十大报告中提出全面推进乡村振兴。乡村振兴是全面建设社会主义现代化国家的重大历史任务，也是新时代农村工作的总抓手。毫不动摇地坚持和加强党对农村工作的领导，是顺利实现乡村振兴的政治保障。因此，加强基层党组织建设，充分实现基层党组织在乡村振兴中的功能，也是党领导农村工作的应有之意。这也是本书问世的缘由。

本研究是笔者主持的国家社会科学基金项目的成果。在研究中笔者选择了非常普通的西南地区村寨进行研究，而非像贵州省西江千户苗寨这类经济发展突出的典型农村进行研究，主要是期待通过对普遍村寨的调查来反映西南地区大多数农村在乡村振兴中的真实状况，可能这种选择更具有代表性。诚然，由于各种原因本研究仍存在诸多不足之处，如农村基层党组织的功能发挥的重要机制、基层党组织建设的制度保障等问题均尚需在今后的工作中更深入研究。

本研究的完成，要感谢我的老师吴家庆教授的悉心指导，和其他课题组参与人员的付出。要感谢贵州民族大学硕士研究生李腾芳、刘杨群、韦微等同学在搜集资料、实地调研中的辛苦工作。还要特别感谢调研所在村寨的几位村支部书记、村组支部委员、村民小组组长和村民们在调研期间的主动积极配合，以及对调研组成员生活中的照顾。最后要特别感谢中央民族大学出版社的舒松老师，本研究的顺利出版，离不开出版社编辑老师的辛苦工作和无私帮助。